KB089256

(개정판)
기업회계 실무 가이드북
실전 편

일반인부터 CEO까지 알아야 할 회계와 재무제표에 관한 모든 것!

기업회계 실무 가이드북

가이드북

실전 편

개정판

신방수 지음

두드림미디어

흔히 기업의 얼굴 표정은 그 기업의 대표이사가 아닌 회계의 산물인 재무제표를 보면 알 수 있다고 한다. 재무제표에 다양한 정보가 담겨 있기 때문이다. 따라서 기업은 늘 재무제표를 좋게 보이려고 노력할 수밖에 없다. 그래야 자금을 원활히 조달할 수 있고 꼭 필요한 인재들을 채용할 수 있기 때문이다. 그런데 재무제표가 다소 복잡한 과정을 통해 작성이 되다 보니 담당자의 실수나 무지에 의해 오류가 발생할 수 있고, 더 나아가 실적을 인위적으로 부풀리는 경우도 알게 모르게 많은 것이 현실이다. 물론 회계전문가나 대출기관, 과세당국, 투자자 등이 이를 감시한다고 하지만은 작정하고 남을 속이겠다고 덤비면 이를 적발할 확률이 떨어진다는 것이 큰 문제다. 얼마 전 모 수출기업이 거액의 분식을 통해 은행자금을 대출받고 사주가 회사 돈을 횡령한 사건만 보더라도 그 심각성을 알 수 있다.

이렇듯 기업의 재무제표가 신뢰성을 잃게 되면 이를 믿고 투자하는 투자자들이나 여신을 담당하는 금융기관 등이 막대한 손해를 입을 수밖에 없다. 또한 재무제표를 활용해 자산관리를 하거나 재무컨설팅을 하는 것도 무의미해질 가능성이 높다.

이 책은 이러한 배경 아래 기업의 재무제표에 대한 기본원리부터 이를 읽는 방법은 물론이고, 이를 스스로 활용하는 방법을 제시하기 위해 오랜 시간 동안 연구 끝에 태어났다.

그렇다면 이 책《기업회계 실무 가이드북 실전 편》은 다른 책들에 비해 어떤 점들이 뛰어날까?

첫째, 백 년이 가도 변하지 않는 회계원리를 일관되게 사용했다.

이 책은 총 5개의 PART로 구성되었다. PART 01 〈기본 편〉에서는 기업의 임직원은 물론이고 금융업계 및 세무회계 종사자 등이 알아야 할 재무제표의 기본기를 다루었다. 재무제표의 양상을 관찰해서 해당 기업의 재무상황을 예측하고, 주요 재무제표의 구조와 해석원리를 통해 자사의 재무제표를 이해할 수 있도록 했다. PART 02 〈기업실무자 편〉에서는 주로 기업의 임직원들이 실무에 적용할 수 있는 기본적인 회계문제와 실무에서의 재무제표 활용법을 다루었다. 구체적으로 거래처의 재무제표를 볼 때 어떤 점에 주의해야 하는지, 제조원가와 매출원가가 어떻게 연계가 되는지 등을 생생하게 다루었다. PART 03 〈신용평가 편〉에서는 기업들이 고민하고 있는 신용평가문제를 아주 체계적으로 다루었다. 우선 자본구조의 안정성 등 각종 지표에 대한 경영분석 방법을 살펴보고 이후 신용등급을 올리는 방법 등을 살펴보았다. PART 04 〈CFO(기업 최고 재무관리자) 편〉에서는 CFO들이 알아두면 좋을 제반 회계문제들을 분석했다. CFO들은 재무책임자로서 준경영자의 위치에서 다양한 의사결정문제에 직면해 있다. 그래서 이들의 눈높이에서 재무상태표 계정인 자산과 부채, 자본 등 주요 항목들의 회계상 쟁점에 대한 해법(Solution)을 다양한 각도에서 제시하는 한편, 기업비용에 대한 재무전략 그리고 현금흐름의 극대화전략까지 다루었다. PART 05 〈CEO 편〉에서는 CEO 입장에서 꼭 알아야 하는 재무제표활용법과 기업이 자금을 유출할 때 그들이 알아야 하는 세무회계상의 쟁점들을 다루었다. 〈부록〉에서는 기업의 라이프 사이클에 맞춘 재무제표 분석법을 더해 마지막까지 최선을 다했다.

둘째, 다양한 사례를 들어 실전에서의 문제해결을 쉽게 하도록 했다.
책의 모든 부분을 'Case → Solution → Consulting → 실전연습'의 체계에 따라 집필했다. 이렇게 함으로써 기업과 관련된 회계상 쟁점들을 정확히 파악할 수 있으며, 그에 따른 해법을 자연스럽게 제시할 수 있게 되었다. 구체적으로 각 장마다 제시된 Case(사례)는 실무에서 아주 중요하게 다루어지는 내용들로써, 전문가 시각에서의 솔루션(Solution)을 통해 문제해결을 도모하고 있다. 한편 'Consulting'은 기업회계 관리에서 좀 더 세련된 업무처리를 위해 알아야 할 지식들을 체계적으로 정리한 코너에 해당한다. 또한 '실전연습'은 앞의 단계에서 학습한 내용들을 실전에 적용하는 과정을 그리고 있다. 더 나아가 실무적으로 더 알아두면 유용할 정보들은 'Tip'이나 '심층분석' 등의 란을 신설해서 정보의 가치를 더했다. 이 외에도 곳곳에 핵심정보를 요약정리하고 돌발퀴즈 등을 두어 실무적용 시 적응력을 높이기 위해 노력했다. 이러한 과정을 통해 독자들은 기업회계에 대한 모든 문제를 해결할 수 있는 실무능력을 끌어올릴 수 있을 것으로 기대된다.

셋째, 기업 및 이해관계자들에게 꼭 맞는 고급회계정보를 실었다.

이 책은 '어떻게 하면 재무제표를 가장 잘 이해하고 이를 가장 잘 활용할 것인가'의 관점에서 처음부터 끝까지 모든 정보를 일관되게 다루었다.

이를 위해 회계정보가 필요한 층을 '기업실무자, CFO, CEO' 층으로 나누고, 그들이 반드시 알아야 할 정보를 맞춤별로 최대한 압축했다. 물론 CEO는 기업실무자들이 알아야 하는 회계문제를 포함한 회계전반을 알아야 하고, 기업실무자들도 CEO들이 알아야 하는 내용까지도 섭렵해야 기업이 발전하게 될 것이다. 따라서 누구든 처음부터 끝까지 책의 본문을 공부하도록 했다. 한편 기업을 대상으로 각종 서비스를 제공하는 금융권 및 자산관리자, 컨설팅을 하고 싶은 개인들을 위해 기업들에게 있어 어떤 점들이 문제가 되고 어떻게 해야 개선이 되는지 등에 대한 정보를 최대한 실었다. 대표적으로 신용등급을 올리기 위해서 어떤 식의 대응이 필요하는지 등이 그렇다.

이번에 최신의 정보를 바탕으로 재탄생한 《기업회계 실무 가이드북 실전 편》은 기업회계에 관심 있는 분들이라면 누구라도 볼 수 있도록 체계적으로 집필되었다. 기업의 CEO와 재무관리자, 회계실무자 및 다른 분야의 실무자는 물론이고, 기업을 대상으로 재무컨설팅을 하는 모든 사람들 그리고 일반인까지도 어울리는 책이며, 현재 오래된 교육모델로 인해 수강생들로부터 외면 받고 있는 교육현장에서의 교재를 대체할 수 있는 책이라고 자부할 수 있다. 또한 혼자서도 재무제표를 터득할 수 있고, 더 나아가 팀을 조직해 학습할 수 있는 체계로 편집된 만큼 각 기업이나 컨설팅 업계의 팀장들이 주도해서 팀 단위의 학습도구로도 사용할 수 있을 것이다. 다만, 실전에서 바로 써먹을 수 있는 내용들을 위주로 다루다 보니 기초부분이 생략되어 있는 경우가 있을 수 있다. 따라서 기초가 약하다고 생각되는 독자들은 저자의 《한 권으로 끝내는 회계와 재무제표》와 《IFRS를 알아야 회계가 보인다》를 읽으면 회계에 대한 자신감을 얻을 수 있을 것으로 확신한다. 만약 책을 읽다가 궁금한 내용이 있는 경우에는 저자의 카페(네이버, 신방수세무아카데미)나 이메일을 활용해 궁금증을 해소하기 바란다.

아무쪼록 이 책이 기업회계와 재무제표에 능통하고자 하는 분들에게 작은 도움이라도 되었으면 한다.
독자들의 건승을 기원한다.

역삼동 사무실에서
세무사 신방수

Contents

PART 04 CFO(기업 최고 재무관리자) 편

PART 05 CEO 편

기업회계 실무 가이드북 실전 편
컨설팅 솔루션

PART 구성	Chapter 구성	핵심 주제들
PART 01 기본편	Chapter 01 재무제표 옥석 고르기 Chapter 02 재무제표 핵심 포인트 찾기	· 잘나가는 기업의 재무제표 · 경영상태가 불량한 기업의 재무제표 · 부실징후와 재무제표 · 분식회계와 재무제표 · 재무제표 핵심 포인트 찾기
PART 02 기업 실무자 편	Chapter 01 기업실무자의 재무제표 활용법 Chapter 02 영업(수주)활동과 회계 솔루션 Chapter 03 생산·연구개발·기타 경영지원 활동과 재무제표	· 자산과 비용의 구분 · 거래의 8요소와 재무제표 · 거래처의 재무제표를 읽는 방법 · 매출과 관련된 회계상 쟁점들 · 생산활동과 재무제표의 관계 · 종업원 채용과 재무제표의 관계
PART 03 신용 평가 편	Chapter 01 재무점수를 높이는 방법 (경영분석) Chapter 02 우리 기업의 신용등급 올리는 방법	· 경영분석(안정성, 수익성 등) · 신용등급을 올리는 방법 · 개인기업의 신용평가 · 법인기업의 신용평가
PART 04 CFO (기업최고 재무관리자) 편	Chapter 01 자산·부채·자본회계 솔루션 Chapter 02 기업비용과 재무전략 Chapter 03 현금흐름 극대화전략	· 자산 관련 회계 솔루션 · 장부가격과 공정가치, 청산가치 · 부채·자본 관련 회계 솔루션 · 기업비용과 재무적인 영향 · 감가상각전략 · 법인세비용 지출전략 · 운전자본 관리법
PART 05 CEO 편	Chapter 01 CEO의 재무제표 활용법 Chapter 02 CEO의 법인자금 유출전략	· CEO와 신용평가 · 기업의 재무진단 요령 · 법인자금의 개인자금화 전략 · 배당금 지출전략 · 자기주식 취득·처분전략

부록 : 기업 라이프 사이클과 재무제표

나의 회계지수 파악하기

회계는 기업경영관리에 있어 매우 중요한 요소다. 이 책을 읽는 독자들의 회계지수(정답 3개 이하 : 불량, 4~7개 : 보통, 8개 이상 : 우수)는 얼마나 되는지 점검해보자.

구분	질문	정답(O, ×)
01	재무상태표의 차변과 대변의 합계액은 일치하는 것이 원칙이다.	
02	손익계산서상의 법인세비용은 회계상의 비용을 말한다.	
03	기계장치를 매각하면 재무활동에 의한 현금흐름으로 분류된다.	
04	거래의 8요소에서 자산이 증가하면 부채가 감소할 수 있다.	
05	자기자본비율이 50% 미만이면 우량한 기업으로 볼 수 있다.	
06	세법상의 한도를 초과해서 접대비(기업업무추진비)를 지출하면 세법상 불이익을 받지만 이익잉여금은 줄일 수 있다.	
07	부채를 줄이고 싶다면 자산의 감소, 자본의 증가, 비용의 발생이 필요하다.	
08	감가상각비는 회사의 필요에 따라 장부에 계상하지 않아도 세법상 문제가 없다.	
09	개인기업의 재무상태표상 차변의 인출금은 법인의 자본과 같은 개념이 된다.	
10	순운전자본이란 비유동자산에서 유동부채를 차감한 금액을 말한다.	

정답

01. ○, 이를 대차평균의 원리라고 한다.
02. ○, 정부에 내는 법인세는 세법에 따라 별도로 계산된다.
03. ×, 투자활동으로 인한 현금흐름으로 분류된다.
04. ×, 자산이 증가하면 부채가 증가할 수 있다.
05. ×, 자기자본비율(자기자본/총자본)이 50% 이상이면 우량한 기업으로 볼 수 있다.
06. ○, 접대비(기업업무추진비)는 회계상 비용에 해당하기 때문이다.
07. ×, 자산의 감소, 자본의 증가, 수익의 발생이 필요하다(거래의 8요소).
08. ○, 세법은 임의상각제도를 채택하고 있다.
09. ×, 차변에 있는 인출금은 가지급금과 같은 개념이다.
10. ×, 유동자산에서 유동부채를 차감한다.

PART **01**

'기본 편'에서는 기업의 재무제표에 대한 다양한 솔루션(해법)을 찾기 위한 기본적인 회계지식들을 알아본다. 기업에 직접적으로 몸담고 있는 임직원은 물론이고 기업과 관련된 자산관리 및 경영컨설팅을 제공하는 모든 사람들이 알아두면 유용할 지식들이 담겨 있다. 특히 자산관리자들은 단편적인 지식만으로는 절대 CEO들을 설득시킬 수 없으므로 기초부터 확실히 다지기 바란다. 다만, 혹자에 따라서는 내용이 다소 어렵거나 쉽게 느껴지는 경우도 있을 것이나 기본지식을 쌓는 관점에서 이 부분을 한 치의 소홀함이 없이 다루어 주었으면 한다.

기본 편

재무제표 옥석 고르기

잘나가는 기업의 재무제표 모습

재무제표(財務諸表)는 재무상태표나 손익계산서, 현금흐름표 같은 재무에 관련된 표를 말한다. 이러한 재무제표를 통해 기업의 모습을 짐작할 수 있게 되는데 지금부터 이에 대해 살펴보자. 먼저 잘나가는 기업의 재무제표는 어떤 모습을 하고 있을까?

Case │ 서울 성동구 성수동에서 제조업을 영위하고 있는 K기업의 재무제표가 다음과 같은 양상을 보이고 있다. 물음에 답하면?

재무상태표		
자산	부채	
	자본	부채 〈 자본

손익계산서	
수익	
비용	
손익	+

현금흐름표	
영업활동	+
투자활동	
재무활동	

☞ **물음 1** : 재무상태표는 어떠한 상황을 말하는가?
☞ **물음 2** : 손익계산서는 어떠한 상황을 말하는가?
☞ **물음 3** : 현금흐름표는 어떠한 상황을 말하는가?
☞ **물음 4** : 전체적으로 이 기업은 현재 어떠한 모습을 하고 있는가?

Solution │ 위의 물음에 대해 답을 찾아보면 다음과 같다.

· **물음 1의 경우**

자본*이 부채보다 더 많은 상황이므로 자본구조가 안정적이라고 할 수 있다.

* 여기서 자본은 협의의 주주에게 귀속되는 자기자본을 말한다. 광의의 자본은 자기자본과 부채를 합한 총자본을 말한다. 이 책에서의 '자본'은 주로 자기자본을 말하며, 총자본은 자기자본과 부채를 합한 것을 의미한다.

· 물음 2의 경우

수익에서 비용을 차감한 손익이 플러스(+)가 나고 있으므로 흑자를 시현하고 있다고 판단할 수 있다. 따라서 적자가 아니므로 일단 손익계산서 측면에서는 긍정적인 신호로 해석할 수 있다.

· 물음 3의 경우

영업활동에 의한 현금흐름이 플러스(+)가 되므로 매출에 의한 현금회수가 좋다는 것을 알 수 있다. 영업활동에 의한 현금흐름이 좋으면 유동성이 풍부해 회사경영이 원활해진다.

· 물음 4의 경우

전체적으로 이 기업은 재무구조 및 수익성 그리고 자금흐름 측면에서 매우 안정적인 기업이라고 결론 내릴 수 있다.

☑ 재무상태표는 일정시점의 재무상태를 보여준다. → 사례의 경우 재무상태는 양호하다고 보인다.

☑ 손익계산서는 일정기간의 경영성과를 보여준다. → 사례의 경우 흑자를 시현하고 있다.

☑ 현금흐름표는 일정기간의 현금흐름을 보여준다. → 제일 중요한 영업활동으로 인해 잉여현금흐름이 발생해 긍정적인 신호로 받아들여진다.

※ 용어정리

☑ **재무상태표** : 일정시점의 기업의 재무상태를 나타내는 표를 말한다. 대차대조표로 부르기도 한다(이 책은 재무상태표 용어사용).

☑ **손익계산서** : 일정기간의 당기성과를 보여주는 표를 말한다. 국제회계기준에서는 이를 포괄손익계산서로 부른다(이 책은 손익계산서 용어사용).

☑ **현금흐름표** : 일정기간의 현금흐름의 양상을 보여주는 표를 말한다.

Consulting | 잘나가는 기업의 재무제표는 어떤 모습들을 하고 있는 지 좀 더 세부적으로 살펴보면 다음과 같다.

재무상태표	· 자산 → 장부상의 자산이 현금흐름을 창출할 수 있는 능력이 있다. 즉 부실자산이 없다. · 부채 → 장부상의 자산으로 충분히 변제할 수 있는 능력이 있다. · 자본 → 기업을 유지할 수 있는 자본력과 투자를 할 수 있는 사내유보금이 많다.
손익계산서	· 수익 → 지속적으로 매출액이 증가하고 있다. · 비용 → 매출원가 및 판매관리비가 효율적으로 집행되고 있다. · 이익 → 매출총이익, 영업이익, 당기순이익이 꾸준히 증가하고 있다.
현금흐름표	· 영업활동으로 인한 현금흐름 → 판매활동 등에 의한 입금이 원활히 되고 있다. · 투자활동으로 인한 현금흐름 → 미래를 위해 투자를 집행하고 있다. · 재무활동으로 인한 현금흐름 → 차입금 조달보다는 주식발행 등에 의한 자금조달을 하고 있다.

※ 재무제표를 좀 더 잘 볼 수 있는 요령

☑ 금액의 크기를 고려한다. → 금액이 적은 것보다 큰 것이 재무제표에 미치는 영향이 크기 때문이다.

☑ 추세를 본다. → 과거 3~5년부터 현재까지(혹은 미래까지)의 재무제표의 변동사항을 점검하면 의외로 많은 정보를 얻을 수 있다.

☑ 재무제표 간의 상관관계를 분석한다. → 재무상태표와 손익계산서 등의 관계를 분석하면 기업의 문제점 및 개선방향 등을 알 수 있다.

실전연습 앞의 K기업의 올해 초 자산은 20억 원, 부채 5억 원, 자기자본 15억 원(자본금 5억 원)으로 구성되었다. 사업연도 중에 총 10억 원의 매출을 올리고 여기에서 각종 비용 및 세금을 제외한 결과 3억 원의 잉여금이 발생했다. 이 잉여금은 전액 사내에 유보되었다고 할 경우 재무상태표는 어떤 식으로 변동할까? 단, 부채와 자기자본은 변동이 없다.

앞의 경영활동의 결과를 재무제표에 반영하면 다음과 같다.

기초		기말	
자산 20억 원	부채 　부채 5억 원	자산 23억 원	부채 5억 원
	자본 　자본금 5억 원 　잉여금 10억 원		자본 　자본금 5억 원 　잉여금 13억 원
자산 계 20억 원	부채와 자본 계 20억 원	자산 계 23억 원	부채와 자본 계 23억 원

재무상태표는 사업연도 중의 경영활동의 결과가 집약된다는 차원에서 매우 중요한 표라고 할 수 있다. 위에서 몇 가지 사실을 정리하면 다음과 같다.

☑ 재무상태표에서 왼쪽의 '자산 계'와 오른쪽의 '부채와 자본의 합계액'이 일치한다(대차평균의 원리).

☑ 재무상태표의 오른쪽은 자금조달방법을, 그리고 왼쪽은 오른쪽의 자금이 운용된 결과를 말한다.

☑ 자본은 크게 자본금(주주들이 투자한 돈)과 잉여금(경영활동으로 벌어들인 돈)으로 구성된다.

☑ 기말에 잉여금이 발생하면 자본이 증가하는 한편, 자산이 증가하는 것이 일반적이다(물론 부채가 감소할 수도 있다).

> ### Tip
> **잘나가는 기업의 재무제표 요약**
>
> 건강한 기업은 재무상태표상 자본이 당초보다 늘어나 있다. 이때 늘어난 자본항목은 주로 이익잉여금(당기순이익 중 사내에 유보된 금액)이 된다. 늘어난 자본은 현금으로 보유되거나 다른 자산에 투자된다. 또 부채는 종전보다 축소되거나 적어도 그 기업이 감당할 수 있는 범위 내에서 적정한 부채비율을 유지하고 있다. 한편 손익계산서상의 손익은 이익으로 표시(+)되며, 현금흐름 측면에서 보면 영업활동으로 인한 현금흐름이 플러스(+)가 된다.

경영상태가 불량한 기업의 재무제표 모습

기업의 경영상태가 불량한 기업은 재무상태표상의 부채가 자본을 초과 또는 자본이 잠식되며, 손익계산서상에서는 적자가 지속되는 상황이 일반적이다. 이렇게 적자가 지속되면 영업활동에 의한 현금흐름이 불량해지고 차입활동에 의해 자금을 조달하게 된다.

Case | 인천시 남동구에서 제조업을 영위하고 있는 L기업의 재무제표가 다음과 같은 양상을 보이고 있다. 물음에 답하면?

재무상태표			손익계산서		현금흐름표	
자산	부채	부채 〉 자본	수익		영업활동	–
			비용		투자활동	
	자본		손익	–	재무활동	

☞ **물음 1** : 재무상태표는 어떠한 상황을 말하는가?
☞ **물음 2** : 손익계산서는 어떠한 상황을 말하는가?
☞ **물음 3** : 현금흐름표는 어떠한 상황을 말하는가?
☞ **물음 4** : 전체적으로 이 기업은 현재 어떠한 모습을 보이고 있는가?

Solution | 위의 물음에 대해 답을 찾아보면 다음과 같다.

· 물음 1의 경우
자기자본이 줄어들었거나 오히려 마이너스(-)가 되는 등 부채가 자기자본보다 많은 상황이므로 자본구조가 매우 불량하다고 할 수 있다.

· 물음 2의 경우

수익에서 비용을 차감한 손익이 마이너스(-)가 나고 있으므로 적자를 보이고 있다고 할 수 있다. 일단 적자가 발생했다는 것은 경영활동이 좋지 않다는 것을 의미하므로 부정적인 신호로 해석할 수 있다.

· 물음 3의 경우

영업활동에 의한 현금흐름이 마이너스(-)가 되므로 영업활동에 의한 현금회수가 불량하다는 것을 말한다. 손익계산서를 보면 적자를 시현하고 있으므로 영업활동에 의한 현금흐름이 불량함을 알 수 있다.

· 물음 4의 경우

전체적으로 이 기업은 재무구조 및 수익성 그리고 자금흐름 측면에서 매우 불량한 기업이라고 결론 내릴 수 있다.

Consulting | 경영상태가 불량한 기업의 재무제표는 어떤 모습들을 하고 있는지 좀 더 세부적으로 살펴보면 다음과 같다.

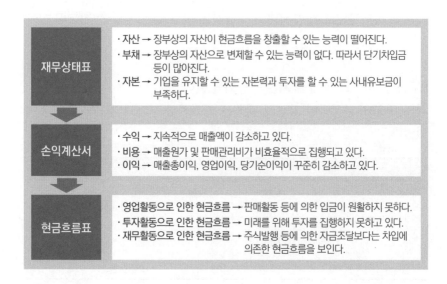

☞ 경영상태가 불량한 기업의 CEO들은 기업의 생존을 위해 재무제표를 통해 발견된 문제점에 대해서는 즉각적으로 개선책을 내어 실행해야 한다. 예를 들어 보유한 자산이 있다면 이를 처분하거나 불리한 계약이 있다면 이를 바로 잡는 등의 조치를 취해야 한다. 시간만 질질 끈다고 해서 특별한 해법이 존재하지는 않는다.

실전연습 경기도 안산시에 소재하고 있는 Y기업의 올해 재무상태표가 다음과 같이 변동되었다. 사업연도 중 어떠한 일들이 벌어졌을지 예측해보자.

기초		기말	
자산 　유동자산　15억 원 　　당좌자산 2억 원 　　재고자산 13억 원 　비유동자산　10억 원 　　투자자산 5억 원 　　유형자산 5억 원	부채 　유동부채　5억 원 　비유동부채 10억 원 자본 　자본금　5억 원 　잉여금　5억 원	자산 　유동자산　15억 원 　　당좌자산 2억 원 　　재고자산 13억 원 　비유동자산　10억 원 　　투자자산 5억 원 　　유형자산 5억 원	부채 　유동부채　10억 원 　비유동부채 10억 원 자본 　자본금　5억 원 　잉여금　0원
자산 계 25억 원	부채와 자본 계 25억 원	자산 계 25억 원	부채와 자본 계 25억 원

앞으로 재무제표를 잘 분석하기 위해서는 이를 볼 수 있는 능력들이 있어야 한다. 순차적으로 접근해보자.

STEP1 자산과 부채 및 자본의 변화를 본다.

위의 내용을 분석하면 자산의 내용은 동일하나 부채와 자본에서 변동이 있었다.

종전	변경	비고
부채 　유동부채　5억 원 　비유동부채 10억 원	부채 　유동부채　10억 원 　비유동부채 10억 원	5억 원 증가
자본 　자본금　5억 원 　잉여금　5억 원	자본 　자본금　5억 원 　잉여금　0원	5억 원 감소

STEP2 달라진 부분에 대한 그 이유를 추정해본다.

유동부채가 5억 원이 증가된 이유는 매출이 감소해서 차입이 늘어났거나 차입을 통해 비용이나 투자자금으로 지출되었기 때문이다. 다만, 투자금액이 지출된 경우 자산이 증가해야 하나 사례의 경우 자산의 변동이 없으므로 차입금이 늘어난 이유는 주로 매출감소와 비용이 증가되었기 때문이라고 추정할 수 있다. 그리고 자본란의 잉여금을 보면 5억 원이 감소했는데, 이는 당기순손실이 발생했기 때문이라는 것을 알 수 있다.

> **Tip**
> ### 경영상태가 불량한 기업의 재무제표 요약
> 경영상태가 불량한 기업은 재무상태표상 자본이 잠식(△)되거나 당초보다 축소되고, 부채비율이 상당히 높다. 또한 손익계산서상의 손익은 마이너스(△)로 표시되어 있는 경우가 많다. 또한 현금흐름 측면에서 보면 영업활동으로 인한 현금흐름이 마이너스(△)가 되어 있을 가능성이 높다.

부실징후가 있는 기업의 재무제표 모습

겉으로는 우량하게 보이던 기업도 어느 날 갑자기 쇠락의 길로 들어서는 경우가 있다. 일반적으로 자산과 부채 그리고 손익이 양호한 것으로 파악되더라도, 현금흐름이 불량한 경우가 이런 유형에 속한다. 이런 기업의 재무제표는 어떠한 특징을 하고 있는지 살펴보자.

Case | 수원시에서 건설업을 영위하고 있는 U기업의 재무제표가 다음과 같은 양상을 보이고 있다. 물음에 답하면?

<table>
<tr><td colspan="3" align="center">재무상태표</td><td colspan="2" align="center">손익계산서</td><td colspan="2" align="center">현금흐름표</td></tr>
<tr><td rowspan="3">자산</td><td>부채</td><td></td><td>수익</td><td></td><td>영업활동</td><td>△</td></tr>
<tr><td rowspan="2">자본</td><td rowspan="2">자본 〉 부채</td><td>비용</td><td></td><td>투자활동</td><td></td></tr>
<tr><td>손익</td><td>+</td><td>재무활동</td><td></td></tr>
</table>

☞ **물음 1** : 재무상태표는 어떠한 상황을 말하는가?
☞ **물음 2** : 손익계산서는 어떠한 상황을 말하는가?
☞ **물음 3** : 현금흐름표는 어떠한 상황을 말하는가?
☞ **물음 4** : 전체적으로 이 기업은 현재 어떠한 모습을 하고 있는가?

Solution | 위의 물음에 대해 답을 찾아보면 다음과 같다.

· **물음 1의 경우**
자본이 부채보다 많은 상황이므로 자본구조가 안정적이라고 할 수 있다. 이는 앞의 잘나가는 기업의 재무상태표와 같은 양상을 보이고 있다.

· 물음 2의 경우

수익에서 비용을 차감한 손익이 플러스(+)가 나고 있으므로 흑자를 시현하고 있다고 판단할 수 있다. 따라서 적자가 아니므로 일단 손익계산서 측면에서는 긍정적인 신호로 해석할 수 있다.

· 물음 3의 경우

흑자를 시현했음에도 불구하고 영업활동에 의한 현금흐름이 마이너스(-)라는 것은 이 건설회사가 주로 외상공사를 했다는 것을 말한다. 따라서 공사미수금을 제대로 회수할 수 없다면 유동성 위험이 증가하게 된다.

· 물음 4의 경우

전체적으로 이 기업은 재무구조 및 수익성 측면에서 긍정적이나 자금흐름 측면에서 부정적이다.

돌발 퀴즈!

흑자도산이란 어떤 경우를 말하는가?

외관상 흑자로 보이지만 현금흐름이 극도로 불량해서 어음 등을 결제할 수 없어 기업이 문을 닫아야 하는 상태가 되는 경우를 말한다.

Consulting | 겉은 좋아 보이나 내부적으로 곪고 있는 기업의 재무제표는 어떤 모습들을 하고 있는지 좀 더 세부적으로 살펴보면 다음과 같다.

☞ 외관상 재무상태표의 내용이 좋다고 하더라도 부실자산들이 많으면 그 기업은 껍데기에 불과하다는 점에 주의해야 한다.

재무상태표	· 자산 → 장부상의 자산이 현금흐름을 창출할 수 없을 정도로 부실자산이 급격히 증가한다. · 부채 → 장부상의 자산으로 변제할 수 있는 능력이 없다. 따라서 단기차입금 등이 많아진다. · 자본 → 기업을 유지할 수 있는 자본력과 투자를 할 수 있는 사내유보금이 부족하다.
손익계산서	· 수익 → 지속적으로 매출액이 증가하고 있다. · 비용 → 매출원가 및 판매관리비가 효율적으로 집행되고 있다. · 이익 → 매출총이익, 영업이익, 당기순이익이 꾸준히 증가하고 있다.
현금흐름표	· 영업활동으로 인한 현금흐름 → 판매활동 등에 의한 입금이 원활하지 못하다. · 투자활동으로 인한 현금흐름 → 미래를 위해 투자를 집행하지 못하고 있다. · 재무활동으로 인한 현금흐름 → 주식발행 등에 의한 자금조달보다는 차입에 의존한 현금흐름을 보인다.

실전연습

앞의 U기업은 자산규모 100억 원으로 올해 초 사업을 시작해서 세후 당기순이익 100억 원을 시현했다. 이 중 50억 원을 배당금 등으로 사외유출하고 나머지 50억 원을 사내에 유보를 시켰다. 그런데 이 잉여금에 대해서는 채권상당액을 보유하고 있는데, 불행하게도 이 채권을 회수할 수 없게 되었다. 이 경우 재무상태표에 미치는 영향은?

① 채권회수가 가능한 경우

재무상태표는 다음과 같이 변동한다. 즉 기초 100억 원짜리 기업이 150억 원짜리 기업으로 변했다. 50억 원만큼 기업이 성장했다고 볼 수 있다.

기초		기말	
자산 　기타　100억 원	부채 　기타　50억 원	자산 　채권　50억 원 　기타　100억 원	부채 　기타　50억 원
	자본 　자본금 20억 원 　잉여금 30억 원		자본 　자본금 20억 원 　잉여금 80억 원
자산 계 100억 원	부채와 자본 계 100억 원	자산 계 150억 원	부채와 자본 계 150억 원

② 채권회수가 불가능한 경우

채권회수가 불가능해지면 자산에 있는 채권을 제거해서 손실처리를 하게
된다. 따라서 재무상태표상에서 자산과 잉여금이 동시에 줄어들게 된다.
그 결과 150억 원짜리 기업이 100억 원짜리 기업으로 변하게 된다. 부실
기업의 전형적인 모습이다.

변경 전		변경 후	
자산 　채권　　50억 원 　기타　100억 원	부채 　기타　　50억 원	자산 　채권　　　0원 　기타　100억 원	부채 　기타　　50억 원
	자본 　자본금　20억 원 　잉여금　80억 원		자본 　자본금　20억 원 　잉여금　30억 원
자산 계 150억 원	부채와 자본 계 150억 원	자산 계 100억 원	부채와 자본 계 100억 원

 퀴즈!

1. 채권손실이 손익계산서에 미치는 영향은 무엇인가?

☑ 채권손실은 비용으로 처리되므로 당기순이익을 줄이게 된다.

☑ 당기순이익이 줄어들게 되면 과세소득이 줄어들 수 있다(단, 세법은 자의적
　인 채권손실계상을 방지하고 있으므로 세법상 손실처리 조건을 검토해야 한다).

☑ 손실은 잉여금을 줄이게 되므로 기업가치를 감소시키게 된다(그 결과
　주식가치의 하락을 수반한다).

2. 채권손실이 현금흐름표에 미치는 영향은 무엇인가?

☑ 채권이 부실화되면 자금흐름에 막대한 지장을 초래한다.

☑ 단기차입금이나 급전(사채) 등에 의존한 경영활동을 하게 된다.

> ### Tip
> ## 부실기업 판정법
> 부실기업은 외부로부터의 정상적인 자금지원 또는 별도의 차입 없이 일상적인 영업활
> 동 등으로 인한 현금흐름만으로는 차입금의 상환이 어려운 것으로 평가되는 기업이다.
> 일반적으로 부채비율이 200% 이상이고 이자보상비율이 1보다 낮은 기업들이 부실징
> 후기업으로 지목될 가능성이 높다. 부실기업의 징후에 대한 자세한 내용은 Part 04의
> Chapter 03을 참조하자.

남을 속이는 기업의 재무제표 모습(분식회계)

재무제표는 그 기업의 얼굴에 해당하므로 남들이 봤을 때 좋은 모습을 하고 있어야 한다. 그런데 문제는 이를 억지로 좋게 보이도록 재무제표를 만드는 경우가 있다는 것이다(이를 '분식회계'라고 한다). 이러한 기업의 재무제표를 잘 알아보는 것도 중요한데, 이하에서 살펴보자.

Case | 서울에 본사를 두고 있는 (주)분식은 이번에 대출을 실행하기 위해 다음과 같은 상황을 재무제표에 반영했다. 물음에 답하면?

① 다음 연도 매출을 올해의 매출로 인식했다.
② 대표이사가 인출한 돈을 주주임원종업원대여금으로 계정 변경했다.
③ 변액보험 평가손실분을 장부에 반영하지 않았다.
④ 단기부채를 장기부채로 돌렸다.

☞ 물음 1 : 위 ①이 재무제표에 미치는 영향은?
☞ 물음 2 : 위 ②가 재무제표에 미치는 영향은?
☞ 물음 3 : 위 ③이 재무제표에 미치는 영향은?
☞ 물음 4 : 위 ④가 재무제표에 미치는 영향은?

Solution | 위의 물음에 맞춰 답을 찾아보면 다음과 같다.

· 물음 1의 경우
다음 연도 매출을 올해의 매출로 계상하면 다음과 같은 효과가 발생한다.

> · **손익계산서** : 매출과대계상 ⇨ 이익과대계상 ⇨ 세금과대납부
> · **재무상태표** : 매출채권과대계상 ⇨ 자산과대계상 ⇨ 기업가치제고
> · **현금흐름표** : 세금과대납부로 영업활동으로 인한 현금흐름이 불량

☞ 이러한 매출조기인식은 당해 연도의 재무제표를 좋게 만드는 경향이 있어 분식회계의 한 유형에 해당한다.

· **물음 2의 경우**

재무제표에는 별다른 영향을 미치지 못한다. 회계상의 거래로 인정될 수밖에 없기 때문이다. 다만, 이렇게 회계에서 제동이 걸리지 않으므로 세법에서는 이에 대해 다양한 불이익(세법상 이자를 계산해서 이를 대표이사의 상여로 소득처분 함)을 주게 된다.

☞ 위에서 가지급금 항목을 대여금 항목으로 변경한 이유는 가지급금이 발생한 사실을 감추기 위해서다. 따라서 이러한 행위도 분식회계의 한 유형에 해당한다고 볼 수 있다.

· **물음 3의 경우**

자산은 시장의 영향 등으로 인해 가격이 변동하는 경우가 왕왕 있다. 특히 투자 상품의 경우가 더더욱 그렇다. 그렇다면 사례처럼 투자 상품인 변액보험의 가격이 하락한 경우에는 어떻게 조치를 취해야 할까?

일단 자산가치가 하락했으므로 이에 대한 손실분을 재무상태표(자산감소)에 반영하는 것이 원칙이다. 다만, 이때 평가손실을 손익계산서에 반영할 수 있는지가 중요한데, 일반적으로 회계기준에서는 유가증권(상장주식 등)에서 발생한 것 정도만 올리고 변액보험같은 매도가능증권은 재무상태표상의 자본항목(기타포괄손익누계액)에 계상하도록 하고 있다. 다만, 세법은 이러한 평가손익을 허용하지 않고 있으므로 보통 회계감사를 적용받지 않는 기업들은 이를 장부에 반영하지 않고 있다.

구분	재무상태표		손익계산서	
① 유가증권 평가손실	유가증권 ⬇	부채	수익	
		자본	비용	⬆
			이익	
② 매도가능증권 평가손실	유가증권 ⬇	부채	수익	
		자본 ⬇*	비용	
			이익	

* 기타포괄손익누계액으로 반영한 후 향후 해당 증권을 처분 시 처분손익에 가감함.

☞ 자산가치가 감소하는 경우 이를 측정해 재무제표에 반영하는 것이 이 해관계자들에게 보다 더 나은 정보를 제공하는 것에 해당한다. 따라서 평가손실을 장부에 반영하지 않는 것도 분식회계의 한 유형에 해당한다고 볼 수 있다.

· 물음 4의 경우

단기부채를 장기부채로 돌리는 것은 부채의 크기에 영향을 주지 않지만, 단기부채에 대한 각종 지표에 영향을 줄 수 있다. 예를 들어 유동비율은 유동자산(1년 내에 현금화될 수 있는 자산)을 유동부채(1년 내에 지급해야 할 부채)로 나눠 비율을 계산하는데, 유동자산이 100이고 유동부채가 200이라면 이 기업은 지불능력이 열악하다고 할 수 있다. 이런 상황에서 유동부채 중 100을 장기부채(비유동부채)로 돌려놓으면 유동비율을 좋게 보일 수 있다.

☞ 결국 이러한 회계처리 방식도 분식회계의 한 유형에 해당한다고 볼 수 있다.

Consulting | 남들에게 잘 보이기 위해 재무제표를 가공하는 것을 분식회계라고 한다. 어떠한 방법들이 있는지 대략적으로 살펴보면 다음과 같다.

① 기말재고자산액 과대계상

제조업 등의 손익계산에 필요한 매출원가는 기초재고와 당기매입액의 합계액에서 기말재고액을 차감해서 계산된다. 그런데 매출원가를 적게 계상하려면 어떻게 해야 할까? 가장 손쉬운 방법은 기말재고액을 늘리는 것이다. 이렇게 되면 매출원가가 축소되므로 이익이 많아 보인다.

② 가공매출 계상

기업이 다음과 같이 허위 매출을 장부에 계상하면 자산이 증가하고 동시에 수익이 증가하는 것으로 보인다. 기업들이 계열회사나 이해관계가 일치된 기업 간에 내부거래를 하는 것도 이러한 것과 관계가 있다.

　(차변) 매출채권 ×××　(대변) 매출 ×××

③ 불량채권 대손충당금 미계상

매출채권은 외상대금으로서 오래될수록 불량채권으로 변할 가능성이 높다. 따라서 회계기준에서는 부실채권에 대해 충당금*을 쌓도록 하고 있다. 그렇게 되면 자산가치가 하락하고 이익이 축소되는 현상이 발생한다. 하지만 분식회계를 하는 입장에서는 자산과 이익을 양호하게 보이기 위해 충당금을 덜 쌓는 방법을 선호하게 된다.

* **충당금** : 장래에 예상되는 지출 또는 손실에 대해서 현실적으로 손실이 발생하지 않은 시점에서 미리 이를 추정해서 장부상에 일정액을 기간비용으로 계상(計上)하는 계정과목을 말한다.

④ 유형자산 감가상각비 미계상 등

보유한 유형자산에 대해 감가상각비를 적게 계상하거나, 수익적 지출*1에 해당하는 것을 자본적 지출*2로 처리하는 것도 이러한 유형에 해당한다. 또 불량자산이나 현존하지 않는 자산을 장부에 그대로 두는 경우도 있다.

*1 **수익적 지출** : 고정자산을 취득한 후 그 자산과 관련해서 발생한 지출로, 당해 고정자산의 원상을 회복하거나 능률유지를 위한 지출을 말한다. 당기비용으로 처리한다.
*2 **자본적 지출** : 고정자산을 취득한 후 그 자산과 관련해서 발생한 지출로, 당해 고정자산의 내용연수를 증가시키거나 가치를 증가시키는 지출을 말한다. 자산으로 처리한다.

⑤ 비용을 무형자산으로 계상

비용성격인 연구비 지출을 무형자산인 개발비로 처리하는 등 자산과 이익을 좋게 보이려는 시도들이 있다.

⑥ 부채 누락

부채측면에서는 부채의 고의 누락이 있다. 예를 들어 차입금을 누락하면 빚이 없는 것으로 보여 재무구조가 견실한 것처럼 보일 수 있다. 그렇게 되면 추가차입에서 유리할 수 있다.

※ 분식회계 유형 요약정리

☑ 가지급금을 대여금으로 계정이체한다.
☑ 기말재고자산을 과대계상한다.
☑ 감가상각비를 계상하지 않는다.
☑ 부실자산을 그대로 방치한다.
☑ 비용성격인 연구개발비를 자산으로 처리한다.
☑ 부채를 장부에서 누락시킨다.
☑ 가공매출을 넣는다.
☑ 비용처리를 생략한다.

실전연습 K기업은 이번에 50억 원의 당기순이익을 시현했다. 이 기업의 재무상태표가 다음과 같다고 할 때 어떤 문제점이 있는가?

기초		기말	
자산 주임종채권 20억 원 기타 80억 원	부채 부채 50억 원	자산 주임종채권 50억 원 기타 100억 원	부채 부채 50억 원
	자본 자본금 20억 원 잉여금 30억 원		자본 자본금 20억 원 잉여금 80억 원
자산 계 100억 원	부채와 자본 계 100억 원	자산 계 150억 원	부채와 자본 계 150억 원

앞의 재무상태표를 보면 우선 기초에 비해 50억 원만큼 자산과 자본이 증가했다. 그런데 자산항목 중 주임종채권액이 기초보다 30억 원이 증가해서 기말에는 50억 원에 이르고 있다. 이 계정과목은 주주나 임원 그리고 종업원들에게 일시적으로 대여한 금액을 말하는데, 일반적으로 대표이사가 무단인출한 금액(가지급금)을 숨기는 데 활용이 되곤 한다. 이러한 가지급금에 대해서는 대여한 금액에 연간 4.6%(세법상 인정이자율을 말함. 수시로 변경 가능)를 곱한 이자상당액을 법인의 이익으로 보고 법인세를 부과하는 한편 대표이사의 상여로 처분해서 근로소득세를 부과하는 식으로 불이익을 주고 있다.

Tip

재무제표의 이용자

재무제표 이용자를 크게 외부이용자와 내부이용자로 나눠 보면 다음과 같이 정리된다.

구분	이용자	이용목적
기업외부	– 주주(투자자) – 금융기관(채권자) – 협력업체 – 과세당국(정부) – 시민단체	투자 수익을 많이 거둘 수 있는가? 원리금 회수를 제대로 할 수 있는가? 납품대금을 제대로 받을 수 있는가? 적정한 세금을 내었는가? 기업의 책임을 다하고 있는가?
기업내부	– 경영자 – 종업원	경영이 제대로 되고 있는가? 업무성과를 올릴 수 있는가?

* 이 외 신용평가를 받거나 입찰 등을 위해 재무제표가 필요하다.

재무제표는 기업의 임직원이나 은행, 투자자 등에게 요긴하게 활용되는데 기업을 대상으로 자산관리를 하거나 영업을 하는 사람들도 이를 활용하면 업무성과를 높일 수 있다. 다음의 예로 이를 확인해보자.

국내 한 보험회사에서 영업을 하고 있는 L씨는 최근 법인영업에 열을 올리고 있다. 이번에 마케팅 대상인 한 기업의 재무자료를 입수했는데, 영업할 때 어떤 식으로 접근하면 좋을지 알아보자.

- 대표자 나이 : 55세
- 대표자의 주식 지분율 : 100%
- 매년 예상이익 : 2.5억 원
- 은퇴예상나이 : 65세
- 정관규정에서 위임한 퇴직급여지급규정이 있음(구체적인 근거 제시됨).

손익계산서

수익	
비용	감가상각비 3,000만 원/월
당기순이익	2,000만 원/월

재무상태표

자산	55억 원	부채	부채 4억 원
		자본	자본금 1억 원 잉여금 50억 원
합계	55억 원	합계	55억 원

STEP1 재무제표 분석

현재 이 기업의 가장 큰 재무적인 문제는 바로 과도하게 적립되어 있는 잉여금이다. 이렇게 누적적인 잉여금이 크면 여러 가지 세무상 문제점(예 : 배당소득세 또는 주식가치의 증가로 상속세 등이 증가)이 발생하기 때문이다. 따라서 이를 그대로 두는 것 보다는 다음과 같이 미리 플랜을 세워 두는 것이 좋다.

구분	금액	비율	비고
미래투자	25억 원	50%	사내유보
배당재원	10억 원	20%	주주
퇴직금재원	15억 원	30%	CEO 퇴직금마련
계	50억 원	–	

이 표를 보면 현재의 잉여금을 미래투자와 배당재원 그리고 퇴직금재원으로 사용하는 것으로 했다. 미래투자는 기업의 미래 성장을 위해, 배당재원은 주주들에 대한 배당을 위해, 퇴직금재원은 CEO의 퇴직금을 지급하기 위한 것을 말한다. 참고로 이러한 비율은 하나의 예시에 불과하며, 각 기업의 실정에 맞게 적절히 수정해서 사용할 수 있다.

STEP2 잉여현금흐름 확인

아무리 잉여금이 많다고 하더라도 그에 해당하는 금액이 기업의 금고에 남아 있지 않을 수 있다. 따라서 보험계약을 체결할 때에는 미리 현금흐름을 별도로 파악해야 한다. 일반적으로 기업의 잉여현금흐름은 손익계산서와 현금흐름표 등을 통해 추정할 수 있다. 여기서 손익계산서에 의한 방법은 대략적인 것으로 '당기순이익+감가상각비*'로 파악하는 것을 말하고, 현금흐름표는 공식적인 재무제표의 하나에 해당하며, 현금흐름을 크게 영업활동과 투자활동 그리고 재무활동으로 구분해서 파악하는 방법을 말한다. 이 중 영업활동에 의한 현금흐름이 많으면 기업에 현금이 남아돈다고 할 수 있다.

* 감가상각비는 현금유출이 없는 비용이므로 이를 당기순이익에 더하면 대략적인 잉여현금흐름을 알 수 있다는 원리가 담겨 있다.

STEP3 잉여현금흐름의 배분

앞의 표를 보면 당기순이익이 2,000만 원이고 감가상각비가 3,000만 원이므로, 이 기업은 매월 5,000만 원 정도의 잉여현금이 발생한다고 할 수 있다. 따라서 이것을 다음과 같이 배분하도록 한다.

(단위 : 원)

구분	금액	비율	비고
비상자금으로 사용	40,000,000	80%	기업
배당금 지급	5,000,000	10%	주주
퇴직보험료 불입	5,000,000	10%	CEO 퇴직금마련
계	50,000,000		

☞ 영업활동 시 알아야 하는 재무제표 등에 대해서는 Part 02 기업실무자 편을 참조할 것.

재무제표
핵심 포인트 찾기

재무상태표에서의 핵심 포인트 찾기

재무상태표는 크게 자산과 부채 및 자본 항목으로 구성된다. 그리고 왼쪽의 자산은 오른쪽 란의 부채 및 자본이 운용된 결과를 나타낸다. 이렇게 보면 자산은 투자자의 자본과 부채를 운용한 결과이고, 이는 이익창출을 위해 존재하는 것이라고 할 수 있다. 이하에서는 재무상태표에서 읽어내야 할 정보들을 알아보자.

Case | 경기도 고양시에 위치한 (주)태평양의 재무상태표가 다음과 같은 모양새를 하고 있다. 물음에 답하면?

자산	부채와 자본
유동자산*1	유동부채*1
	비유동부채*2
비유동자산*2	자본(자기자본)
차변 : 자금의 운용	대변 : 자금의 조달

*1 유동자산과 유동부채 : '유동(流動)'이라는 의미는 보통 12월 31일(기말)로부터 1년 내에 현금흐름이 발생하는 것을 말한다. 그 성격이 자산이면 '유동자산', 부채이면 '유동부채'로 부른다.
*2 비유동자산과 비유동부채 : '비유동(非流動)'이라는 의미는 보통 12월 31일(기말)로부터 1년 후에 현금흐름이 발생하는 것을 말한다. 그 성격이 자산이면 '비유동자산(종전 고정자산)', 부채이면 '비유동부채(종전 고정부채)'로 부른다.

☞ **물음 1** : 이 기업의 자본구조는 어떻다고 평가할 수 있는가?
☞ **물음 2** : 이 기업이 재무구조를 개선하기 위해 필요한 경영활동은?

Solution | 앞의 물음에 대해 순차적으로 답을 찾아보면 다음과 같다.

· 물음 1의 경우

기업이 안정적으로 운영되기 위해서는 자본구조가 튼튼해야 한다. 자본구조의 안정성은 일반적으로 총자본인 부채와 자본의 합계액에서 자기자본이 차지하는 비중(자기자본/총자본)을 가지고 분석한다. 이를 '자기자본비율'이라고 한다.

$$\cdot\ 자기자본비율 = \frac{자기자본}{총자본(=\ 부채\ +\ 자본)} \times 100$$

☞ 이 비율이 50%를 넘으면 양호하다고 판단한다. 여기서 50%는 부채와 자기자본의 크기가 동일한 경우를 말한다. 사례의 경우에는 부채가 자본보다 크다고 보이므로 자본구조가 불량하다고 판단을 내릴 수 있다.

· 물음 2의 경우

자기자본비율이 떨어지고 있으므로 자본구조가 다소 불안하다. 이는 부채비율이 높다는 것을 의미하기도 하는데, 이러한 자본구조를 개선시키기 위해서는 무엇보다도 다음과 같이 자기자본을 늘리는 활동이 필요하다.

☑ 증자를 해서 자본금을 늘린다.
☑ 전환사채를 발행한 후 주식으로 전환한다.
☑ 부채나 채무를 출자금으로 대체한다.
☑ 이익처분 때 사외유출보다는 사내유보를 많이 한다.
☑ 외상매출금 등 매출채권을 조기에 회수해서 부채를 갚는다.
☑ 재고자산을 줄여 남은 자금으로 부채를 줄인다.

☞ 재무상태표로 유동성을 따져볼 수 있다. 여기서 '유동성'은 특정 자산이 필요할 때 얼마나 쉽게 현금으로 전환할 수 있는지를 알아보기 위한 지표다. 이 유동성을 따져보려면 자산 중에서 현금으로 전환할 수 있는 항

목들을 찾아내 살펴볼 필요가 있다. 이에는 현금, 보통예금, 각종 채권 등이 있다. 이 외에도 유동비율(유동자산/유동부채)로 지급능력이 충분한지도 살펴볼 수 있다. 자세한 내용들을 뒤에서 순차적으로 살펴보자.

Consulting | 재무상태표의 구조를 통해서 알아내야 할 정보를 살펴보면 다음과 같다.

자산	부채
Ⅰ. 유동자산 1. 당좌자산 　　현금 　　매출채권 　　(대손충당금) 2. 재고자산 Ⅱ. 비유동자산 1. 투자자산 2. 유형자산 　　비품 　　(감가상각누계액) 3. 무형자산 4. 기타	Ⅰ. 유동부채 1. 외상매입금 2. 예수금 Ⅱ. 비유동부채 1. 장기차입금 2. 퇴직급여충당금 자본* Ⅰ. 자본금 Ⅱ. 자본잉여금 1. 주식발행초과금 2. 감자차익 Ⅲ. 이익잉여금 1. 법정적립금 2. 차기이월이익잉여금(당기순이익 포함)
자산 계	부채와 자본 계
자금의 사용	자금의 조달

* 자본은 자본금, 자본잉여금, 기타포괄손익누계액, 자본조정, 이익잉여금으로 구분하기도 한다. 이러한 자본은 채권자를 보호하는 역할을 한다. 따라서 부채보다 자본이 넉넉해야 기업의 안정성(자본구조의 안정성)이 높아진다.

재무상태표상의 부채와 자본은 자금조달원의 구실을 하고, 자산은 자본이 구체적으로 운용된 결과를 나타낸다고 할 수 있다. 이러한 원리를 기억하면 재무상태표를 통해 다양한 정보를 파악할 수 있다.

☑ 자본구조의 안정성을 파악할 수 있다.
기업은 보유한 자원이 넉넉해야 기본적으로 안정성이 있다. 그런데 만일 부채가 많은 경우에는 어떤 현상이 발생할까? 깊게 생각하지 않더라도 그 기업은 제대로 경영이 되지 않을 가능성이 높을 것이다.

☑ **어떤 자산을 보유하고 있는지를 알 수 있다.**

보통 기업의 수익력은 우량한 자산에서 오는 경우가 많다. 예를 들어 첨단 설비를 보유하고 있다면 기업의 수익성은 개선될 가능성이 높으며, 저평 가된 부동산이나 투자주식 등이 있다면 투자이익도 증가될 가능성이 높다.

☑ **차입금을 지급할 능력이 있는지를 알 수 있다.**

차입금을 상환하는 힘은 곧 자산 중 현금과 현금성자산에서 생긴다. 만일 기업이 보유하고 있는 현금 등의 자산이 부족하다면 이 기업은 자금유동 성에 문제가 발생할 가능성이 높다.

실전연습 어떤 기업의 재무상태표가 다음과 같다고 하자. 이 기업의 자기자 본비율과 부채비율을 계산하고 이 비율의 관계에 대해 알아보면?

자산	부채와 자본
자산 10억 원	부채 5억 원
	자본 5억 원
계 10억 원	계 10억 원

STEP1 자기자본비율

자기자본비율(자기자본/총자본)은 총자본(부채와 자본) 10억 원 중 자본이 5억 원이므로 50%의 비율이 나온다. 총자본 중 절반이 자기자본이라는 것을 알 수 있다.

STEP2 부채비율

부채비율을 통해서도 자본구조의 안정성을 살펴볼 수 있는데, 이 비율은 총부채를 자기자본으로 나눠서 계산한다. 그리고 이 비율이 100% 이하 가 나와야 양호하다고 판정을 내릴 수 있다.

· 부채비율 = $\dfrac{\text{총부채}(= \text{유동부채} + \text{비유동부채})}{\text{자기자본}} \times 100 = \dfrac{5억\ 원}{5억\ 원} \times 100 = 100\%$

사례의 경우 부채 5억 원과 자기자본 5억 원을 앞의 식에 대입하면 부채 비율은 100%가 나온다.

☞ 부채비율은 모든 경영분석지표 가운데 가장 중요한 지표 중의 하나에 해당하므로 이에 대해서는 늘 관심을 두고 있어야 한다.

STEP3 자기자본비율과 부채비율의 관계

자기자본비율 50%는 결국 부채비율 100%와 같다. 자본구조의 안전성을 이야기할 때에는 자기자본비율을 사용해도 되고, 부채비율을 사용해도 된다.

1. 부채비율이 100%를 초과하면 자기자본비율은 어떻게 되는가?
자기자본비율이 50% 미만으로 떨어진다.

2. 부채비율이 100%초과한 상태에서 대출을 받기 쉬울까?
이러한 상황에서는 차입이 어려울 수 있다. 만일 급전이 필요한 경우에는 과다한 이자비용 지급을 예측해볼 수 있다.

경영분석
자세한 내용은 PART 03을 참조하자.

우리 기업의 재무상태표 읽기
– 우리 기업의 강점과 약점 찾기

어떤 기업의 재무상태표가 아래와 같다고 하자. 아래의 질문에 답하라.

| 기본자료 |

자산		부채와 자본	
		유동부채	20억 원
		비유동부채	30억 원
유동자산	50억 원		
비유동자산	50억 원	자본금	10억 원
		잉여금	40억 원
계 100억 원		계 100억 원	

Q 이 기업의 순자산가액은 얼마인가?

순자산은 자산에서 부채를 차감한 자본을 말한다. 자산은 100억 원이고
부채는 50억 원이므로 순자산가액은 50억 원이 된다.

Q 위 자산 중에서는 부실자산 20억 원이 포함되어 있다. 이를 감안하면 순자산가
액은 얼마가 되는가?

위에서 계산된 순자산가액 50억 원에서 20억 원을 차감하면 30억 원이 된다.

Q 이 자산 중에서는 1980년대에 취득한 부동산 1억 원이 포함되어 있다. 현재
이 부동산의 시가는 11억 원이 된다고 한다면 실제 순자산가액은 얼마인가?

순자산가액을 시가로 평가해서 증가한 금액 10억 원을 더하면 60억 원
이 된다.

Q 어떤 기업이 연구개발비로 1억 원을 투입했는데 이를 무형자산으로 처리하고 5년간 균등액으로 상각한다면 재무제표는 어떤 식으로 작성되는가?

자산
  무형자산 100,000,000
        (20,000,000) 80,000,000
	판매관리비
	  무형자산상각비 20,000,000

다만 이 연구개발비가 비용에 해당한다면 다음과 같이 판매관리비로 전액처리가 되어야 할 것이다.

자산
  무형자산 0
	판매관리비
	  연구개발비 100,000,000

Q 비유동부채 중 장기차입금에는 앞으로 1년 내에 갚아야 할 차입금이 포함되어 있다. 이 차입금은 결산일에 어떤 식으로 계정대체가 되는가?

장기부채 중 1년 내에 상환될 부채는 유동부채 중 유동성장기부채로 분류한다. 정보이용자들은 이 계정과목을 보고 장기차입금 중 일부가 단기차입금으로 계정대체되었다고 해석하게 된다.

Q 이 기업의 잉여금은 40억 원인데 이 잉여금은 어떻게 사용하는가?

주주들에 대한 배당재원으로 사용할 수 있고 투자를 위해 사용할 수도 있다. 또한 자본금 전입용으로 사용할 수 있고, 향후 결손이 발생할 경우 상계용으로 사용할 수도 있다.

Q 이 기업의 대표이사는 주식 50%를 소유하고 있다. 대표이사가 보유한 주식가치는 얼마일까?

일단 장부상의 금액을 기준으로 하면 전체 자본은 50억 원이 된다. 따라서 이 금액의 50%인 25억 원이 이 기업 대표이사가 보유한 주식가치라고 할 수 있다.

Q 이 기업의 대표이사는 얼마를 배당받을 수 있을까? 단, 지분율은 50%이다.

잉여금이 40억 원이므로 이론상 이 금액의 50%인 20억 원을 배당받을 수 있다. 단, 금전배당 시 상법에서 규정하고 있는 이익준비금을 자본금의 1/2이 될 때까지 10% 이상 적립해야 한다(상법상 자본충실의 원칙 유지).

Q 이 기업의 잉여금은 40억 원인데 이 금액은 서류상 존재하는 것으로 실제 그에 상응하는 자산이 없다. 이 경우 이 기업의 재무상태표에서는 어떤 문제가 발생할까?

잉여금이 발생하면 그에 상응한 만큼의 자산을 보유하고 있어야 한다. 그런데 실제 자산이 없는 경우에는 가공자산이 발생한다. 이러한 가공자산의 한 예가 바로 가지급금이라고 할 수 있다.

Q 이 기업의 순운전자본은 얼마나 되는가? 순운전자본은 유동자산과 유동부채로 따져서 계산하라.

유동자산은 50억 원이고 유동부채는 20억 원이므로 순운전자본은 30억 원이 된다. 따라서 이 기업은 단기부채를 유동자산으로 충분히 갚을 수 있는 여력이 있다고 보인다.

Q 이 기업의 자기자본비율은?

총자본은 100억 원이고 자기자본은 50억 원이므로 50%가 된다. 이 정도면 양호한 자본구조를 가지고 있다고 할 수 있다.

Q 유동비율은 얼마인가?

유동비율은 유동자산을 유동부채로 나눈 비율을 말한다. 50억 원을 20억 원으로 나눈 후 100을 곱하면 250%가 나온다. 이 상황은 유동자산으로 단기부채를 충분히 갚을 수 있는 수준을 말한다.

Q 만일 유동자산 중 재고자산이 30억 원이 있다면 유동성은 어떻다고 할 수 있는가?

재고자산은 현금이 묶여 있는 자산이므로 궁극적으로 유동성이 떨어진다고 할 수 있다.

Q 이 기업의 자산구조는 어떻다고 할 수 있는가?

자산구조는 유동자산과 비유동자산이 어떤 비율로 결합되어 있는가를 나타낸 것이다. 일반적으로 비유동자산이 유동자산보다 많으면 기업의 움직임이 둔하다. 제조업의 경우가 이에 해당한다. 반면 서비스업의 경우에는 유동자산이 비유동자산보다 많을 것이다. 따라서 앞의 기업의 자산구조는 이 기업이 어떤 업종에 해당하는가에 따라 그 평가가 달라진다고 할 수 있다.

손익계산서에서의 핵심 포인트 찾기

손익계산서는 경영성과인 당기순손익을 기록하는 재무제표를 말한다. 여기서 경영성과는 수익에서 비용을 차감해 계산한다. 지금부터는 이 표에서 찾아야 할 핵심 포인트에 대해 알아보자.

Case | 다음은 제조업을 영위하고 있는 H기업의 손익계산서이다. 이 표를 보고 물음에 답하면?

구분	비율
매출액	100%
매출원가	60%
매출총이익	40%
판매관리비 　직원 급여 　광고비 　임차료 　기타비용	30%
영업이익	10%
영업외수익	
영업외비용 　이자비용	10%
법인세비용차감전순이익	
법인세비용	
당기순이익	0%

☞ 물음 1 : 이 기업의 당기순이익은 얼마인가? 그리고 실적이 저조한 이유는?

☞ 물음 2 : 영업이익은 적당한가?

☞ 물음 3 : 이자비용은 얼마가 적당한가?

Solution | 앞의 물음에 따라 답을 찾으면 다음과 같다.

· 물음 1의 경우

당기순이익은 0원이다. 당기순이익을 매출액으로 나눈 비율이 0%이기 때문이다. 이렇게 당기순이익이 0원이 된 이유 중 하나는 바로 과도한 이자비용이 발생했기 때문이다. 이 이자비용은 차입금에 의해 발생한다.

· 물음 2의 경우

일반적으로 제조업의 경우 영업이익률이 10% 이상이면 양호하게 이익을 내고 있다고 판단을 내릴 수 있다.

· 물음 3의 경우

이자비용은 영업외비용 항목이고 이는 영업이익으로 갚는 것이 원칙이다. 따라서 영업이익을 이자비용으로 나눠 1(100%) 이상이 되어야 문제가 없다고 할 수 있다(이를 이자보상비율이라고 한다). 예를 들어 앞의 H기업의 영업이익이 1억 원이고 이자비용이 1억 원이라면 이 비율은 1이 된다. 따라서 벌어들인 이익으로 이자를 전액 갚고 나면 당기순이익이 0원이므로 되므로 이 비율이 이 보다 높을수록 좋은 기업이라고 할 수 있다.

☞ 이자보상비율은 1 이상이 되어야 실적이 양호하다고 평가된다(수익성 평가의 하나에 해당한다).

Consulting | 손익계산서의 구조를 통해서 알아내야 할 정보를 살펴 보면 다음과 같다.

〈제조업의 경우〉
 Ⅰ. 매출액　　　　　　×××
 Ⅱ. 매출원가
　　기초제품재고액　×××
　　당기제품제조원가　×××
　　기말제품재고액　(×××)　×××

```
Ⅲ. 매출총이익          ×××
Ⅳ. 판매비와 관리비      ×××
    인건비
    감가상각비 등
Ⅴ. 영업이익            ×××
Ⅵ. 영업외수익          ×××
Ⅶ. 영업외비용          ×××
Ⅷ. 법인세비용차감전순이익 ×××
Ⅸ. 법인세비용          ×××
Ⅹ. 당기순이익          ×××
```

☑ 기업의 잠재력을 확인할 수 있다.

손익계산서상 매출액의 크기는 그 기업의 잠재력을 알 수 있는 잣대가 된다. 매출액이 1억 원인 기업과 10조 원이 되는 기업의 잠재력의 크기는 다르게 받아들여진다.

☑ 기업의 이익의 질(수익성)을 알 수 있다.

손익계산서에서는 다음과 같이 다양한 이익에 대한 정보를 제공한다.

· 매출총이익은 매출액과 매출원가만으로 산정하기 때문에 매출원가의 중요성을 일러준다.

· 영업이익은 매출총이익에서 판매관리비를 차감한 것으로 주요영업활동의 이익 수준을 가늠할 수 있는 정보를 제공한다.

· 법인세비용차감전순이익은 주요영업활동 외의 이익까지도 포괄하는 개념이다. 당연히 이 이익보다는 영업이익이 더 많아야 탄탄한 회사라고 할 수 있다.

· 당기순이익은 당기에 벌어들인 최종의 이익으로 외부 주주들의 몫이라고 할 수 있다.

☑ 현금흐름을 알 수 있다.

손익계산서상의 이익은 미래의 현금흐름을 파악해볼 수 있는 잣대가 된다. 예를 들어 어떤 기업의 당기순이익이 10억 원 정도가 된다면 앞으로도 특별한 사정이 없는 한 이 정도의 이익을 기대할 수 있고 현금흐름도 양호할 것이라는 것을 예상할 수 있다. 다만, 당기순이익만을 가지고 현금흐름을 예측하는 것은 무리가 되므로 좀 더 정확한 현금흐름을 파악하기 위해서는 현금흐름표를 분석해야 한다.

☞ 손익계산서를 볼 때 전년보다 이익이 축소되지 않았는지 자산에 비해 이익이 줄어들지 않았는지 등 이익과 관련된 부분을 심도 있게 분석할 필요가 있다. 만일 매출부진으로 인해 영업이익이 줄어들었다면 판매관리비를 줄이거나 매출을 늘리는 활동에 돌입해야 한다.

실전연습   부산광역시에 위치한 ㈜필승의 손익계산서가 다음과 같다고 하자. ① 이 기업의 경우 영업이익률은 얼마인가? ② 그리고 세후 당기순이익은 얼마인가? 단, 법인세비용은 법인세비용차감전순이익에 법인세율(9~24%)를 곱해 계산한다고 하자. ③ 참고로 아래의 매출 중 50억 원은 외상매출금이고 모든 비용은 현금지출분이다. 이 기업의 현금흐름 양상은?

구분	금액
매출액	100억 원
매출원가	50억 원
매출총이익	50억 원
판매관리비	30억 원
영업이익	20억 원
영업외수익	–
영업외비용	10억 원
법인세비용차감전순이익	10억 원
법인세비용	
당기순이익	

먼저 ①영업이익률을 구해보자.

이 이익률은 영업이익을 매출액으로 나눠 계산하므로 20%가 나온다. 이 비율은 높을수록 양호하며 이 비율을 증가시키기 위해서는 매출액을 증가시키거나 매출원가 또는 판매관리비를 줄여야 한다. 영업이익은 매출총이익에서 판매관리비를 차감해서 계산하기 때문이다.

다음으로 ②세후 당기순이익을 계산해보자.

법인세율은 과세소득이 2억 원까지는 9%, 2억~200억 원까지는 19%(200억 원 초과분은 21~24%)이므로 법인세비용은 다음과 같이 예상된다.

· 법인세비용 = 2억 원×9%+(10억 원 – 2억 원)×19%=1억 7,000만 원
· 지방소득세(10%)포함 시 총법인세비용 = 1억 8,700만 원

따라서 세후 당기순이익은 10억 원에서 1억 8,700만 원을 차감한 8억 1,300만 원 정도가 예상된다.

마지막으로 ③현금흐름 양상을 파악해보자.

구분	금액	현금흐름
수익	100억 원	50억 원
비용	91억 8,700만 원	91억 8,700만 원
이익	8억 1,300만 원	△41억 8,700만 원

이 결과를 보면 손익계산서상의 이익과 현금흐름과는 다소 차이가 있음을 알 수 있다. 따라서 손익계산서를 보고 현금흐름을 예측하는 것은 주의해야 한다.

 돌 발 퀴즈!

위의 기업이 개인기업이라면 소득세는 얼마인가?

소득세율은 6~45%로, 과세표준이 10억 원인 경우 소득세는 아래와 같다.

· 소득세비용 : 10억 원×42%-3,594만 원(누진공제)=3억 8,406만 원
· 지방소득세(10%)포함 시 총소득세비용 : 4억 2,246만 원

이러한 이유로 개인보다는 법인이 선호된다.

손익계산서 체크하기

☑ 우리 회사는 얼마를 팔아 얼마를 남겼을까?

우선 얼마를 팔았는지 보려면 매출액을 보면 될 것이다. 그리고 이익은 당기순이익을 보면 된다.

☑ 매출액은 계획대로 달성했는가?

연초에 세웠던 매출계획과 차이가 나는지 비교분석해 보고 차이가 난 이유를 밝혀볼 필요가 있다.

☑ 매출원가가 상승한 이유는 무엇인가?

매출원가가 하락하는 경우보다 상승하는 경우에는 더더욱 관심을 기울일 필요가 있다. 매출원가율이 상승한다는 것은 그만큼 수익성이 악화된다는 것을 의미하기 때문이다. 따라서 경영자나 실무자들은 매출원가의 동향에 대해 수시로 점검할 필요가 있다.

☑ 영업이익이 감소한 이유는 무엇인가?

영업이익은 주요 영업활동의 결과에 의해 나온 것인 만큼 영업이익의 감소는 곧 수익성의 악화를 말한다. 따라서 영업이익이 줄어든 이유를 명확히 할 필요가 있다. 만일 매출부진으로 인해 영업이익이 줄어들었다면 판매관리비를 줄이거나 매출을 늘리는 활동에 돌입해야 할 것이다.

☑ 이자비용은 과도하지 않는가?

아무리 영업이익이 많다고 하더라도 영업외비용인 이자비용이 과도하면 당기순이익이 감소하게 되며, 부채상환에 대한 압박이 커질 수 있다. 따라서 기업은 적정 이자를 유지하는 데 항상 관심을 둘 필요가 있다.

☑ 우리 회사의 이익은 적정한가?

이익은 수익성을 평가하는 척도이자 배당의 원천 등이 된다. 따라서 이 이익이 적정하게 발생유지되는지 등을 점검할 필요가 있다.

☑ 세금은 적정한가?

법인기업에 적용되는 법인세율은 9~24%(개인기업은 6~45%, 지방소득세 별도)인데 대략적으로 법인의 이익에 이 정도 세율이 적용되면 가처분소득이 줄어들 수밖에 없다. 따라서 사전에 세금을 줄일 수 있는 대책을 마련하는 것도 현금흐름 측면에서 바람직하다.

우리 기업의 손익계산서 읽기

어떤 기업의 손익계산서가 아래와 같다고 하자. 아래의 질문에 답하라. 참고로 손익계산서는 전기와 당기를 비교하는 식으로 점검하는 것이 좋다. 물론 분석기간을 늘리면 금상첨화가 될 것이다.

| 기본자료 |

구분	전기	당기	증감률
매출액	80억 원	100억 원	25%
매출원가	40억 원	50억 원	25%
매출총이익	40억 원	50억 원	25%
판매관리비	20억 원	30억 원	50%
영업이익	20억 원	20억 원	–
영업외수익	–	–	
영업외비용	10억 원	10억 원	–
법인세비용차감전순이익	10억 원	10억 원	–
법인세비용	2억 원	2억 원	–
당기순이익	8억 원	8억 원	–

Q 당기의 매출 중 5억 원 상당액을 밀어내기 식으로 해서 장부에 계상했다. 어떤 문제가 있는가?

회계와 세법에서는 통상 1년간(1. 1~12. 31)에 발생한 수익과 비용을 가지고 이익을 계산한다. 따라서 다음 해의 매출을 올해의 매출로 잡는 행위는 회계와 세법기준을 위배한 것이다. 이렇게 매출이 잘못 계상되면 이익구조, 세금, 배당 등에서 오류가 발생한다.

Q 매출원가는 어떻게 계산하는가?

매출원가는 매출액에 직접 대응되는 원가를 말한다. 예를 들어 제조기업의 경우 공장에서 생산된 제품이 외부에 판매되면 이때 그 제품의 생산원가가 매출원가로 변하게 된다. 회계에서는 매출원가를 다음과 같이 계산한다.

· 매출원가 = 기초재고액 + 당기제품제조원가(상품구입액) - 기말재고액

Case

잘나가 기업의 상품매매거래와 관련된 자료가 다음과 같다. 다음 질문에 따라 답을 하면?

일자	거래	수량	단가	금액
2월 1일	매입	100개	1,000원	100,000원
2월 15일	매입	100개	2,000원	200,000원
2월 28일	매출	100개	3,000원	300,000원

물음 1 : 선입선출법에 의하면 재고자산가액 및 매출총이익은 얼마인가?

☞ 선입선출법은 먼저 매입된 재고자산이 먼저 매출된다는 원가가정이다. 따라서 처음에 매입되어 남은 것이 기말재고자산가액으로 계상된다. 사례의 경우 200,000원이 기말재고자산가액이 된다.

· 매출총이익 = 매출 - 매출원가 = 300,000원 - 100,000원 = 200,000원

물음 2 : 후입선출법에 의하면 재고자산가액 및 매출총이익은 얼마인가?

☞ 후입선출법은 나중에 매입된 재고자산이 먼저 매출된다는 원가가정이다. 따라서 나중에 매입되어 남은 것이 기말재고자산가액으로 계상된다. 사례의 경우 100,000원이 기말재고자산가액이 된다.

· 매출총이익 = 매출 - 매출원가 = 300,000원 - 200,000원 = 100,000원

물음 3 : 총평균법에 의하면 재고자산가액 및 매출총이익은 얼마인가?

☞ 총평균법은 기초재고와 당기에 매입된 재고자산의 평균금액으로 매출된다는 원가가정이다. 따라서 평균단가에 기말재고수량을 곱하면 기말재고자산가액이 결정된다.

· 평균단가 = 300,000원/200개 = 1,500원
· 기말재고자산가액 = 100개 × 1,500원 = 150,000원
· 매출총이익 = 매출 - 매출원가 = 300,000원 - 150,000원 = 150,000원

Q 당기순이익은 최종 어디로 가는가?

당기순이익은 다음과 같은 절차에 의해 소멸한다.

> · 당기순이익 확정 ⇨ 일부 사외 유출 ⇨ 사내 유보분은 재무상태표의 자본란의 잉여금으로 이동

Q 전기에 비해 매출액이 25% 신장했음에도 불구하고 당기순이익은 변동하지 않은 것으로 검토되었다. 그 이유는 무엇인가?

일단 판매관리비 증가율이 매출액의 증가율보다 훨씬 높게 나왔다. 주요 판매관리비항목은 다음과 같다.

☑ 인건비

☑ 감가상각비

☑ 광고선전비

☑ 기타 판매촉진비 등

Q 당기순이익을 올리기 위해서는 어떤 조치를 취해야 하는가?

매출원가를 낮추는 작업, 판매관리비를 줄이는 조치를 취할 필요가 있다.

Q 당기 매출액영업이익률과 매출액증가율은 어떻게 되는가?

매출액영업이익률은 영업이익을 매출액으로 나눈 비율을 말한다. 당기의 경우 영업이익 20억 원을 매출액 100억 원으로 나누면 20%가 된다. 한편 매출액은 전년도에 비해 25%가 증가되었다.

손익계산서 3개 연도 추세분석(추정손익계산서 포함)

재무제표분석은 한 개 연도를 중심으로 분석하더라도 유용한 정보를 얻을 수가 있다. 하지만 최근 몇 년간을 동시에 분석하면 한 개 연도만을 분석했을 때와 비교해서 얻지 못하는 정보까지 얻을 수 있다. 물론 경영관리목적상으로는 월별이나 분기별 또는 수년간을 기준으로 분석을 실시할 수도 있을 것이다.

손익계산서를 가지고 최근 3개 연도를 비교 분석해보자.

(단위 : 억 원, %)

구분	20×3		20×4		20×5	
	금액	구성비	금액	구성비	금액	구성비
매출액	1,000	100.0	2,000	100.0	3,000	100.0
매출원가	700	70.0	1,300	65.0	2,100	70.0
매출총이익	300	30.0	700	35.0	900	30.0
판매관리비	200	20.0	400	20.0	500	16.7
영업이익	100	10.0	300	15.0	400	13.3
영업외수익	0	0.0	0	0.0	0	0.0
영업외비용	50	5.0	80	4.0	100	3.3
세전순이익	50	5.0	220	11.0	300	10.0
법인세비용	5	0.5	20	1.0	60	2.0
당기순이익	45	4.5	200	10.0	240	8.0

* 법인세비용은 임의의 수치임(이하 동일)

위의 손익계산서에서 점검해야 할 것들을 보자.

첫째, 매출액증가율을 보자.

최근 3년간을 보면 매출액은 꾸준히 상승하고 있음을 알 수 있다. 다만, 20×5년의 경우 상승률이 다소 둔화되고 있음에 주의할 필요가 있다. 물론 금액적으로 증가는 했으나 계획상의 목표와는 차이가 날 수 있으므로 이 부분을 점검할 필요가 있다는 것이다.

둘째, 매출총이익의 변화율에 주의를 해보자.

매출총이익은 매출액에서 매출원가를 차감한 금액을 말한다.

구분	20×3	20×4	20×5
매출액	1,000	2,000	3,000
매출원가	700	1,300	2,100
매출총이익	300	700	900
매출총이익률(매출총이익÷매출액)	30%	35%	30%

이 사례에서는 매출총이익률은 30~35%를 유지하고 있다.

그렇다면 이 표에서 우리는 어떤 것을 발견해내야 하는가?

우선 20×4년에 매출원가가 줄어들어 매출총이익률이 종전 30%에서 35%로 증가했으나, 20×5년에는 매출원가가 상대적으로 늘어났다. 따라서 이렇게 매출원가가 늘어난 원인을 분석해서 이에 대한 대책을 꾸릴 필요가 있다.

셋째, 판매관리비를 따져보자.

20×4년의 판매관리비가 큰 폭으로 증가했으나 20×5년의 경우 증가율이 떨어졌다. 따라서 이렇게 증감한 이유를 알기 위해서는 판매관리비의 각 항목에 대해 추가 분석을 실시하면 될 것이다.

※추정손익계산서

다음 연도 이후를 예측할 때에는 과거의 증감율을 고려해서 예상증감률을 책정하면 대략적으로 향후 1년간 등의 손익을 예측해볼 수 있다.

(단위 : 억 원, %)

구분	20×3 실적	20×4 실적	20×5 실적	20×6 예상	
	금액			전년대비 예상증감률	금액
매출액	1,000	2,000	3,000	50.0	4.500
매출원가	700	1,300	2,100	60.0	3,360
매출총이익	300	700	900		1,140
판매관리비	200	400	500	25.0	625
영업이익	100	300	400		515
영업외수익	0	0	0	0.0	0
영업외비용	50	80	100	25.0	125
세전순이익	500	2200	300		390
법인세등	5	20	60		80
당기순이익	45	200	240		310

☞ 손익계산서 등 재무제표는 동종업계와 비교해야 그 의미가 있다. 한국은행이 매년 발표하는 통계자료를 통해 이를 확인해보는 습관을 들여 보자.

현금흐름표에서의 핵심 포인트 찾기

현금흐름표는 현금흐름에 관한 정보를 알 수 있는 재무제표를 말한다. 이 표는 앞에서 본 재무상태표와 손익계산서만으로는 현금흐름의 양상 등을 파악할 수가 없어 추가되었다. 실무적으로 현금흐름표에서 핵심 포인트를 찾아내는 방법에 대해 알아보자.

Case | (주)현금의 재무상태표 중 자산이 다음과 같이 증가했다고 하자. 물음에 답하면?

기초	기말	증감
현금성자산 1,000만 원	현금성자산 1억 원	+ 9,000만 원
기타 자산 1억 9,000만 원	기타 자산 2억 원	+ 1,000만 원
자산 계 2억 원	자산 계 3억 원	+ 1억 원

☞ **물음 1** : 현금성자산이 증가된 이유는 뭐라고 추정할 수 있을까?
☞ **물음 2** : 만약 위의 자산이 증가된 이유는 모두 매출에 근거한 것이라고 할 때 현금매출과 외상매출은 현금흐름에 어떤 영향을 미쳤다고 볼 수 있을까?
☞ **물음 3** : 영업에 의한 현금흐름의 유입이 많아지려면 어떻게 해야 하는가?

Solution | 위의 물음에 맞춰 답을 찾아보면 다음과 같다.

· **물음 1의 경우**
일단 현금이 유입되는 경우는 매출이 발생하거나 기업보유자산을 매각하는 경우, 그리고 차입을 하거나 증자를 하는 경우 등 아주 다양하다.

· 물음 2의 경우

현금이 유입된 경로가 모두 매출에 의한 것이라면 우선 현금성자산의 증가액 9,000만 원은 현금매출에 근거한 것이고, 기타 자산의 1,000만 원은 외상매출에 근거한 것이라고 할 수 있다.

· 물음 3의 경우

외상매출보다는 현금매출을 위주로 마케팅 정책을 펴야 한다. 외상으로 판매하는 경우에는 대금회수에 만전을 기해야 한다.

Consulting | 현금흐름표의 구조를 통해서 알아내야 할 정보를 살펴보면 다음과 같다.

과목	제1(당)기	
	금액	
I. 영업활동으로 인한 현금흐름		
1. 당기순이익		
2. 현금의 유출이 없는 비용 등의 가산		
3. 현금의 유입이 없는 수익 등의 차감		
4. 영업활동으로 인한 자산·부채의 변동		
매출채권의 감소(증가)		
II. 투자활동으로 인한 현금흐름		
1. 투자활동으로 인한 현금유입액		
건물의 처분		
2. 투자활동으로 인한 현금유출액		
유가증권의 취득		
III. 재무활동으로 인한 현금흐름		
1. 재무활동으로 인한 현금유입액		
주식의 발행		
2. 재무활동으로 인한 현금유출액		
단기차입금의 상환		
IV. 현금의 증가(감소)(I+II+III)		
V. 기초의 현금		
VI. 기말의 현금		

현금흐름표에서는 다음과 같은 정보를 파악할 수 있다.

☑ 현금의 조달원천을 알 수 있다. → 현금이 영업활동에 의해서 조달되었는지 투자활동이나 재무활동에서 조달되었는지를 알 수 있다.

☑ 현금의 사용내역을 알 수 있다. → 인건비로 얼마가 지출되었는지, 기계장치를 구입하는 데 얼마가 들어갔는지 등을 알 수 있다.

☑ 현금의 증감액을 알 수 있다. → 현금을 조달하고 사용한 후에 남은 잔액을 기초금액에서 차감하면 당기의 현금증감액을 알 수 있다.

☞ **영업활동에 의한 현금흐름이 왜 중요할까?**

영업활동에 의한 현금흐름이 풍부한 경우에는 투자활동과 재무활동 등에 자금을 투입할 수 있다. 예를 들어 투자활동에서는 유가증권이나 기타 유형자산 등을 취득할 수 있다. 유형자산을 취득하는 것은 곧 신규투자를 의미한다. 물론 지금 당장 투자를 하지 않고 미래에 투자를 하기 위해 사내에 유보를 할 수도 있다. 한편 재무활동에 의해 현금유출을 꾀할 수도 있다. 재무활동에 의한 현금유출은 차입금 상환이나 배당금 지급 등이 대표적이다.

실전연습 인천시에서 사업을 하고 있는 K기업의 현금흐름 양상이 다음과 같다고 하자. 이 기업은 지금 어떠한 상황에 봉착해 있는가?

현금흐름 유형	금액	비고
영업활동	10억 원	현금유입
투자활동	10억 원	현금유입
재무활동	△10억 원	현금유출

일단 이 기업의 영업활동으로 인한 현금흐름은 우수하다고 할 수 있다. 이 금액이 10억 원에 해당하기 때문이다. 그렇다면 투자활동에 의한 현금흐름 10억 원은 어떤 것을 의미할까? 일단 투자활동을 통해 현금유입

이 있기 때문에 기업이 보유하고 있는 자산을 매각했음을 알 수 있다. 이렇게 자산을 매각해서 현금이 유입되면 플러스(+)의 현금흐름이 발생한다. 만일 마이너스(-)가 되는 경우에는 자산투자를 해서 현금이 유출되었다고 해석할 수 있다.

한편 재무활동에 의해서는 현금유출이 발생하고 있으므로 이는 재무활동의 하나인 부채를 상환한 것으로 해석할 수 있다. 이 외에도 재무활동의 하나인 배당금지급으로 돈이 유출되었다고 할 수도 있다.

돌발 퀴즈!

1. 영업활동에 의한 현금흐름이 풍부하지 못한 경우의 징후는?

이러한 상황에서는 투자활동이나 재무활동이 위축될 수밖에 없어 기업의 성장동력이 떨어질 수밖에 없다.

2. 만일 앞과 같은 상황에서 기업이 신규투자 등을 위해 자금이 필요한 경우 어떻게 해야 하는가?

이는 필시 부채나 유상증자로 자금을 조달할 수밖에 없을 것이다.

Tip

현금흐름표 요약

앞의 내용들을 바탕으로 현금흐름에 대한 내용을 정리하면 다음과 같다.

구분	영업활동으로 인한 현금흐름	투자활동으로 인한 현금흐름	재무활동으로 인한 현금흐름
의의	생산이나 구매 그리고 판매활동	자산취득이나 처분활동 (유가증권·투자·유형자산 등)	부채·자본증가 감소거래 (장·단기 차입금·주식 등)
현금 유입	매출(매출채권 회수) 이자수익 등 현금수입	대여금 회수 투자·유형자산 처분 등	차입금 차입 주식발행 등
현금 유출	매입(매입채무 결제액) 인건비, 이자 등 현금지출	현금대여 유가증권, 유형자산 취득 등	차입금 상환 배당금지급 등

우리 기업의 현금흐름표 분석

아래 현금흐름표는 개별적인 것이라고 하자. 각 기업들이 어떠한 상황에 처해 있는지 알아보자.

[상황 1]

영업활동	+
투자활동	−
재무활동	+

영업활동에 의해 현금유입, 재무활동에 의해 현금이 유입되었다. 영업활동에 의한 현금흐름이 발생했으므로 경영활동이 상당히 원활하게 이루어지고 있다고 분석된다. 특히 재무활동에 의한 현금유입은 차입 또는 유상증자 등으로 이루어졌다고 볼 수 있는데, 이러한 현금흐름은 주로 성장기에 있는 기업이 추가투자를 할 때 발생한다. 즉 영업활동과 재무활동으로 조달된 현금을 투자금액으로 지출하는 것으로 해석할 수 있다.

[상황 2]

영업활동	+
투자활동	−
재무활동	−

영업활동에 의한 현금흐름은 양호하나 추가투자나 부채 상환 등으로 현금유출이 발생하는 경우를 말한다. 이러한 현금흐름은 주로 영업력이 왕성해 이익을 많이 나는 회사가 부채를 축소시키면서 추가투자에 나서는 상황이라고 할 수 있다. 자금조달은 영업활동만으로 이루어지기 때문에 상당히 우량기업이라고 할 수 있다.

[상황 3]

영업활동	–
투자활동	–
재무활동	+

영업활동에 의해 자금조달이 되지 않으니, 재무활동에 의한 차입금을 통해 자금을 조달해서 투자하는 형태다. 이러한 기업은 신설기업이나 벤처기업 등에서 많이 볼 수 있는 현금흐름 양상이다. 만일 영업활동에 의한 자금조달이 지속적으로 원활하지 않은 경우에는 과중한 부채조달로 기업경영에 애로가 발생할 수 있다.

[상황 4]

영업활동	–
투자활동	+
재무활동	–

영업활동에 의한 현금흐름이 좋지 않은 상태에서 부채상환이 이루어지고 있다. 이는 주로 기업이 보유한 자산을 매각해 자금이 조달되므로 이 기업은 거의 철수단계에 있다고 해도 과언이 아니다.

[상황 5]

영업활동	+
투자활동	+
재무활동	+

모든 활동에 의해서 현금이 유입된 경우를 말한다. 이러한 상황은 보유한 자산을 매각하고 유상증자나 차입을 해서 자금을 크게 모으는 상황임을 추정할 수 있다. 대규모 투자에 소요되는 자금을 모으는 경우가 이에 해당할 수 있다.

[상황 6]

영업활동	–
투자활동	–
재무활동	–

모든 활동에 의해 현금유출이 발생한 경우를 말한다. 영업활동에 의한 현금흐름이 불량한 상황에서 투자활동이 일어났고 부채상환 등을 위해 자금유출이 일어난 상황에 해당한다. 이러한 상황은 종전에 쌓아놓은 유보금이 많은 경우에 일어날 수 있다. 반대로 도산위험에 처한 경우도 있을 수 있다.

돌발 퀴즈!

어떤 기업의 현금흐름이 다음과 같은 양상을 하고 있다. 이 기업은 어떤 상황에 처해 있는가?

영업활동	+
투자활동	+
재무활동	–

투자자산을 팔아서 재무활동 즉 부채상환에 나서고 있다. 즉 구조조정에 나서고 있다고 볼 수 있다.

실무에서 사용하는 재무상태표와 손익계산서의 양식을 대략적으로 살펴보면 다음과 같다. 참고로 아래의 재무상태표는 주로 법인기업들이 사용하는 것에 해당한다. 개인기업의 경우 자본금은 인출금으로 표시된다. 손익계산서는 법인기업과 개인기업의 형태가 대동소이하다(재무제표에 대한 해설은 한국회계기준원 홈페이지 참조).

1. 재무상태표

재 무 상 태 표

제×기 20××년×월×일 현재
제×기 20××년×월×일 현재

기업명 (단위 : 원)

과목	당기		전기	
자 산				
유동자산		×××		×××
당좌자산		×××		×××
현금및현금성자산[1]	×××		×××	
단기투자자산	×××		×××	
매출채권	×××		×××	
선급비용[2]	×××		×××	
이연법인세자산	×××		×××	
……	×××		×××	
재고자산		×××		×××
제품	×××		×××	
재공품	×××		×××	
원재료	×××		×××	
……	×××		×××	
비유동자산		×××		×××
투자자산		×××		×××
투자부동산	×××		×××	
장기투자증권	×××		×××	
지분법적용투자주식[3]	×××		×××	
……	×××		×××	

과목	당기		전기	
유형자산		×××		×××
토지	×××		×××	
설비자산	×××		×××	
(-) 감가상각누계액	(×××)		(×××)	
건설중인자산*4	×××		×××	
……	×××		×××	
무형자산		×××		×××
영업권	×××		×××	
산업재산권	×××		×××	
개발비	×××		×××	
……	×××		×××	
기타비유동자산		×××		×××
이연법인세자산*5	×××		×××	
……	×××		×××	
자산 총 계		×××		×××

*1 **현금및현금성자산** : 현금성 자산은 ① 유가증권 및 단기금융상품으로 ② 큰 거래비용 없이 현금으로 전환이 용이하고 ③ 이자율변동에 따른 가치변동의 위험이 중요하지 않으며 ④ 취득당시 만기(또는 상환일)가 3개월 이내에 도래하는 것을 말한다. 대표적으로 만기가 3개월 이내인 채권이 이에 해당한다.

*2 **선급비용** : 선급된 비용 중 1년 이내에 도래하는 비용을 말한다.

*3 **지분법적용투자주식** : 주식 중 다른 회사에 중대한 영향력(통상 20% 이상 점유)을 행사할 수 있는 주식을 한다. 지분법으로 손익을 평가한다.

*4 **건설중인자산** : 미완성된 유형자산의 건설 또는 기계장치의 구입을 위한 지출로 건설의 완성 또는 기계장치의 도착에 이르기 전까지 일시적으로 처리하는 임시계정을 말한다. 건설이 완공되거나 기계장치의 사용이 가능하면 본 계정(건물이나 기계장치)으로 대체된다.

*5 **이연법인세자산** : 회계와 세법상의 일시적인 차이로 미래에 법인세가 감소될 세액을 계상한 것을 말한다. 그 반대는 이연법인세부채로 계상한다.

과 목	당 기		전 기	
부 채				
유동부채		×××		×××
단기차입금	×××		×××	
매입채무	×××		×××	
당기법인세부채	×××		×××	
미지급비용*1	×××		×××	
이연법인세부채	×××		×××	
……	×××		×××	
비유동부채		×××		×××
사채	×××		×××	
신주인수권부사채	×××		×××	
전환사채*2	×××		×××	
장기차입금	×××		×××	
퇴직급여충당부채*3	×××		×××	
장기제품보증충당부채	×××		×××	
이연법인세부채	×××		×××	
……	×××		×××	
부 채 총 계		×××		×××
자 본				
자본금		×××		×××
보통주자본금	×××		×××	
우선주자본금	×××		×××	
자본잉여금		×××		×××
주식발행초과금	×××		×××	
……	×××		×××	
자본조정		×××		×××
자기주식*4	×××		×××	
……	×××		×××	
기타포괄손익누계액		×××		×××
매도가능증권평가손익*5	×××		×××	
해외사업환산손익	×××		×××	
현금흐름위험회피 파생상품평가	×××		×××	
손익	×××		×××	
……		×××		×××
이익잉여금(또는 결손금)	×××		×××	
법정적립금	×××		×××	
임의적립금	×××		×××	
미처분이익잉여금(또는 미처리결손금)				
자 본 총 계		×××		×××
부채 및 자본 총계		×××		×××

* ¹ **미지급비용** : 계속적으로 용역제공을 받고 있는 상황에서 이미 제공된 용역에 대해 아직 그 대가를 지급하지 못한 것을 말한다.

* ² **전환사채** : 부채인 사채로 발행되나 사전에 정해진 조건에 따라 채권 보유자의 청구가 있을 때 미리 결정된 조건대로 발행회사의 주식으로 전환할 수 있는 특약이 있는 사채를 말한다.

* ³ **퇴직급여충당부채** : 결산일 현재 전임직원이 퇴직할 것을 가정했을 때 지급할 의무가 있는 채무를 말한다. 세법에서는 2016년부터 이 제도에 의한 손비처리를 인정하지 않으므로 퇴직연금에 가입을 하는 것이 좋다. 다만, 외감법을 적용받는 기업은 이 부채를 계상해야 한다(향후 법인세 신고 때 세무조정을 해서 법인세를 신고하게 된다).

* ⁴ **자기주식** : 회사가 발행한 주식을 그 회사가 매입하는 것을 말한다. 자본조정의 항목으로 자본의 차감계정에 해당한다.

* ⁵ **매도가능증권평가손익** : 당기에 평가손익이 실현이 되지 않아 손익계산서에 반영할 수 없는 성질의 평가손익을 말하며, 자본조정항목으로 계상하게 된다(국제회계기준에서는 손익계산서상의 기타포괄손익으로 계상).

2. 손익계산서

손 익 계 산 서

제×기 20××년×월×일부터 20××년×월×일까지
제×기 20××년×월×일부터 20××년×월×일까지

기업명   (단위 : 원)

과목	당 기		전 기	
매출액		×××		×××
매출원가*¹		×××		×××
기초제품(또는 상품)재고액	×××		×××	
당기제품제조원가(또는 당기상품매입액)	×××		×××	
기말제품(또는 상품)재고액	(×××)		(×××)	
매출총이익(또는매출총손실)		×××		×××
판매비와관리비		×××		×××
급여	×××		×××	
퇴직급여	×××		×××	
복리후생비	×××		×××	
임차료	×××		×××	
접대비	×××		×××	

과 목	당 기	전 기
감가상각비	×××	×××
무형자산상각비	×××	×××
세금과공과	×××	×××
광고선전비	×××	×××
연구비*2	×××	×××
경상개발비*2	×××	×××
대손상각비	×××	×××
......	×××	×××
영업이익(또는 영업손실)	×××	×××
영업외수익	×××	×××
이자수익	×××	×××
배당금수익	×××	×××
임대료	×××	×××
단기투자자산처분이익	×××	×××
단기투자자산평가이익*3	×××	×××
외환차익	×××	×××
외화환산이익	×××	×××
지분법이익	×××	×××
장기투자증권손상차손환입	×××	×××
유형자산처분이익	×××	×××
사채상환이익	×××	×××
전기오류수정이익	×××	×××
......	×××	×××
영업외비용	×××	×××
이자비용	×××	×××
기타의대손상각비	×××	×××
단기투자자산처분손실	×××	×××
단기투자자산평가손실	×××	×××
재고자산감모손실*4	×××	×××
외환차손	×××	×××
외화환산손실	×××	×××
기부금	×××	×××
지분법손실	×××	×××
장기투자증권손상차손	×××	×××
유형자산처분손실	×××	×××
사채상환손실	×××	×××
전기오류수정손실	×××	×××
......	×××	×××
법인세비용차감전순손익	×××	×××
법인세비용*5	×××	×××
당기순이익(또는 당기순손실)	×××	×××

*¹ **매출원가** : 재고자산 중 당기에 판매된 자산의 원가를 말한다.

*² **연구비, 경상개발비** : 자산성이 없는 비용으로 연구비는 시험연구비용을, 경상개발비는 경상적으로 지급되는 개발비를 말한다.

*³ **단기투자자산평가이익** : 단기간 투자를 목적으로 하는 유가증권 등의 평가이익을 말한다. 회계기준은 이러한 자산에 대한 평가손익을 재무제표에 반영하도록 요구하나 세법은 이를 부인한다. 따라서 회사가 이를 재무제표에 반영한 경우에는 세무조정을 통해 법인세를 신고해야 한다.

*⁴ **재고자산감모손실** : 실지 재고량이 장부상의 재고량보다 작은 경우의 차액을 말한다. 세법에서는 파손·부패 등의 사유로 정상가격으로 판매할 수 없는 재고자산인 경우에 한해 그 사유가 발생한 사업연도에 손금으로 계상한 때에 손금산입할 수 있도록 하고 있다.

*⁵ **법인세비용** : 당기의 이익에 대응해서 손익계산서에 보고되는 법인세와 관련된 비용항목을 말한다. 여기서 주의할 것은 이 법인세비용은 당기에 실제로 납부해야 하는 법인세액과는 다르다는 것이다. 법인세는 다음과 같은 과정을 거쳐 도출된다.

> 회계상의 당기순이익
>
> ± 세무조정*
>
> = 과세표준
>
> × 세율(9~24%)
>
> * 세무조정은 회계상의 당기순이익을 세법상의 과세소득으로 바꾸는 작업을 말한다. 개인기업은 소득세법, 법인기업은 법인세법에 따라 세무조정을 하게 된다.

PART 02

'기업실무자 편'에서는 각 기업의 영업이나 생산, 기타 경영지원부서에서 근무하고 있는 현업실무자들이 알아야 할 기본적인 재무제표에 관한 지식을 습득하는 것을 목표로 한다. 기업의 경우 각 개인들의 성과 및 팀의 성과 등을 합해 기업전체의 성과를 계산한다. 물론 그 성과는 재무제표에 나타난다. 결국 우량기업이 되기 위해서는 전임직원들이 재무제표에 대한 지식을 가지고 경영에 임하는 것이 필요함을 알 수 있다.

기업실무자 편

기업실무자의
재무제표 활용법

실무자들이 재무제표를 알아야 하는 이유

기업에 몸담고 있는 모든 임직원들은 재무제표에 대한 지식을 보유하고 있는 것이 좋다. 그래야 몸담고 있는 기업이 어떤 위치에 처해 있는지를 알 수 있고 또한 재무제표를 바탕으로 해서 각종 의사결정을 내릴 수 있기 때문이다.

Case | K기업의 재무제표에 관한 자료가 다음과 같다. 물음에 답하면?

재무상태표		손익계산서		현금흐름표	
자산 20억 원	부채 20억 원	수익	10억 원	영업활동	
		비용		투자활동	
	자본 0원	손익		재무활동	

☞ **물음 1** : 이 기업의 재무상태표는 자본구조 측면에서 어떻게 읽혀지는가?

☞ **물음 2** : 이자비용을 제외한 비용이 9억 원이고, 부채 20억 원에 대해 5%의 이자율로 이자를 지급한다면 세전당기순이익은 얼마인가?

☞ **물음 3** : 위의 물음 1과 2를 종합할 때 현금흐름표는 어떤 식으로 변할까?

Solution | 현업실무자의 관점에서 이 정도의 물음에 대해서는 답변이 술술 나와야 한다. 위의 물음에 맞춰 답을 찾아보자.

· **물음 1의 경우**

자본은 잠식되어 0원이 되었다. 따라서 자기자본이 0원이 되는 상황에서 모두 타인자본에 의해 기업이 운영되는 결과가 되어 자본구조가 매우 불량하다. 이러한 유형의 재무제표를 가지고는 정상적인 경영을 할 수가 없다.

· 물음 2의 경우

부채 20억 원에 대해 5%의 이자율을 곱하면 1억 원의 이자비용이 나온다. 따라서 수익 10억 원에서 기타 비용과 이자비용을 합한 10억 원을 차감하면 당기순이익은 0원이 된다.

· 물음 3의 경우

일단 수익이 전액 현금으로 입금되고 비용이 전액 현금으로 지출된다면 영업활동으로 인한 현금은 0원이 된다고 할 수 있다. 그런데 차입금을 상환해야 하는 경우에는 내부자금이 고갈되었으므로 부채를 조달해서 이를 갚아야 하는 문제에 봉착할 수 있다. 즉 현금흐름표상의 재무활동에 의한 현금유입과 현금유출이 발생할 가능성이 높다.

Consulting | 현업실무자들이 재무제표를 알아야 하는 이유를 알아보면 다음과 같다.

☑ 영업부 : 거래처 신용평가 및 마케팅을 효율적으로 진행하기 위해
☑ 총무부 : 기업보유 자산을 효율적으로 관리하고 행사 관련 여러 가지
　　　　　 비용을 관리하기 위해
☑ 생산부 : 제조원가를 최대한 낮추기 위해
☑ 경영관리부 : 회사의 목표달성을 위해

예를 들어 영업부문이 재무제표에 어떤 영향을 주는지 손익계산서와 재무상태표, 현금흐름표를 중심으로 정리해보자.

손익계산서		재무상태표				현금흐름표	
수익	매출	자산	현금	부채	(차입금)	영업활동	영업부문
비용	판매촉진비		매출채권			투자활동	
손익	–		재고자산	자본	(잉여금)	재무활동	

* 표 안의 ( )는 영업부문이 간접적으로 영향을 미치고 있는 것을 의미한다.

첫째, 영업부문이 손익계산서에 영향을 주는 곳은 바로 매출액과 판매관리비 중 판매촉진비(광고선전비, 접대비, 운반비, 기타 판매부대비용 등 포함)

다. 그런데 이러한 항목들은 당기순이익에 곧바로 영향을 준다. 따라서 당기순이익을 증가시키려고 한다면 매출액을 증가시키는 한편 판매촉진비를 줄이면 될 것이다.

둘째, 영업부문이 재무상태표에 주는 영향은 다른 부문보다 훨씬 더 파괴력이 크다. 그만큼 영업부문이 가지고 있는 위상이 크다는 것을 말해준다. 예를 들어 재고자산이 증가하는 이유는 대부분 영업부문에서 기인한다. 그래서 판매가 원활하게 진행되면 재고가 쌓이지 않겠지만 그렇지 않으면 정반대로 재고로 골머리를 썩일 수 있다. 기업에 재고가 쌓인다는 것은 사람으로 볼 때 혈액이 잘 돌지 않는 것과 같음을 뜻한다. 혈액이 돌지 않으면 병이 생기듯이 기업도 자금흐름이 불량하면 병에 걸리게 된다. 일반적으로 재고자산 때문에 생산 활동이 둔화되면 현금흐름은 불량해질 수밖에 없으며, 그렇게 되면 기업의 운전자금 고갈로 부채차입이 필연적으로 뒤따를 수밖에 없다. 그리고 이런 상황에서 부채차입이 원활하지 않으면 기업은 도산할 가능성이 높아진다.

셋째, 영업부문은 영업활동으로 인한 현금흐름에 가장 많은 영향을 준다. 일반적으로 기업이 원활하게 운영되려면 영업활동으로 인한 현금흐름이 활발해야 한다. 그렇지 못한 경우에는 차입금에 의존하는 경영이 될 가능성이 높아진다. 그리고 이렇게 되면 투자활동도 위축되어 기업의 성장에도 한계가 있다. 결국 영업활동으로 인한 현금흐름을 증가시키기 위해서는 현금매출을 증가시키고 불필요한 지출을 줄이는 것이다. 그리고 매출채권이 조기에 회수되도록 노력하는 것도 필요하다.

실전연습 다음 두 기업 중 어느 기업이 자본을 더 효율적으로 사용하고 있을까?

A기업	B기업
·총자본 5억 원 ·연간 매출액 20억 원	·총자본 100억 원 ·연간 매출액 200억 원
·총자본회전율 = 4회(20억 원/5억 원)	·총자본회전율 = 2회(200억 원/100억 원)

실무자들은 이러한 문제에 대해서도 이해하고 있어야 한다. 회사가 전체적으로 어떤 모습을 보이고 있는지를 알아야 하기 때문이다. 순차적으로 알아보자.

STEP1 총자본회전율이 높다는 것은?

총자본회전율은 손익계산서상의 연간 매출액을 재무상태표상의 총자본 (타인자본+자기자본)으로 나눈 비율을 말한다. 이 비율에 대해 가만히 생각해보면 현재 투입된 자본이 얼마나 효율적으로 사용되어 매출을 달성했는지를 알아볼 수 있는 척도라는 것을 알 수 있다.

일반적으로 총자본회전율이 높으면 한 단위의 자산에 의해서 보다 높은 매출이 실현되었다고 판단 내릴 수 있다.

STEP2 사례의 경우

앞의 표를 보면 A기업의 총자본회전율은 4회, B기업은 2회다. 즉 A기업은 총자본 5억 원의 4배인 20억 원의 매출을 올리고 있는 셈이고, B기업은 2배를 올리고 있는 것임을 알 수 있다. 따라서 단순비교를 하면 A기업이 자본을 더 효율적으로 사용하고 있음을 알 수 있다.

돌발 퀴즈!

1. B기업이 총자본회전율을 A기업과 같은 4회로 늘리면 매출액은 얼마나 늘어날까?

일단 총자본이 100억 원이므로 매출액이 400억 원이 되어야 회전율이 4회로 된다.

2. 실무적으로 회전율을 높이는 방법에는 어떤 것들이 있을까?

매출액을 늘리거나 총자본을 줄이면 된다. 물론 총자본을 줄일 때는 부채를 먼저 줄인다. 총자본에는 부채도 포함되어 있기 때문이다.

자산과 비용의 구분, 회계처리연습

기업의 임직원들은 절대 재무제표를 떠나 살 수가 없는 것이 현실이다. 생산부문도 회사의 경영목표를 이해하고 그에 맞는 전략을 수행하기 위해서는 반드시 회계와 재무제표를 알아야 한다. 그렇다면 실무자들이 기본적으로 알아야 할 회계지식들은 무엇일까?

Case | 국내 K기업에서 근무하고 있는 K씨는 이번에 재무에 관한 직무교육을 받고 있다. 다음과 같은 과제가 나왔는데 이에 대한 회계처리를 해보라.

① 기계장치를 10억 원 주고 샀다.
② 1년분 보험료 100만 원을 미리 지출했다.
③ 자재를 사오기 전에 미리 선급금 조로 1억 원을 지급했다.
④ 납품 전에 거래처로부터 계약금 3,000만 원을 받았다.

Solution | 위의 물음에 맞춰 답을 찾아보면 다음과 같다.

· ①의 경우
기계장치는 미래에 기업에게 수익을 안겨다 주는 항목이므로 자산(資産)에 해당한다. 자산은 지출의 효과가 당장 나타나는 것이 아니라 시차를 두고 나타난다는 특징이 있다.
(차변) 기계장치 10억 원   (대변) 현금 10억 원

· ②의 경우
선급보험료는 앞으로 발생될 비용을 미리 선급한 것에 해당한다. 따라서 기간이 도래되지 않는 부분은 자산에 해당하며, 기간이 도래된 것은 비용에 해당한다.

STEP1 선급보험료 지출 시

(차변) 선급보험료(자산) 100만 원   (대변) 현금 100만 원

STEP2 기간 도래분(예 : 30만 원)

(차변) 보험료(비용) 30만 원   (대변) 선급보험료 30만 원

☞ 재무제표의 변화

연도 중		기말
· 자산 100만 원 · 비용 없음	⇨	· 자산 70만 원 · 비용 30만 원

· ③의 경우

자재를 구입하기 전에 미리 자금을 지급한 것을 선급금이라고 한다.

(차변) 선급금(자산) 1억 원   (대변) 현금 1억 원

이후 자재를 납품받은 경우에는 다음과 같이 상계처리 한다.

(차변) 자재(재고자산) 1억 원   (대변) 선급금 1억 원

 돌발 퀴즈!

선급금과 선급비용은 어떻게 구분하는가?

선급금(先給金)은 자재 등을 납품받기 전에 건네는 일종의 계약금을 말한다. 이에 반해 선급비용(先給費用)은 기간이 도래하지 않은 비용을 미리 선급한 것을 말한다.

· ④의 경우

납품을 하기 전에 계약금을 받았기 때문에 이는 부채에 해당한다.

(차변) 현금 3,000만 원   (대변) 선수금*(부채) 3,000만 원

* 선수금은 재화나 용역 제공 전에 미리 받은 돈을 말한다. 선급금과 반대가 되는 개념이다.

※ 자산과 비용의 구분

자산과 비용을 구분하는 방법은 다음과 같다.

☑ 자산은 회계학적으로 '예상되는 장래의 경제적 효익(현금흐름)이 있는 것'을 말한다. 즉 자산은 현재 지출을 하면 나중에 돈을 벌어주는 성격을 가진 항목을 말한다. 비품, 기계장치, 사옥 등이 대표적이다.

☑ 비용은 소비되어 경제적 효익이 감소된 것을 말한다.

☞ 현재 지출에 의해 자본이 감소하고 미래에 현금흐름과 특정할 수 없는 또는 무관한 지출을 말한다. 인건비, 광고선전비가 대표적이다.

Consulting | 회계(會計)는 기업경영활동과정에서 발생하는 회계상의 거래를 기록하는 일련의 과정을 말한다. 이러한 활동을 통해 재무제표라는 결과물이 창출된다. 예를 들어 인건비를 지출하면 인건비라는 비용항목이 발생하고 기업의 현금자산이 소멸하는데, 이러한 거래의 내용이 재무제표에 반영된다는 것이다. 여기서 인건비는 손익계산서 상의 비용에 해당하고, 현금은 자산에 해당한다. 이를 재무제표로 표시하면 다음과 같다.

손익계산서	재무상태표
· 수익 · 비용 : 인건비××× · 이익	· 자산 : (현금×××) · 부채 · 자본

그런데 재무제표는 회계처리에 따라 그 모습이 달라지므로 사전에 기준이 마련되어 있지 않다면 기업이 자의적으로 이를 처리할 가능성이 높다. 이렇게 되면 재무제표가 왜곡될 가능성이 높아지므로 다음과 같이 기업의 형태에 따라 다양한 회계기준을 마련하고 있다.

구분	적용기업	비고
국제회계기준(K-IFRS)	상장회사 및 금융회사	
중소기업회계기준	비상장중소기업	법무부에서 고시함.
일반기업회계기준	위 외의 기업	

상장기업은 한국채택 국제회계기준(K-IFRS)에 따라, 비상장기업 중 중소기업은 법무부에서 고시한 중소기업회계기준에 따라 그리고 앞 외의 기업들은 일반기업회계기준에 따라 회계처리를 해야 한다. 참고로 한국채택 국제회계기준은 다른 회계기준과 처리방식이 다소 상이하나 회계라는 틀에서 보면 본질적인 차이가 없다. K-IFRS에 대해 공부하려면《IFRS를 알아야 회계가 보인다》(신방수 저), 일반기업회계기준 등에 대해 공부하려면《한 권으로 끝내는 회계와 재무제표》(신방수 저)를 참조하기 바란다.

※ 회계기준 요약

☑ 상장기업은 한국회계기준원이 마련한 'K-IFRS'에 따라야 한다.

☑ 비상장중소기업은 법무부에서 마련한 '중소기업회계기준'에 따라야 한다(이는 종전의 기업회계기준 GAAP와 유사하다).

☑ 위 외의 기업은 한국회계기준원이 마련한 '일반기업회계기준'에 따라야 한다(이는 종전의 기업회계기준 GAAP와 유사하다).

☞ 이 책은 회계기준을 공부하는 것이 아니라 회계와 재무제표에 대한 원리를 통해 기업의 문제점을 진단해서 이를 치유하고 각종 의사결정을 내리기 위한 것에 초점을 맞추고 있으므로 이들의 차이에 대해서는 언급을 하지 않고 있다.

실전연습　K기업은 이번에 연구개발비용으로 1억 원을 지출하려고 한다. 그런데 K기업의 실무자는 이를 자산으로 보고할 것인가, 비용으로 보고할 것인가에 따라 기업의 모습이 다르게 비춰진다는 사실을 알게 되었다. 만일 이를 자산으로 보고하는 경우와 비용으로 보고하는 경우 재무제표에 미치는 영향은 어떻게 될까?

위의 물음에 답을 해보면 다음과 같다.

· IF 연구개발비를 비용으로 처리하면 재무제표 모습은?
연구개발비를 비용으로 처리하는 경우 손익계산서와 재무상태표의 모습은 다음과 같다.

손익계산서		재무상태표	
비용 1억 원	수익	자산 △1억 원	부채
이익 △1억 원			자본 △1억 원

즉 비용이 지출되어 이익이 줄어들고 자산이 줄어들게 된다. 또한 이익의 감소는 자본(잉여금)을 축소시키는 역할을 한다.

· IF 연구개발비를 자산으로 처리하면 재무제표 모습은?

연구개발비를 자산으로 처리하면 손익계산서와 재무상태표에는 영향이 없다. 다만, 자산의 구성항목이 '현금에서 무형자산'으로 바뀔 뿐이다.

손익계산서		재무상태표	
비용	수익	자산	부채
이익		(현금 → 무형자산)	자본

 돌발 퀴즈!

기업은 자신에게 유리한 방법으로 회계처리를 할 수 있을까?

그렇지 않다. 기업이 마음대로 처리를 하게 되면 왜곡된 재무제표가 생성되어 다양한 이해관계자들을 현혹시킬 수 있으므로 이에 대해 회계기준 및 세법을 두어 규제하고 있다.

Tip 회계지식의 중요성

기업의 경영진과 실무자들은 회계처리 하나하나에 관심을 갖고 실무에 임할 필요가 있다. 물론 회계 없이도 경영을 할 수 있지만 해당 기업에 대해 평가할 수 있는 잣대가 없다면 새로운 사업기회를 얻더라도 은행대출을 받지 못해 이 기회가 상실될 수도 있기 때문이다. 이러한 일이 발생하지 않게 하려면 회계와 재무제표 전반에 대한 지식이 필요하다.

자산이 손익계산서 항목으로 가는 통로

자산(資産)은 경제적 가치가 있는 유무형의 자산을 말한다. 따라서 재무상 태표상의 자산이 되려면 궁극적으로 기업에 수익을 안겨다 줄 수 있어야 한다. 재무상태표상의 자산은 크게 유동자산(당좌자산·재고자산)과 비유 동자산(투자자산·유형자산·무형자산·기타비유동자산)이 있다. 이러한 자산 은 궁극적으로 손익계산서 항목으로 이동을 하는데, 이하에서 살펴보자.

1. 감가상각을 한 경우
감가상각은 경영활동 중에 사용되어 소멸된 자산가치를 화폐가치로 측정 해 장부에 계상한 것을 말한다. 자산 중 감가상각된 부분은 손익계산서상 의 비용이 되고, 나머지는 자산에 존속하게 된다.

취득 시		사업연도 중	기말결산 시	
재무상태표	손익계산서		재무상태표	손익계산서
자산 100	-	20사용	자산 100 사용 (20) 계 80	비용 20

☑ 감가상각대상 자산 : 유형자산과 무형자산에 한한다.
☑ 감가상각기간 : 세법의 규정에 따르는 경우가 많다(업종별, 자산별 등 으로 정해져 있다).
☑ 감가상각방법 : 세법의 규정에 따르는 경우가 많다(정액법, 정률법 등).

2. 판매를 한 경우
기업이 보유하고 있는 재고자산을 외부에 판매하면서 소멸하는 유형이 다. 이때 판매된 재고자산은 손익계산서상의 매출원가로 비용처리가 된다.

취득 시		사업연도 중	기말결산 시	
재무상태표	손익계산서		재무상태표	손익계산서
자산 100	-	판매	자산 100 사용 (100) 계 0	비용 100

☑ 대상 자산 : 재고자산에 한한다.

3. 처분을 한 경우

기업이 보유하고 있는 자산을 외부에 처분하면 처분손익이 발생한다. 이때 처분손익은 손익계산서에 반영되게 된다.

취득 시		사업연도 중	기말결산 시	
재무상태표	손익계산서		재무상태표	손익계산서
자산 100	-	처분	자산 100 사용 (100) 계 0	처분손익

☑ 대상 자산 : 재고자산 외의 모든 자산이 이에 해당한다.

4. 자산에서 가치하락이 발생한 경우

기업이 보유하고 있는 자산에서 진부화 등의 이유로 가치가 하락한 경우가 있다. 이러한 상황에서는 원칙적으로 가치하락분을 손익계산서에 표시하는 것이 원칙이다.

취득 시		사업연도 중	기말결산 시	
재무상태표	손익계산서		재무상태표	손익계산서
자산 100	–	10 가치하락	자산 100 사용 (10) 계 90	비용 10

☑ 대상 자산 : 모든 자산에 해당한다.

☑ 세법은 원칙적으로 이러한 평가손실을 인정하지 않는다. 다만, 다음의 경우에만 예외적으로 인정한다.

· 재고자산으로 파손·부패 등의 사유로 인해서 정상가격으로 판매할 수 없는 것 → 사업연도 종료일 현재 처분가능한 시가로 평가

· 비유동자산으로 천재·지변·화재 등의 사유로 파손 또는 멸실된 것 → 사업연도종료일 현재 시가로 평가

· 발행법인이 파산한 경우의 당해 주식 등 → 사업연도종료일 현재 시가로 평가

5. 취득 시 바로 비용으로 처리할 수 있는 경우

취득 시 자산으로 처리해야 될 성질의 것을 비용으로 처리하는 경우도 있다. 물론 회계기준과 세법이 허용하는 범위 내에서 그렇게 해야 한다. 예를 들면 다음과 같은 것들이 있다.

☑ 소액자산의 취득 : 100만 원 이하인 자산(단, 업무의 성질상 대량으로 보유하는 자산, 사업의 개시·확장을 위해 취득한 자산은 제외)

☑ 공구(금형 포함), 가구, 전기기구, 가스기기, 시험기기, 측정기기 및 간판

☑ 전화기(휴대용 전화기 포함) 및 개인용 컴퓨터(그 주변기기를 포함한다)

☞ 금형이나 간판, 개인용 컴퓨터 등은 금액의 크기를 불문하고 자산이나 비용 중 선택해서 회계처리를 할 수 있다. 단, 이에 대한 회계방침이 미리 서 있어야 실무적으로 혼란이 발생하지 않을 것이다.

회계의 기본, 거래의 8요소와 재무제표

기업실무자들이 회계와 재무제표를 잘 이해하기 위해서는 소위 회계상 '거래의 8요소'를 잘 이해해야 한다. 이는 자산과 부채, 자본, 수익과 비용 등 5가지 요소가 서로 결합해서 거래가 되는 형태를 말한다.

Case | K기업에서 다음과 같은 거래가 있었다. 다음 물음에 답하면?

· 은행으로부터 대출 1억 원을 받았다.
· 매출 3억 원을 달성했으나 대금은 받지 못했다.
· 유상증자로 3억 원을 수령했다.

☞ **물음 1** : 은행으로부터 대출을 받은 경우 이는 거래의 8요소 중 어떤 거래에 해당하는가?
☞ **물음 2** : 외상매출은 재무제표에 어떤 영향을 미치는가?
☞ **물음 3** : 유상증자를 한 경우 재무상태표에 미치는 영향은?

Solution | 위의 물음에 맞춰 순차적으로 답을 찾아보면 다음과 같다. 참고로 이에 대한 답을 생각하기 어려우면 바로 아래의 '거래의 8요소'를 미리 참조하기 바란다.

· 물음 1의 경우

일단 대출로 인해 차변에는 자산이 증가하나 대변에는 부채가 증가한다. 따라서 이 거래는 거래의 8요소 중 '자산의 증가-부채의 증가'에 해당한다.

· 물음 2의 경우

외상매출의 경우 차변은 자산증가, 대변은 수익발생의 형태가 된다. 여기서 자산항목은 재무상태표와 관계되고, 수익은 손익계산서와 관계된다. 따라서 동시에 재무상태표와 손익계산서에 영향을 준다.

· 물음 3의 경우

유상증자를 하면 현금이라는 자산이 증가되고, 그에 맞춰 자본금이 증가된다.

☞ 거래의 8요소는 원인과 결과에 따른 구분이라고 할 수 있다. 예를 들어 물음 3의 경우 유상증자로 자본금이 증가했기 때문에 그 결과 현금이라는 자산이 발생한 것으로 볼 수 있다.

Consulting │ 실무자들이 많이 알고 싶어하는 '거래의 8요소'를 그림으로 살펴보면 다음과 같다.

〈거래요소의 결합형태표〉

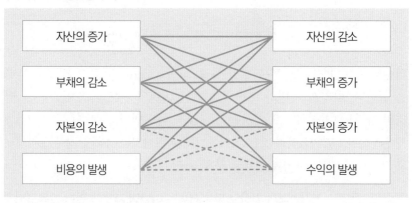

모든 회계상의 거래는 이러한 거래의 8요소에 따라 정리가 된다. 즉 회계상의 거래는 자산의 증가와 감소, 부채의 증가와 감소, 자본의 증가와 감소, 수익의 발생, 비용의 발생 등 8가지 거래의 요소들이 결합된 형태로 나타난다. 예를 들어 기업이 취득한 자산에 대해 감가상각을 단행한 경우 이는 다음과 같이 두 가지의 사건이 결합하게 된다.

・감가상각비 발생 ⇨ 자산의 감소
 　(비용발생) 　　(자산감소)

참고로 앞의 그림상 점선으로 표시된 부분은 실무적으로 잘 발생되지 않는다. 따라서 총 16개의 거래형태 중 13개 정도가 실무적으로 발생한다. 이러한 거래의 8요소를 잘 이해하면 실무적으로 많은 도움을 받을 수 있다. 만일 부채를 감소(차변)시키기 위해서는 ① 자산의 감소, ② 자본의 증가, ③ 수익의 발생 중에서 하나 또는 그 이상을 조합해서 개선안을 찾도록 한다.

※ 차변과 대변의 구분

회계상의 거래는 모두 차변(借邊, Debt, Dr)과 대변(貸邊, Credit, Cr)에 기재된다. 예를 들어 기계장치를 1억 원에 구입한 경우 회계처리는 다음과 같다.

> (차변) 기계장치 1억 원 　　 (대변) 현금 1억 원
> 　　　　　↑ 　　　　　　　　　　　　↑
> 　　　　자산증가 　　　　　　　　　자산감소

위에서 차변 'Debt'는 돈을 빌린 사람, 대변 'Credit'는 돈을 빌려준 사람을 말한다. 따라서 차변과 대변의 의미는 대변의 어느 과목으로 돈을 빌려와 차변의 어느 항목으로 사용하는 것을 나타낸다고 할 수 있다(이렇게 차변과 대변으로 기록하는 것을 '복식부기'라고 한다. 복기부기로 장부가 작성되고 그에 따라 재무제표가 탄생한다. 부록 참조).

실전연습　K기업에서 일하고 있는 H씨는 이번에 재무에 관한 교육과정에 참여하고 있다. 다음과 같은 질문이 나왔는데 이를 해결해보자.

〈질문〉
① 기업이 인건비를 지출하면 손익계산서, 재무상태표, 현금흐름표에 어떤 영향을 주는가?

② 기업이 1억 원짜리 기계장치를 취득하면 손익계산서, 재무상태표, 현금흐름표에 어떤 영향을 주는가?
③ 기업이 부채를 조달하면 손익계산서, 재무상태표, 현금흐름표에 어떤 영향을 주는가?

위의 질문에 순차적으로 답을 찾아보자.

· 질문 ①의 경우(인건비를 지출한 경우)

구분	내용
손익계산서	① '영업이익 축소 ⇨ ② 세금감소'가 된다.
재무상태표	① 자산의 감소 또는 부채의 증가 ⇨ ② 자본의 감소(잉여금 감소)가 발생한다.
현금흐름표	영업활동에 의한 현금흐름이 감소한다.

· 질문 ②의 경우(기계장치를 취득한 경우)

구분	내용
손익계산서	취득 시에는 영향이 없으며 사용분에 대해서는 기말에 감가상각비를 계상하게 된다.
재무상태표	취득 시에는 영향이 없다. 자산항목 중 현금이 유형자산으로 바뀌었을 뿐이다. 기말 시에는 감가상각비만큼 자산가액이 축소된다.
현금흐름표	투자활동에 의한 현금흐름이 감소한다.

· 질문 ③의 경우(부채를 조달한 경우)

구분	내용
손익계산서	차입 시에는 영향이 없으며 이자발생분에 대해서는 손익계산서상에 이자를 계상하게 된다.
재무상태표	① 자산의 증가 ⇨ ② 부채의 증가 ⇨ ③ 자본의 감소(이자발생으로 잉여금 감소)로 이어진다.
현금흐름표	재무활동에 의한 현금흐름이 증가한다.

거래의 8요소와 회계전략

앞에서 본 거래의 8요소를 활용해 자산과 부채 등을 늘리고 줄이는 원리를 알아보자.

· **자산을 늘리거나 줄이고 싶다면**

자산을 늘리면 기업가치가 제고되고, 줄이면 그 반대가 된다. 그렇다면 원하는 자산을 만들기 위해서는 어떻게 해야 할까?

구분	자산↑	자산↓
차변 또는 대변 해당 여부	차변에 해당	대변에 해당
회계전략	① 부채의 증가 ② 자본의 증가 ③ 수익의 발생	① 부채의 감소 ② 자본의 감소 ③ 비용의 발생

예를 들어 자산을 늘리고 싶다면 부채나 자본을 증가시키거나 수익을 발생시키면 된다. 그리고 자산을 줄이고 싶다면 위와 반대로 하면 될 것이다.

· **부채를 늘리거나 줄이고 싶다면**

부채의 크기를 조절하는 방법을 알아보면 다음과 같다.

구분	부채↑	부채↓
차변 또는 대변 해당 여부	대변에 해당	차변에 해당
회계전략	① 자산의 증가 ② 자본의 감소 ③ 비용의 발생	① 자산의 감소 ② 자본의 증가 ③ 수익의 발생

예를 들어 부채를 줄이고 싶다면 자산을 감소시키거나 자본을 증가시키면 된다. 또한 수익을 발생시키면 부채가 줄어든다.

· **자본을 늘리거나 줄이고 싶다면**

자본의 크기를 조절하는 방법을 알아보면 다음과 같다.

구분	자본↑	자본↓
차변 또는 대변 해당 여부	대변에 해당	차변에 해당
회계전략	① 자산의 증가 ② 부채의 감소	① 자산의 감소 ② 부채의 증가

예를 들어 자본을 늘리고 싶다면 자산을 증가시키거나 부채를 감소시키면 된다.

| 심층분석 | 회계장부를 잘 작성하는 방법

회계장부는 기업의 얼굴인 재무제표를 만드는 과정이므로 매우 중요한 업무에 속한다. 그런데 문제는 실무자들이 이를 담당하다 보니 실수나 무지등에 의해 오류가 발생한다는 것이다. 이하에서는 실무자들이 회계처리 시어떤 것들이 문제가 되는지, 이에 대한 해법은 무엇인지에 대해 살펴보자.

☑ 현금잔액이 맞지 않는다

문제점		솔루션(Solution)
· 입출금에 대한 회계처리가 제대로 되어 있지 않는 상황이다. · 횡령 등이 발생했을 개연성이 있다.		· 그 원인을 추적해서 제거해야 한다. · 내부통제시스템을 갖춰 대응할 필요가 있다(입출금결의서작성, 소액자금 전도금 결제 등).

☑ 예금잔액이 통장잔고와 일치하지 않는다

문제점		솔루션(Solution)
· 회계처리가 누락되었다. · 재무제표의 신뢰성측면에서 문제가 된다.		· 그 원인을 추적해서 제거해야 한다. · 내부통제시스템을 갖춰 대응할 필요가 있다.

☑ 거래처별 채권잔액이 맞지 않는다

문제점		솔루션(Solution)
· 거래처별로 채권잔액을 관리하지 못한 경우 채권회수 등에서 문제가 발생한다. · 자칫 불량채권이 될 수 있다.		· 과거의 거래내역을 추적해서 올바른 채권잔액을 구하도록 한다.

☞ 이 외 거래처별로 외상매출금, 외상매입금, 미수금, 미지급금, 선급금, 예수금 등도 관리가 되어야 한다.

☑ 자산을 비용으로 처리했다

문제점		솔루션(Solution)
· 자산이 과소계상되고 비용이 과대계상된다. · 세법은 과대계상된 비용을 인정하지 않는다.		· 사업연도 중이면 수정회계처리를 한다. · 사업연도 이후이면 전기오류수정이익으로 처리하고 법인세를 수정신고한다.

☑ 비용을 자산으로 처리했다

문제점		솔루션(Solution)
· 비용이 과소계상되고 자산이 과대계상되었다.		· 사업연도 중이면 수정회계처리를 한다. · 사업연도 이후이면 회계상 전기오류수정손실로 처리하고 법인세를 경정청구해야 환급을 받는다.

☑ 가짜 비용을 처리했다

문제점		솔루션(Solution)
· 장부상 비용이 증가해서 당기순이익을 줄이게 된다. · 세법은 가짜 비용을 인정하지 않는다.		· 사업연도 중이면 수정회계처리를 한다. · 사업연도 이후이면 회계상 전기오류수정이익으로 처리하고 법인세를 수정 신고해서 추가로 납부해야 한다.

☑ 대손충당금을 미계상했다

문제점		솔루션(Solution)
· 기업회계상 자산이 과대계상되고 비용이 과소계상되었다. · 세법에서는 이를 장부에 반영하지 않더라도 법인세를 줄이지 않기 때문에 이를 문제 삼지 않는다.		· 사업연도 중이면 회계처리를 한다. · 사업연도 이후이면 전기오류손실로 처리한다. 세법은 장부에 계상한 경우에만 이를 인정하는 것이 원칙이다.

☑ 오래된 불량채권이 있다

문제점		솔루션(Solution)
· 자산이 과대계상되어 분식의 가능성이 있다. · 세법에서는 취득원가주의를 고수하고 있으므로 장부에 그대로 두더라도 문제를 삼지 않는다.		· 재무제표의 신뢰성을 확보하기 위해서 가급적 손실을 장부에 계상한다. · 이때 세법에서 정한 기준에 합당한지 검토하도록 한다.

☑ 사용할 수 없는 유형자산이 있다

문제점		솔루션(Solution)
· 앞의 불량채권과 같은 문제점을 가진다.		· 앞의 불량채권 부분 참조

☑ 기말에 평가손실난 보험이 있다

문제점		솔루션(Solution)
· 투자성 보험에서 평가손실이 나면 자산을 축소하는 것이 원칙이다. · 다만, 세법은 취득원가주의를 고수하므로 그냥 두어도 문제를 삼지 않는다.		· 회계감사(자산가액 120억 원 이상 기업) 대상 기업은 평가손실을 재무제표에 반영한다. · 기타 비감사기업은 기업의 선택에 따라 반영 여부를 결정한다.

☑ 소송에서 패소할 가능성이 높다

문제점		솔루션(Solution)
· 소송은 기업경영에 심대한 타격을 줄 수 있다.		· 패소할 가능성이 높은 경우에는 재무제표에 계상하는 것이 원칙이다(단, 아래 충당부채 조건에 충족해야 함). · 패소할 가능성이 떨어질 경우에는 주석에 반영하는 것이 원칙이다. · 세법은 소송에 의한 손실금이 확정되지 않으면 이를 인정하지 않는 것이 원칙이다. 이를 인정하면 과세의 공평성이 저하될 수 있기 때문이다.

* 충당부채는 다음의 요건을 모두 충족하는 경우에 한해 인식한다.
   (가) 과거사건이나 거래의 결과로 재무상태표일 현재 의무가 존재한다.
   (나) 당해 의무를 이행하기 위해서 자원이 유출될 가능성이 높다.
   (다) 그 의무의 이행에 소요되는 금액을 신뢰성 있게 추정할 수 있다.

☑ 우발손실이 발생할 것 같다

문제점		솔루션(Solution)
· 우발손실은 현재시점에서는 발생 여부가 불투명한 손실을 말한다. · 우발손실이 발생하면 기업에 손해가 발생한다.		· 앞의 소송 관련 부분과 같다.

☑ 부채를 줄이라는 지시를 받았다

문제점		솔루션(Solution)
· 부채비율이 높은 경우 기업안정성에서 문제가 된다. · 이 비율이 높으면 신용평가 시 점수가 높을 수 없다.		· 거래의 8요소를 고려해서 부채를 줄이 　도록 한다. · 자본의 증자, 자산의 처분 등이 있다.

☑ 매출을 올리라는 지시를 받았다

문제점		솔루션(Solution)
· 매출수준이 낮으면 신용평가 시 불리할 수 있다. · 가공매출을 올리면 세법 등이 규제를 한다.		· 가공매출은 계상치 않도록 한다. · 매출은 마케팅전략에 따라 올리도록 한다.

☑ 이익을 줄이라는 지시를 받았다

문제점		솔루션(Solution)
· 이익을 편법으로 줄이면 세법의 규제를 받는다.		· 누락한 비용이 있는지를 점검한다. · 세법에서 허용하고 있는 재고자산평가손실 　등을 반영할 수 있는지 점검한다.

☑ 세금을 줄이라는 지시를 받았다

문제점		솔루션(Solution)
· 세금을 인위적으로 줄이면 세법의 　규제를 받는다.		· 매출측면에서는 중복매출계상이 되었는지 등을 점검 　한다. 특히 용역매출의 경우에는 진행기준에 의해 세 　법상 수입금액을 잡아야 한다는 점에 주의해야 한다. · 비용측면에서는 누락된 것이 있는지, 추가할 수 있는 　비용(예 : 감가상각비, 준비금 등)이 있는지를 점검한다. · 이월결손금을 활용하면 세금이 줄어든다. · 투자세액공제 등 감면세액을 검토한다.

☑ 전기에 회계처리가 누락되었다

문제점		솔루션(Solution)
· 회계처리가 회계변경인지, 오류수정 　인지에 따라 재무제표 반영방법이 달 　라진다. · 재무제표의 신뢰성이 떨어진 것은 　당연하다.		① 회계정책의 변경 : 소급법(전기 재무제표 재작성) ② 회계추정의 변경 : 전진법(전기 재무제표는 재작성 　하지 않음) ③ 오류수정 : 영업외손익(전기오류수정손익). 단, 중대 　한 오류는 소급법(전기이월이익잉여금에 가감) ☞ 세법은 귀속시기에 따라 법인세를 수정신고 또는 　경정청구해야 한다(저자 문의).

영업(수주)활동과
회계 솔루션

영업(수주)활동과 재무제표

영업(마케팅)부문에서 근무하고 있는 실무자들이 알아야 할 재무제표에 대해 정리를 해보자. 기업경영에서 영업부문이 차지하는 비중은 매우 높다. 이들이 갖춰야 할 재무지식에는 어떤 것들이 있을까?

Case ┃ K기업의 올해 재무자료가 다음과 같다고 하자. 물음에 답하면?

· 매출액 : 100억 원(전기 80억 원)
· 이익 : 5억 원(전기 5억 원)
· 상시근로자 수 : 20명(전기 25명)

☞ **물음 1** : 매출액은 얼마나 성장했는가?
☞ **물음 2** : 1인당 매출액은 얼마나 성장했는가?
☞ **물음 3** : 매출액이 증가되었음에도 불구하고 이익이 제자리걸음인 이유는?

Solution ┃ 영업부문에 있어 가장 중요한 것은 뭐라고 해도 매출의 크기다. 매출이 어느 정도 달성되면 다른 것들은 내부관리를 통해 대부분 해결할 수 있기 때문이다. 이러한 관점에서 위의 물음에 대한 답을 찾아보자.

· **물음 1의 경우**
전기에 비해 매출액이 20억 원 증가되었다. 따라서 이 증가액을 전년도 매출액으로 나눠 보면 증가율은 25%가 나온다.

· **물음 2의 경우**
올해의 매출액을 상시근로자 수로 나눠 보면 1인당 5억 원의 매출액이 나온다. 한편 전기의 경우 80억 원을 25명으로 나누면 1인당 3억 2,000만 원이 나온다. 따라서 1인당 매출액이 전년보다 1억 8,000만 원 증가되었으며 증가율은 56%가 된다.

· 물음 3의 경우

앞의 물음들을 통해 보건대, 전기에 비해 매출액과 1인당 매출액이 크게 증가했음에도 불구하고 이익은 변동이 없다. 이러한 이유 중 하나는 비용 지출이 전년보다 상대적으로 많았기 때문이라고 추정할 수 있다. 좀 더 구체적인 분석을 위해서는 손익계산서 등의 재무제표가 필요하다.

Consulting | 영업활동과 관련된 회계상 쟁점을 알아보면 다음과 같다.

영업기획	· 영업기획부(팀)는 보통 영업전략 등을 수립하는 곳이다. · 이곳의 담당자들은 평소에 매출 점유율, 재고자산회전율 등을 중점 점검해야 한다. · 매출을 강조하면 수익성이 떨어지므로 이를 병행해서 관리한다(손익분기점, 이익추세 등).
영업	· 영업활동 시 거래처의 재무제표를 확인한다. · 매출과 관련해서 다양한 쟁점들을 점검한다(매출조기인식, 매출에누리와 매출할인·매출환입, 세금계산서 발행방법 등). · 리베이트 제공과 관련된 세법규제 내용 등을 점검한다.
영업관리	· 매출에 따른 수익성을 평가하고 피드백한다. · 대리점에 대한 성과평가 등을 진행한다(지점 수익성평가 툴은 저자 문의). · 거래처별로 매출채권을 지속적으로 관리한다(불량채권의 예방차원).

실전연습 | 건설회사인 K회사는 최근 한 업체가 제시한 공사입찰에 참가했다. 그런데 공사를 발주할 회사의 재무상태표가 다음과 같았다. 물음에 답하면?

자산	부채
유동자산 150억 원 　보통예금 10억 원 　미수금 50억 원 　대여금 10억 원 　금융채권 10억 원 　재고자산 70억 원 비유동자산 100억 원 　투자자산 50억 원 　유형자산 50억 원	유동부채 50억 원 비유동부채 100억 원 자본 자본금 80억 원 잉여금 20억 원
자산 계 250억 원	부채와 자본 계 250억 원

☞ **물음 1** : 이 기업의 자본구조는 안정성이 있는가? 자기자본비율과 부채비율로 분석하면?

☞ **물음 2** : 이 기업의 지불능력은 문제가 없는가? 유동비율과 당좌비율로 분석하면?

☞ **물음 3** : 이 기업의 재무제표는 전체적으로 무엇이 문제인가?

위의 물음에 따라 답을 찾아보면 다음과 같다.

· **물음 1의 경우**

일반적으로 자본구조의 안정성은 자기자본비율이나 부채비율 같은 것으로 평가한다.

구분	자기자본비율	부채비율
사례의 비율분석	= (자기자본/총자본)×100 = (100억 원/250억 원)×100 = 40%	= (총부채/자기자본)×100 = (150억 원/100억 원)×100 =150%
우량기업 판단기준	50% ↑	100% ↓

사례의 경우 자기자본비율이나 부채비율 측면에서 다소 문제가 있다. 자기자본비율은 50%에 미달하고, 부채비율은 100%를 넘기 때문이다.

· **물음 2의 경우**

지급능력은 유동비율이나 당좌비율같은 지표로 분석하는 것이 일반적이다.

구분	유동비율	당좌비율
사례의 비율분석	= [유동자산/유동부채]×100% = [150억 원/50억 원]×100 = 300%	= [당좌자산(유동자산-재고자산) /유동부채]×100 = [80억 원/50억 원]×100% = 160%
우량기업 판단기준	200%↑	100%↑

사례의 경우 유동비율과 당좌비율이 양호한 것으로 나왔다. 이는 유동성이 매우 풍부하다는 것을 보여준다.

· 물음 3의 경우

공사를 발주할 회사는 전체 250억 원짜리 자산을 가졌지만 당장 갚아야 할 돈이 50억 원이나 된다. 그런데 이 부채는 유동자산 중 보통예금과 미수금 그리고 대여금 등으로 상환할 수 있는 것으로 보이지만, 미수금을 회수할 수 없거나 대여금이 허수(虛數)인 경우 자금흐름이 불량해질 수 있다. 이러한 상황에서는 K회사가 입찰에 성공해서 공사를 진행하더라도 공사대금을 제때 받지 못할 가능성이 있다.

돌발 퀴즈!

위의 K기업은 입찰을 포기해야 하는가?

현재 재무상태표로 보면 입찰을 포기하는 것도 고려해봐야 한다. 다만, 매출에 대한 담보책이 있다면 입찰을 시도할 수도 있을 것이다.

Tip

매출채권보험 활용법

'매출채권보험'은 중소기업이 물품 또는 용역을 제공하고 구매기업으로부터 취득한 매출채권(받을어음 및 외상매출금)에 대해 보험을 가입하고 사고발생 시 보험금을 지급받는 제도다. 구매기업의 채무불이행으로 인한 연쇄도산을 방지하기 위한 목적으로 1997년에 도입되었다. 보험가입대상은 연간매출이 3,000억 원 미만의 중소기업 및 중견기업으로 사고 발생 시 최고 보험한도(100억 원) 범위 내에서 손실금의 80%까지 보상을 받을 수 있다. 보험료는 0.1~5% 범위 내에서 구매기업의 신용도에 따라 차등 적용된다(실무적인 내용은 신용보증기금 등에 문의).

거래처의 재무제표 읽기

거래처에 대한 재무제표를 파악할 때 주의할 점들을 정리하면 다음과 같다.

☑ 자산이 충실한가?

봐야 할 재무제표	체크 포인트
〈재무상태표상의 자산〉 자산 / 부채 / 자본	· 현금보유액이 많은가? → 이는 장부상으로만 현금이 존재할 가능성이 높다. · 자산 중 대여금규모가 큰가? → 이는 가공자산일 가능성이 높다. · 자산 중 매출채권이 전기에 비해 증가했는가? → 이는 매출을 허위로 계상했을 가능성이 높다.

☑ 단기부채는 얼마나 많은가?

봐야 할 재무제표	체크 포인트
〈재무상태표상의 부채〉 자산 / 부채 / 자본	· 유동부채의 단기차입금 규모는 얼마인가? → 단기차입금이 많으면 유동성이 나빠진다. · 비유동부채 중 단기차입금이 숨어 있지 않은가? → 유동성이 나쁘지 않음을 보여주기 위해 숨기는 경우가 있다. · 가수금이 있는가? → 가수금이 있다는 것은 금융권으로부터 정상적인 자금을 조달할 수 없다는 것을 의미한다. 신용등급이 낮은 경우가 이에 해당한다.

☑ 자본구조는 안정성이 있는가?

봐야 할 재무제표	체크 포인트
〈재무상태표상의 부채와 자본〉 자산 / 부채 / 자본	· 부채와 자본의 크기를 비교해본다. → 자본이 더 많은 기업이 안정성이 높다. · 부채가 자본의 두 배 이상이 되면 이 기업과 거래 시 채권회수가 힘들어질 수 있다.

☑ 지급능력은 충분한가?

봐야 할 재무제표	체크 포인트
〈재무상태표상의 자산과 부채〉 자산 부채 자산 자본	· 유동자산과 유동부채를 비교해본다. → 유동자산이 유동부채의 2배 이상이 되면 지급능력이 양호하므로 거래를 안전하게 할 수 있다. · 단, 유동자산 중 재고자산이 많은 경우에는 이를 제외한 당좌자산 과 유동부채를 비교해본다. → 이 경우에는 당좌자산이 유동부채 보다 1배 이상이 되면 지급능력이 양호한 것으로 판단할 수 있다.

☑ 잉여현금을 보유하고 있는가?

봐야 할 재무제표	체크 포인트
〈현금흐름표〉 영업활동 투자활동 재무활동	· 영업활동에 의한 현금흐름이 플러스가 나고 있는지를 봐야 한다. · 잉여현금흐름을 살펴본다. 이는 영업활동에 의한 현금흐름에서 투 자활동의 설비투자액으로 유출된 금액을 차감해서 계산한다.

☑ 소송 중에 있는가, 우발손실이 예상되는가, 지급보증을 서고 있는가?

봐야 할 재무제표	체크 포인트
주석	· 상황에 따라 이러한 내용은 기업의 경영에 치명타를 가할 수 있다. 따라서 재무제표의 하나인 주석을 반드시 살펴보아야 한다. · '주석'은 재무제표 본문의 어떤 항목에 대한 뜻을 풀어쓴 해설을 말 한다.

매출 관련 회계상 쟁점들

매출은 기업의 생존을 위해서는 반드시 필요한 항목이다. 이러한 매출을 둘러싸고 다양한 회계상 쟁점들이 등장하는데 이하에서 살펴보자.

Case | K기업은 다음과 같은 조건으로 용역계약을 체결했다. 물음에 답하면?

총계약금액은 금 일억 원정(₩100,000,000)이며 그 중
금 일천만 원정(₩10,000,000)을 20×5년 1월 1일 계약금으로 지급받고,
금 오천만 원정(₩50,000,000)을 20×5년 2월 1일 중도금으로 지급받으며,
금 사천만 원정(₩40,000,000)을 20×5년 3월 31일 잔금으로 지급받는다.

☞ **물음 1** : 계약할 때 받아야 할 돈은 얼마인가? 부가가치세가 있는 경우와 없는 경우로 표시하면?

☞ **물음 2** : 만일 위의 용역이 부가가치세가 과세되나 이에 대한 내용이 계약서에 반영되지 않으면 부가가치세는 누가 부담해야 하나?

☞ **물음 3** : 20×5년 3월 31일에 용역이 완료되지 못해 잔금을 수령하지 못했다. 이 경우 세금계산서를 발행해야 하나?

Solution | 위의 물음에 맞춰 답을 찾아보면 다음과 같다.

· **물음 1의 경우**

부가가치세가 없는 경우에는 1,000만 원이며, 부가가치세가 있는 경우에는 1,100만 원이 된다.

· **물음 2의 경우**

부가가치세에 대한 약정이 없는 경우에는 일반적으로 계약금액에 부가가치세가 포함되어 있는 것으로 보는 것이 타당하다.

· 물음 3의 경우

일반적으로 6개월 미만의 단기용역은 역무의 제공이 완료될 때를 기준으로 세금계산서를 발행하는 것이 원칙이다. 하지만 법에서 열거한 완성도기준지급·중간지급*1·장기할부*2 또는 기타 조건부로 용역을 공급하거나 그 공급단위를 구획할 수 없는 용역을 계속적으로 공급하는 경우에는 그 대가의 각 부분을 받기로 한 때를 기준으로 세금계산서를 발행해야 한다. → 사례의 경우에는 전자에 해당하므로 역무의 제공이 완료된 때를 기준으로 세금계산서를 발행해야 한다.

*1 계약금을 받기로 한 날의 다음 날부터 재화를 인도하는 날 또는 재화를 이용가능하게 하는 날까지의 기간이 6개월 이상인 경우로, 그 기간 이내에 계약금 외의 대가를 분할해서 받는 경우를 말한다.
*2 대금을 2회 이상 나눠 지급하고 재화의 인도일 다음 날부터 최종 부불금의 지급일까지의 기간이 1년 이상인 거래를 말한다.

돌발 퀴즈!

만일 위에서 계약금과 중도금을 받을 때 그에 대한 세금계산서를 발행해도 문제는 없는가?

없다. 대금의 일부를 받을 때 세금계산서 발행도 허용하고 있기 때문이다. 아래 규정을 참조하자.

※ 부가가치세법상 용역의 공급시기(부가가치세법 제16조)

1. 통상적인 공급의 경우에는 역무의 제공이 완료되는 때

2. 완성도기준지급·중간지급·장기할부 또는 기타 조건부로 용역을 공급하거나 그 공급단위를 구획할 수 없는 용역을 계속적으로 공급하는 경우에는 그 대가의 각 부분을 받기로 한 때

3. 제1호 및 제2호의 규정을 적용할 수 없는 경우에는 역무의 제공이 완료되고 그 공급가액이 확정되는 때

☞ 단, 위 공급시기 전에 재화 또는 용역에 대한 대가의 전부 또는 일부를 받고, 이와 동시에 그 받은 대가에 대해서 제16조의 세금계산서 또는 제32조의 영수증을 발급하는 경우에는 '그 발급하는 때'를 각각 그 재화 또는 용역의 공급시기로 본다.

Consulting | 실무자들이 알아둬야 할 매출과 관련된 회계상 쟁점들을 정리하면 다음과 같다.

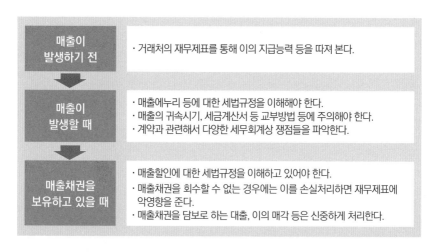

매출이 발생하기 전	· 거래처의 재무제표를 통해 이의 지급능력 등을 따져 본다.
매출이 발생할 때	· 매출에누리 등에 대한 세법규정을 이해해야 한다. · 매출의 귀속시기, 세금계산서 등 교부방법 등에 주의해야 한다. · 계약과 관련해서 다양한 세무회계상 쟁점들을 파악한다.
매출채권을 보유하고 있을 때	· 매출할인에 대한 세법규정을 이해하고 있어야 한다. · 매출채권을 회수할 수 없는 경우에는 이를 손실처리하면 재무제표에 악영향을 준다. · 매출채권을 담보로 하는 대출, 이의 매각 등은 신중하게 처리한다.

위의 내용 중 실무자들이 꼭 알아야 할 재화와 용역의 귀속시기에 대해 알아보자.

귀속시기는 매출을 어느 사업연도로 보고할 것인가에 관한 것이다. 귀속시기가 기준에 맞지 않으면 손익 등에서 오류가 발생한다. 다음 사례로 이를 확인해보자.

사례 --

어떤 기업이 다음과 같이 다음 연도의 매출을 당해 연도의 것으로 조기에 인식했다고 하자. 이 경우 재무제표에 어떤 영향을 줄까?

(차변) 외상매출금 1억 원   (대변) 매출 1억 원

① 당해 연도

· 재무상태표 : 자산이 증가하는 것으로 나타남.
    ☞ 자산의 과대계상(그 결과 기업가치가 제고되는 것으로 오인)
· 손익계산서 : 수익이 증가하는 것으로 나타남.
    ☞ 수익의 과대계상(그 결과 세금이 증가하고 잉여금이 증가해 배당압력이 높아짐)

② 차기 연도

· 재무상태표 : 자산이 감소하는 것으로 나타남.
　　　　　☞ 자산의 과소계상(그 결과 기업가치가 하락되는 것으로 오인)
· 손익계산서 : 수익이 감소하는 것으로 나타남.
　　　　　☞ 수익의 과소계상(그 결과 세금이 감소하고 잉여금이 감소하는 것으로 나타남)

☞ 매출 또는 비용 등에 대한 귀속시기가 달라지면 손익에 영향을 주고 재무상태 등에도 영향을 주게 된다. 결국 이러한 현상이 만연하면 해당 기업의 재무제표에 대한 신뢰성은 무너지게 될 것이다. 따라서 다음과 같이 회계기준과 세법을 두어 이러한 행위를 제어하고 있다.

구분	기업회계기준	법인세법
① 상품 또는 제품의 판매	인도기준	인도기준
② 건설·제조 기타용역(도급공사·예약매출을 포함)의 제공	· 장단기계약 : 진행기준(단, 진행기준 적용 불가능 시 원가발생범위 내에서 회수가능액을 수익으로 인식)	· 장기계약 : 진행기준(단, 장부 미비 시 등은 인도기준) · 단기계약 : 진행기준(단, 중소법인이 완성기준 적용 시 이를 수용)

※ 【참고】 매출에누리와 매출할인에 대한 세무회계처리법

기업회계와 법인세법 등에서 매출할인이나 판매장려금 등을 어떻게 취급하는지 한꺼번에 정리를 하면 다음과 같다.

항목구분		기업회계	법인세법	부가가치세법
매출에누리와 매출환입		매출액에서 차감	수입금액에서 차감	과세표준에서 공제
매출할인[1]		상동	상동	상동(2007년부터)
판매 장려금 [2]	일정기간의 거래수량이나 거래금액에 따라 매출액을 감액하는 것	매출액에서 감액 (매출에누리)	수입금액에서 차감	과세표준에서 불공제
	그 외의 경우	판매부대비용 처리	판매부대비용	과세표준에서 불공제

[1] [2] 특수관계자 외에게 지급되는 판매장려금·판매수당 또는 할인액 등으로 건전한 사회통념과 상관행에 비춰 정상적인 거래라고 인정될 수 있는 범위의 금액은 접대비로 보지 않는다(시행일 : 2007년 2월 28일 이후 거래분).

K기업은 이번 달의 매출이 연초에 세운 계획에 비해 많이 떨어지자 그 원인을 밝혀내고 대책을 세우고자 한다. 자료가 다음과 같을 때 이에 대한 원인분석은 어떻게 할까?

〈이번 달 판매 등 계획〉
· 매출액 : 40,000대×900,000원=360억 원
· 매출원가 : 40,000대×700,000원=280억 원
· 판관비 : 10억 원
· 영업이익 : 70억 원

〈이번 달 실적집계〉
· 매출액 : 38,000대×800,000원=304억 원
· 매출원가 : 38,000대×750,000원=285억 원
· 판관비 : 10억 원
· 영업이익 : 9억 원

위의 자료를 통해 매출차이에 대한 분석을 해보자.

구분	계획	실적	차이(실적-계획)
매출수량	40,000대	38,000대	△2,000대
매출단가	900,000원	800,000원	△100,000원
매출액	360억 원	304억 원	△56억 원

당월의 이익차이인 61억 원 중 매출액차이가 무려 56억 원을 차지하고 있다. 이를 매출수량차이와 매출단가차이로 구체적으로 구분하면 다음과 같다.

– 매출수량차이 : (38,000대－40,000대)×900,000원 = △18억 원
　　　　　　　　　 실제수량　　계획수량　　계획단가

– 매출단가차이 : (800,000원－900,000원)×38,000대 = △38억 원
　　　　　　　　　 실제단가　　계획단가　　실제수량

계(매출액 차이) : △ 56억 원

☞ 영업부문의 관리자는 이러한 분석결과를 가지고 그 원인을 파악해서 대책을 꾸려야 한다. 예를 들어 매출수량차이는 경기침체에 의해 판매

량이 축소되었고, 매출단가차이는 주로 가격할인정책에 의해 발생했다면 이에 맞는 처방을 내릴 필요가 있다. 구체적으로 경기침체에 의한 경우라면 사업계획을 수정하거나 매출단가 인하의 경우에는 인하폭을 제한하거나 사업부평가를 해야 한다.

※ 【참고】 매출 1단위의 분해

매출 1단위는 보통 다음과 같이 분해된다.

매출	원가
	인건비
	지대(임차료)
	기타 일반관리비
	금융비용
	세금
	이윤

즉 매출 1단위는 원가부터 이윤까지 각 항목으로 구성된다. 따라서 궁극적으로 주주들에게 귀속되는 이윤이 커지려면 이윤을 제외한 항목들이 효율적으로 운용되어야 한다.

Tip 매출누락에 따른 불이익

기업이 매출을 누락한 경우 세무상 불이익은 다음과 같이 정리할 수 있다.

구분		불이익

기업	법인세	· 본세 추징
		· 가산세 추징
		  −과소신고가산세(일반 과소신고 10%, 부당한 신고 40%)
		  −납부지연가산세(미납부금액×2.2/10,000×미납기간)

	부가가치세	· 본세 추징
		· 가산세 추징
		  −세금계산서 불성실가산세(공급가액의 2%)
		  −신고불성실가산세(일반 10%, 부당 40%)
		  −납부지연가산세(미납부금액×2.2/10,000×미납기간)

대표이사	근로소득세	근로소득세 추징, 사회보험료 부과

판매촉진비 사용과 수익성 분석(BEP 분석 포함)

불황기에 많은 기업들이 광고비나 판매촉진비 등을 투입해서 소기의 목표를 달성하려고 한다. 그런데 무턱대고 비용을 투입하면 수익성 측면에서 오히려 독이 되는 경우가 있는데, 이하에서 이 문제를 따져보자.

Case | K기업은 매월 인건비 500만 원, 기타 전기료와 수도료 등 경비가 100만 원 들어가고 있다. 재료비는 당초 판매가격의 20%(@10,000×20%=2,000원) 정도 된다(시설비는 6,000만 원이다). 다음 물음에 답하면?

☞ **물음 1** : 첫 달에 수입이 1,000만 원(1,000개×10,000원) 발생했다. 첫 달의 이윤은 얼마인가?

☞ **물음 2** : 만일 판매가격을 10% 내린다면 판매 개수는 10% 늘어난다고 하자. 회계상 이익은 얼마나 늘어날까?

Solution | 위의 물음에 맞춰 답을 찾아보면 다음과 같다.

· **물음 1의 경우**

회계상의 이익측정방법은 보통 기업들이 쓰는 것으로, 경영성과를 반영하는 것이 특징이다. 그래서 시설비는 철수하기 전까지 지속적으로 사용되므로 이를 당기의 비용으로 처리하지 않고 대략 5년에 걸쳐 비용으로 처리할 수 있다. 따라서 비용은 다음과 같이 집계된다.

> 총비용=인건비 500만 원+기타비용 100만 원+재료비 200만 원(=1,000개×@2,000)
> +시설비 감가상각비 100만 원=900만 원
> 위에서 시설비에 대한 감가상각비는 다음과 같이 구해졌다.
> · 연간 감가상각비 : 투자비용 6,000만 원/5년=1,200만 원
> · 월 감가상각비 : 1,200만 원/12개월=100만 원

따라서 회계상의 이익은 다음과 같이 계산된다.

· 매출액 1,000만 원 − 비용 900만 원 = 이익 100만 원

· 물음 2의 경우

이러한 질문에 답하기 위해서는 비용을 매월 고정적으로 발생한 비용과 매출의 증감에 따라 발생한 비용으로 구분할 수 있어야 한다. 앞에서 매월 고정적으로 발생한 비용은 인건비와 기타비용 그리고 감가상각비 등 총 700만 원 정도가 된다. 재료비는 대표적인 변동비용이다.

· 매출액 (1,000개×110%)×(10,000원×90%) = 9,900,000원
· 변동비   2,200,000원
   재료비 (1,100개×@2,000)=2,200,000원
· 고정비   7,000,000원
   인건비   5,000,000원
   감가상각비 1,000,000원
   기타비용   1,000,000원
· 이익   700,000원

위 물음 1에서의 이익(100만 원)보다 30만 원 정도 이익이 줄어드는 것으로 나타났다.

Consulting | 위의 K기업은 수요가 30% 정도 떨어지자 이를 만회하고자 판매촉진의 일환으로 700명의 고객에게 각각 2,000원(총 140만 원)짜리 판촉용 우산을 지급하기로 했다. 이렇게 판촉비가 투입된 상태에서 수요가 전과 동일한 수준으로 회복된 경우 이익은 어떻게 변할까?

① 수요가 30% 떨어진 상태에서의 이익

· 매출액 (1,000개×70%)×10,000원 = 7,000,000원
· 변동비   1,400,000원
   재료비 (700개×@2,000)=1,400,000원
· 고정비   7,000,000원
   인건비   5,000,000원
   감가상각비 1,000,000원
   기타비용   1,000,000원
· 이익   △1,400,000원

② 판촉비용을 들여 수요를 30% 만회시킨 경우의 이익

· 매출액 (1,000개×100%)×10,000원 = 10,000,000원
· 변동비   2,000,000원
   재료비 (1,000개X@2,000원)=2,000,000원
· 고정비   8,400,000원
   판촉비용   1,400,000원
   인건비   5,000,000원
   감가상각비 1,000,000원
   기타비용   1,000,000원
· 이익   △400,000원

판촉비용 140만 원이 투입되어 수요가 만회되고 그 결과 손실폭이 140만 원에서 40만 원으로 줄어들게 되었다. 결국 이러한 판촉비 투입방법은 불황기에 사용할 수 있는 전략이 된다.

☞ 불황기가 지속되는 상황에서는 초기 투자비와 인건비 같은 고정비가 적게 들어가는 업종이 오래 견딜 수 있다. 이러한 업종은 매출을 많이 달성하지 않아도 바로 이익을 거둘 수 있기 때문이다. 그리고 만에 하나 매출이 감소하는 경우라도 고정비가 작은 업종이 그렇지 않은 업종

보다 손실폭이 작게 나타난다. 따라서 현재처럼 경기가 좋지 않은 시기에는 가급적 투자 규모를 축소하는 것이 좋으며, 만일 투자가 완료된 경우라면 하루빨리 고정비를 회수하려는 노력이 필요하다.

실전연습 K기업은 중저가 브랜드의 의류를 판매하는 업종을 영위하고 있다. 이번에 직영대리점을 개설하려고 한다. 이에 대한 재무자료가 다음과 같다고 할 때 지점개설에 따른 직접손익을 평가해보라.

〈자료〉
· 설비투자비용 : 1억 원(5년간 사용)
· 상품비 : 매출액의 30%
· 고정인건비(연간) : 1억 원
· 기타비용(연간) : 5,000만 원
· 기대 매출 : 5억 원

이 같은 문제는 지금까지 보아온 회계상의 손익계산서 구조로 파악하면 쉽게 해결할 수 있다.

구분	금액	근거
매출액	5억 원	
매출원가	1.5억 원	매출액의 30% 가정
매출총이익	3.5억 원	
판매비와관리비 인건비 투자비 기타	1.7억 원 1억 원 0.2억 원 0.5억 원	자료 1억 원을 5년으로 나눠 계상함(감가상각).
영업이익	1.8억 원	

돌발 퀴즈!

만일 본사에서 직접 집행한 판촉비가 8,000만 원이라면 영업이익은 얼마가 되는가?

앞의 1.8억 원에서 8,000만 원을 차감하면 1억 원이 된다. 지점의 수익성을 평가할 때에는 본사에서 집행되는 비용 등을 고려해야 한다.

돌발 퀴즈!

만일 실제 매출액이 3억 원이 되었다면 이 경우 이 지점의 직접손익은 어떻게 되는가? 매출원가를 빼고는 모두 고정비 성격이라고 하자.

앞의 손익계산서는 다음과 같이 변동된다.

구분	금액	근거
매출액	3억 원	
매출원가	0.9억 원	매출액의 30% 가정
매출총이익	2.1억 원	
판매비와관리비 인건비 투자비 기타	1.7억 원 1억 원 0.2억 원 0.5억 원	자료 1억 원을 5년으로 나눠 계상함(감가상각).
영업이익	0.4억 원	

이처럼 매출액이 증감되면 매출액에 변동되는 상품비(매출원가)는 변동하지만, 기타 고정비는 매출액의 증감과 관계없이 일정하게 발생한다. → 따라서 기업이 이익을 창출하기 위해서는 매출액이 일차적으로 고정비를 뛰어 넘어야 한다(뒤의 손익분기점 분석 참조).

Tip

판매부대비용과 접대비(기업업무추진비)의 구분

기업에서 특수관계자가 아닌 외부의 고객들을 대상으로 대가를 경감하는 금액은 크게 판매부대비용, 접대비 중의 하나로 분류되는 것이 원칙이다.

구분	판매부대비용	접대비
업무 관련성	업무와 관련	업무와 관련
대상	불특정인	특정인
목적	판매촉진	거래관계 유지
세무처리	수입금액에서 차감	· 적격증빙(신용카드 등) 미비 시 전액 비용부인 · 접대비한도 초과분은 비용불인정

※ 판매부대비용의 예시

☑ 사전약정에 따라 협회에 지급하는 판매수수료

☑ 수탁자와의 거래에 있어서 실제로 지급하는 비용

☑ 관광사업 및 여행알선업을 영위하는 법인이 고객에게 통상 무료로 증정하는 수건, 모자, 쇼핑백 등의 가액

☑ 용역대가에 포함되어 있는 범위 내에서 자가시설의 이용자에게 동 시설의 이용 시에 부수해서 제공하는 음료 등의 가액

☑ 일정액 이상의 자기상품 매입자에게 자기출판물인 월간지를 일정기간 무료로 증정하는 경우의 동 월간지의 가액 상당액

☑ 판매촉진을 위해 경품부 판매를 실시하는 경우 경품으로 제공하는 제품 또는 상품 등의 가액

'손익분기점(BEP)'이란 총수익과 총원가(총비용)가 일치해서 이익이나 손실이 나지 않는 판매량 또는 매출액을 말한다. 따라서 손익분기점은 수익과 비용이 같은 점이므로 수익이 비용을 완전히 보전한 후부터 이익이 발생하는 것을 짐작할 수 있다. 손익분기점은 다음과 같은 식으로 계산할 수 있다. 참고로 이러한 분석모형은 개인들을 대상으로 하는 사업(커피점, 편의점, 제과점, 음식점, 의원 등)에 유용성이 높다.

$$\cdot \text{손익분기점 매출액} = \frac{\text{고정비}}{1 - (\text{변동비}/\text{매출액})} = \frac{\text{고정비}}{\text{공헌이익률}}$$

사례를 통해 이 부분을 확인해보자.

사례

K기업의 이번 달 매출액은 5,000만 원(5,000개×@10,000원), 변동비(재료비 등)는 2,500만 원, 고정비(월급 등)는 1,000만 원이다. 손익분기점에 해당하는 매출액과 판매량은?

위에서 본 식에 자료상의 수치를 대입하면 다음과 같이 손익분기점 매출액을 알 수 있다.

$$\cdot \text{손익분기점 매출액} = \frac{1,000\text{만 원}}{1 - (2,500\text{만 원}/5,000\text{만 원})} = 2,000\text{만 원}$$

매출액이 2,000만 원인 경우 이익은 '0원'이 되며, 매출액이 2,000만 원을 초과하면 이익이 발생한다. 한편, 손익분기점에 해당하는 수량은 손익분기점 매출액을 단가로 나누면 된다(2,000만 원÷@ 10,000원=2,000개).

참고로 기업들은 사업연도 초 영업을 시작하기 전에 앞으로 1년간 경영활동을 통해 이익을 얼마나 올릴 것인가 미리 계획한다. 이 계획단계의 이익을 '목표이익'이라 하는데, 목표이익을 달성하기 위해서는 매출을 얼마나 올려야 할 것인가를 검토하게 될 것이다. 이 경우 손익분기점공식을 응용해서 다음과 같이 목표매출액을 추정할 수 있다.

$$
\cdot\,\text{목표이익 달성을 위한 목표매출액} = \frac{\text{고정비} + \text{목표이익}}{1 - (\text{변동비}/\text{매출액})}
$$

생산·연구개발·
기타 경영지원 활동과
재무제표

생산활동과 재무제표

생산부문은 재료비와 노무비 그리고 제조경비를 투입해 제품을 만들어내는 조직을 말한다. 연구개발은 제품생산하기 전에 시험연구를 하는 조직을 말한다. 이러한 생산·연구개발분야 종사자들이 알아야 할 재무제표에 대해 알아보자.

Case | K기업은 다음과 같은 절차를 거쳐 제품 5만개를 완성했다. 이 제품의 개당 제조원가는 얼마일까?

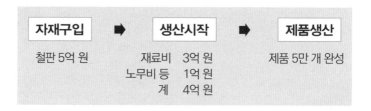

자재구입	➡	생산시작	➡	제품생산
철판 5억 원		재료비 3억 원 노무비 등 1억 원 계 4억 원		제품 5만 개 완성

Solution | 이 기업의 원가흐름을 보면 일단 자재와 노무비 등을 투입해 제품을 생산하고 있다. 구체적으로 보면 구입한 철판 중 3억 원과 노무비 1억 원 등 총 4억 원을 투입해 5만 개의 제품을 생산했다. 따라서 제품 1개당 제조원가는 8,000원(=4억 원/5만 개)이 된다(단, 기초 및 기말 재공품은 없다고 가정).

※ 원가와 원가흐름

원가는 특정목적을 달성하기 위해서 희생된 경제적 가치에 해당하므로 기업이 지출한 돈들은 모두 원가에 해당한다. 하지만 이 원가는 소멸되었는가 미소멸되었는가에 따라 그 성격이 달라진다. 만일 원가가 발생했으나 소멸되지 않은 경우에는 이 원가는 자산형태로 남아 있게 된다. 예를 들어 자동차 제조기업은 재료비와 노무비 그리고 각종 경비를 투입해 자동차를 만든다. 그런데 이때 재료비 등의 원가들은 자동차가 팔리지 않는 이상 재무상태표상의 재고자산으로 남아 있게 된다. 하지만 이 자동차가 외부로 판매가 되었다면 이 재고자산은 소멸된 원가로써 매출에 대응되는 비용인 매출원가로 변하게 된다. 이를 그림으로 표현하면 다음과 같다.

※ 위에서 미소멸된 원가는 재무상태표의 재고자산에, 소멸된 원가는 손익계산서상의 매출원가로 계상된다.

☞ 실무적으로 완성품의 제조원가를 구하는 것은 매우 까다로운 작업에 해당한다. 그래서 제조과정이 있는 기업들은 제품원가계산을 위해 많은 노력을 기울일 수밖에 없다.

Consulting │ 생산부문 종사자들이 알아둬야 할 재무제표관련 내용들을 업무 중심으로 정리하면 다음과 같다.

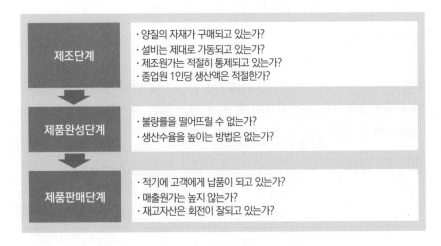

K기업은 제조업종을 영위하고 있다. 이 기업의 생산부서에는 원가절감을 위해 다양한 분석을 시도하고 있다. 생산 관련 재무자료가 다음과 같다고 할 때 물음에 답하면?

| 자료 |
· 매출액 : 100억 원(전기 120억 원)
· 기말재고자산 : 40억 원(전기 20억 원)
· 제품제조원가 : 35억 원(전기 40억 원)
· 생산직 직원 : 50명(전기 50명)
· 기계장치 가액 : 10억 원

☞ **물음 1** : 이 기업의 매출액증감율은 어떻게 되는가?
☞ **물음 2** : 이 기업의 재고자산회전율은 전기에 비해 어떻게 되는가?
☞ **물음 3** : 생산직 1인당 생산액은 전기에 비해 어떠한가?
☞ **물음 4** : 설비자산 회전율은 어떻게 되는가?

위의 물음에 순차적으로 답을 찾아보면 다음과 같다.

· **물음 1의 경우**

전기에 비해 매출액이 20억 원 줄어들었다. 따라서 이를 전기의 매출액 120억 원으로 나누면 16.7%가 감소한 것으로 나타났다.

· **물음 2의 경우**

매출액을 재고자산액(기초와 기말을 평균하는 것이 원칙이나 사례에서는 기말재고자산액으로 계산함)으로 나누면 된다. 전기에 비해 당기의 회전율이 대폭 떨어졌다. 재고자산회전이 잘 안 된다는 것은 자산의 효율성이 떨어진다는 뜻을 함축하고 있다.

구분	전기	당기
재고자산회전율	6회	2.5회
계산근거	120억 원/20억 원	100억 원/40억 원

· 물음 3의 경우

제품제조원가를 종업원 수로 나누면 된다.

구분	전기	당기
종업원 1인당 생산액	8,000만 원	7,000만 원
계산근거	40억 원/50명	35억 원/50명

1인당 생산액이 줄어든 것은 인원이 줄어들지 않았거나 생산량이 줄어들었기 때문이라고 추정할 수 있다.

· 물음 4의 경우

설비회전율은 통상 매출액을 유형자산으로 나눈 비율을 말한다. 매출액 100억 원을 유형자산 10억 원으로 나누면 10회가 나온다. 이 비율이 높을수록 유형자산이 잘 사용되고 있음을 보여준다.

Tip 가공매입과 재무제표

가공매입을 재무제표에 반영하면 순차적으로 재무제표에 다음과 같은 영향을 준다.

제조원가명세서	손익계산서	재무상태표
원재료 반영	당기제조원가 과대	기말제품재고액 과대
↓	↓	오류 가능성 ↑
제조원가 과대	매출원가 과대	
	↓	
	이익 과소	

즉 가공원재료가 제조원가명세서에 반영되면 제조원가가 과대되고, 이는 곧 손익계산서상의 매출원가를 과대시키게 된다. 이렇게 되면 이익은 과소가 된다. 한편 재무상태표상의 기말제품재고액은 회계처리를 어떻게 하느냐에 따라 오류가 발생할 가능성이 높다.

생산 및 판매부문 종사자들이 알아야 할
원가흐름(제조원가와 매출원가)

자료가 다음과 같을 때 다음 질문에 순차적으로 답을 해보자. 내용이 다소 어려울 수 있으므로 초보자들은 건너뛰어도 문제없다.

① 원재료 현황
　-기초 보유액 : 3억 원
　-당기 매입액 : 10억 원
　-기말 보유액 : 5억 원
② 노무비와 경비지급액
　-노무비 : 5억 원
　-공장 전력비와 수도료 등 : 1억 원
③ 재공품 현황
　-기초재공품액 : 5억 원
　-기말재공품액 : 6억 원
④ 제품 현황
　-기초제품재고액 : 5억 원
　-기말제품재고액 : 3억 원
⑤ 판매현황 등
　-매출액 : 30억 원
　-판매관리비 : 인건비 등 10억 원

☞ **물음 1** : 제품을 제조하는 데 들어간 제조비용은 얼마인가?

☞ **물음 2** : 제품의 제조원가는 얼마인가?

☞ **물음 3** : 손익계산서는 어떻게 작성되는가?

☞ **물음 4** : 기말 재무상태표의 재고자산의 잔액은 어떻게 표시가 되나?

위의 물음에 대해 답을 찾아보면 다음과 같다.

· **물음 1의 경우**
물건을 제조하는 데 들어간 원가는 크게 재료비와 노무비 그리고 제조간접비인 경비가 해당한다. 그런데 재료비 사용금액은 다음과 같은 방식을 거쳐 사용액을 추정해야 한다. 그 사용액만이 생산에 투입되었기 때문이다. 기초에 보유하고 있는 재료와 당기에 매입한 재료합계액에서 기말에 남은 것을 빼면 사용액을 알 수 있다.

  ① 재료비 사용액 = 기초원재료재고액(3억 원) + 당기원재료매입액(10억 원)
     － 기말원재료재고액(5억 원) = 8억 원
  ② 노무비투입액 = 5억 원
  ③ 경비투입액 = 1억 원
  ④ 계 = 14억 원

· 물음 2의 경우

제품제조원가는 말 그대로 완성품을 제조하는 데 들어간 원가를 말한다. 이 원가를 정확히 파악해야 개당 원가를 정확히 알 수 있다. 이는 다음과 같은 과정을 거쳐 파악할 수 있다. 즉 당기제품제조원가는 기초에 공정에 걸쳐 있는 것(이를 '기초재공품재고'라고 한다)을 화폐로 평가한 금액과 당기제조원가의 합계액에서 기말재공품재고액을 차감한 금액이라고 할 수 있다.

· 당기제품제조원가 =기초재공품재고액(5억 원)+당기제조원가(14억 원, 물음 1)
     － 기말재공품재고액(6억 원)=13억 원

· 물음 3의 경우

손익계산서는 당기에 발생한 수익과 비용을 회계기준에 따라 자리 배치를 하는 것에 불과하다. 그런데 손익계산서 상의 매출원가는 기초제품재고액과 당기제품제조원가의 합계액에서 기말제품재고액을 차감해 구해진다. 기업은 이 원가에 보통 마진을 붙여 외부에 판매(매출)를 하는 것이다.

구분	금액		비고
매출액		30억 원	자료가정
매출원가		15억 원	
기초제품재고액	5억 원		자료가정
당기제품제조원가	13억 원		제조원가명세서(물음 2)
기말제품재고액	3억 원		자료가정
매출총이익		15억 원	
판매관리비		10억 원	
인건비 등	10억 원		자료가정
영업이익		5억 원	

· 물음 4의 경우

이렇게 전기에 이월된 원가와 당기에 투입된 원가 중 당기에 팔려나간 것들은 모두 손익계산서상 비용으로 처리가 된다. 따라서 현재 기업 내부에 남아 있는 재고들을 계정과목별로 살펴보면 다음과 같다.

자산 　유동자산 　　재고자산　　　14억 원 　　　원재료 5억 원(물음 1) 　　　재공품 6억 원(물음 2) 　　　제품　 3억 원(물음 3)	부채
	자본
자산 계	부채와 자본 계

이 재고들은 다음 기의 기초재고로 원가에 영향을 미치게 되는 것이다.

연구개발활동과 재무제표

연구개발 관련 부서에서 발생하는 비용을 자산으로 처리할 것인지, 그리고 비용으로 처리할 것인지에 따라 기업의 모양새가 달라진다. 이하에서 살펴보자.

Case | 경기도 일산에 위치한 J기업은 기업자체 연구소를 가지고 있다. 이번에 제품개발과 관련해서 인건비를 포함해 총 5억 원을 집행했다. 물음에 답하면?

☞ **물음 1** : 이 비용을 자산으로 처리하는 것과 비용으로 처리하는 것의 재무적인 차이는?
☞ **물음 2** : 자산으로 처리하기 위해서는 어떤 조건을 충족해야 하는가?

Solution | 위의 물음에 따라 순차적으로 답을 찾아보면 다음과 같다.

· **물음 1의 경우**
자산으로 처리하는 경우 재무상태표와 손익계산서의 내용은 다음과 같이 요약된다.

구분	재무상태표	손익계산서
거래결과	· 무형자산 증가 · 현금성자산 감소	-
전체적인 영향	자산의 증감은 없다(∵현금성자산이 무형자산으로 대체된 결과)	손익거래가 아니므로 손익계산서에는 영향이 없다.

· **물음 2의 경우**
먼저 회계기준과 세법은 개발비 등을 어떻게 취급하고 있는지부터 알아보자.

개발비	연구개발비	경상개발비	연구비
무형자산	(용어를 개발비로 변경)	제조원가, 판매관리비	제조원가, 판매관리비

앞에서 개발비는 무형자산에 해당하나 기타 경상개발비나 연구비는 제조원가 또는 판매관리비에 해당한다.

※ 개발비와 경상개발비 처리기준

회계기준은 연구개발비가 무형자산인 개발비로 처리되기 위해서는 무형자산 및 개발비의 인식요건에 합당해야 한다고 하고 있다. 하지만 이 내용이 추상적이므로 실무적으로는 다음과 같은 기준을 두어 판단한다.

무형자산으로 처리할 수 있는 활동	당기비용으로 처리해야 하는 활동
개발비(무형자산)	연구비 및 경상개발비*(당기 비용)
– 생산 전 또는 사용 전의 시작품과 모형을 설계·제작 및 시험하는 활동 – 새로운 기술과 관련된 공구·금형·주형 등을 설계하는 활동 – 상업적 생산목적이 아닌 소규모의 시험공장을 설계·건설 및 가동하는 활동 – 새롭거나 개선된 재료·장치·제품·공정·시스템 및 용역에 등에 대해 최종적으로 선정된 안을 설계·제작 및 시험하는 활동	– 새로운 지식을 얻고자 하는 활동 – 연구결과 또는 기타 지식을 탐색·평가·최종 선택 및 응용하는 활동 – 재료·장치·제품·공정·시스템·용역 등에 대한 여러 가지 대체안을 탐색하는 활동 – 새롭거나 개선된 재료·장치·제품·공정·시스템·용역 등에 대한 여러 가지 대체안을 제안·설계·평가 및 최종 선택하는 활동

* 연구 및 경상개발비는 무형자산(개발비)의 요건을 충족하지 못한 비용을 의미함.

Consulting 연구개발부서에서 사용되는 자금들에 대한 회계처리를 해보자. 물론 이러한 회계처리의 결과 재무제표의 모양새가 달라진다.

① 자산 처리방법

연구소에서 사용되는 자산은 일단 유형자산으로 처리한다. 예를 들어 연구소에서 사용될 컴퓨터 등을 구입했다면 다음과 같이 처리한다. 이 자산은 향후 감가상각과정을 거쳐 일부가 비용처리가 된다.

(차변) 비품(컴퓨터) 200만 원   (대변) 현금 200만 원

② 비용 처리방법

연구소에서 발생하는 비용들 중에는 인건비나 감가상각비 그리고 각종 직간접비들이 있다. 따라서 회사에서 인건비를 지급하는 경우 연구비 등의 항목으로 처리하게 된다.

☑ 개발비에 해당하는 인건비는 개발비(무형자산)으로 처리된다.
☑ 개발비 외의 연구비에 해당하는 인건비는 판매관리비나 제조원가로 처리된다.

실전연습 어느 기업의 인건비가 다음과 같이 지급된다고 할 때 회계처리를 해보자. 단, 원천징수된 세금이나 보험료 등은 없다고 하자.

구분	인원	금액	계정과목
제조부서	100명	2억 원	노무비
연구부서	20명	5,000만 원	연구비
개발부서	10명	5,000만 원	개발비
일반부서	200명	4억 원	급여
계	330명	7억 원	

위의 물음에 따라 답을 찾아보면 다음과 같다.

(차변) 노무비(제조원가)   2억 원   (대변) 현금 7억 원
　　　 연구비(비용)   5,000만 원
　　　 개발비(자산)   5,000만 원
　　　 급여(비용)   4억 원

노무비는 제조원가로 처리되어 제품원가에 포함되며, 연구비와 급여는 판매비와 관리비로 당기 비용 처리된다. 개발비는 무형자산으로 처리된 뒤 감가상각과정을 거쳐 비용처리가 된다.

연구 및 인력개발비에 대한 세금혜택

내국인(소비성서비스업을 영위하는 내국인을 제외)이 각 과세연도에 연구 및 인력개발을 위한 비용을 지출한 경우에는 다음 각 호의 방법 중 하나를 선택해서 세액공제를 적용받을 수 있다(단, 아래는 중소기업에 대한 것으로 일반기업에 대한 세액공제는 조세특례제한법 제10조를 참조).

· 일반지출액(① −②) × 50%

· ① × 25%

　　　① : 당해 과세연도에 발생한 일반연구 및 인력개발비
　　　② : 당해 과세연도의 개시일로부터 과거 4년간 발생한 연구비 등의 연평균 발생액

※ 연구·인력개발비 세액공제 적용 시 주의해야 할 것들

☑ 전담부서(기초연구법에 의해 인정받은 기술연구소와 주무부장관에게 신고한 기업 내 연구개발전담부서)에서 근무하는 직원으로서 연구요원 및 이들의 연구업무를 직접 지원하는 자의 인건비는 별표 6에 열거되어 있어 세액공제 대상이지만, 10% 이상 주식을 가진 임원의 인건비는 제외된다.

☑ 전담부서에서 연구용으로 사용하는 견본품, 원재료와 시약류구입비(사무용품비와 복리후생비는 제외) 등도 세액공제를 받을 수 있다.

☑ 연구용으로 사용하는 견본품·부품·원재료와 시약류구입비를 제외하고는 취득한 자산은 자체연구개발에 따른 세액공제 대상에 해당되지 않는다.

☑ 자기가 취득한 전담부서 등의 자산에 대한 유지비는 별표 6 제1호 가목 1), 2), 3)에서 별도 열거하고 있지 않으므로 세액공제가 되지 않는다.

☑ 전담부서 등에서 직접 사용하기 위한 연구·시험용 시설의 임차비용, 위탁훈련비 등은 세액공제가 가능하다.

무형자산과 관련해서 점검할 사항들

무형자산과 관련해서 점검해야 할 사항들을 정리하면 다음과 같다.

1. 개발비와 관련된 상각방법
무형자산이 개발비로 처리가 되는 경우에 그 개발과 관련해서 지출되는 모든 비용은 일단 '개발비'로 모이게 된다. 예를 들어 인건비를 지출할 때는 바로 비용처리가 되지 않고 자산으로 처리되다가 상각조건에 따라 감가상각된다. 기업회계기준과 세법상 상각기준은 다음과 같다.

기업회계기준의 상각기준	법인세법상의 상각기준
· 상각시작 : 자산이 사용가능한 때 · 상각기간 : 통상 20년 범위 내 · 상각방법 : 정액법, 체감잔액법(정률법 등), 연수합계법 등 합리적인 방법. 단, 합리적인 방법을 정할 수 없다면 정액법	· 상각시작 : 관련제품의 판매 또는 사용이 가능한 시점 · 상각기간 : 20년 이내의 기간 내에서 연단위로 신고한 기간(무신고 시 관련제품의 판매 또는 사용이 가능한 시점부터 5년 동안 매년 균등액을 상각) · 상각방법 : 매사업연도별 경과월수에 비례해서 상각하는 방법(20년 내의 기간 중 선택하며 그 기간 내에서 정액법으로 월할 상각함)

2. 영업권의 감가상각방법
사업의 양수도 과정에서 양도사업에 관한 허가·인가 등 법률상의 지위, 사업상 편리한 지리적 여건, 영업상의 비법, 신용, 명성, 거래선 등 영업상의 이점 등을 감안한 적절한 평가방법에 따라 유상으로 취득한 금액을 '영업권'이라 하며 이는 무형자산으로 분류된다. 영업권의 감가상각방법은 정액법이며 내용연수는 5년을 적용한다. 참고로 영업권은 통상 유상으로 거래(사업양수도나 법인전환 등)할 때 발생하는 무형자산으로 자가창설 영업권은 신뢰성 등의 이유로 인정되지 않는다.

3. 내부적으로 창출된 무형자산의 회계처리

기업 내부에서 창출된 무형자산은 다음과 같이 회계처리한다. 연구단계에서 발생한 연구비와 개발비 계상요건을 충족하지 못한 것은 당기비용인 경상개발비로 처리한다.

구분		회계처리
연구단계		연구비(당기비용)
개발단계	다음의 요건을 모두 충족 ① 무형자산의 정의 ② 무형자산의 인식요건 ③ 개발비의 인식요건	개발비(무형자산 계상)
	상기 요건을 충족하지 못한 경우	경상개발비(당기 비용)

무형자산은 꼭 해마다 상각해야 하는가?

아니다. 유형자산처럼 기업이 임의대로 상각할 수 있다.

종업원 채용과 재무제표

기업이 종업원을 채용하면 다양한 비용이 발생한다. 그리고 관련 지출액도 상당히 많기 때문에 실무자들은 채용 전에 재무제표에 미치는 영향을 다각도로 점검해야 한다. 물론 양질의 인적자원을 확보하면 재무제표에 긍정적인 영향을 미치게 된다.

Case | K기업은 이번에 퇴직연금 가입을 위해 여러 가지 정보를 구하고 있다. 다음 물음에 답하면?

☞ **물음 1** : 확정기여형(DC형)을 채택하는 경우 재무제표에 미치는 영향은?
☞ **물음 2** : 확정급여형(DB형)을 채택하는 경우 재무제표에 미치는 영향은?
☞ **물음 3** : 만일 퇴직연금제도를 채택하지 않으면 퇴직급여충당금(일종의 부채) 제도를 사용할 수 있는가?

Solution | 위의 물음에 대해 순차적으로 답을 찾아보면 다음과 같다.

· **물음 1의 경우**
확정기여형 연금은 이를 지급하면 회사의 퇴직금지급의무가 사라지므로 바로 비용처리가 가능하다. 따라서 재무제표에 미치는 영향은 일반 비용지출과 같다.

> · 비용지출 ⇨ 당기순이익 축소(세금 축소) ⇨ 자본축소(이익잉여금 축소)

· **물음 2의 경우**
확정급여형 연금은 퇴직금지급의무가 사라지는 것이 아니므로 재무상태표에 영향을 준다.

· 불입 시 : 퇴직연금운용자산 계상
· 결산 시 : 부채계상(회계상 퇴직급여충당금계상*)
☞ 퇴직 시의 회계처리에 대해서는 저자 등에게 문의할 것

* 회계에서는 퇴직급여충당금을 계상하는 것이 원칙이나 세법에서는 이를 더 이상 인정하지 않는다.

· 물음 3의 경우

2016년 이후부터는 이 제도가 사실상 폐지되었다. 아래처럼 손금산입율이 0%가 되기 때문이다. 따라서 퇴직급여에 대한 비용처리를 매년 하고 싶다면 퇴직연금에 가입해야 한다.

· 2014년 : 퇴직금지급예상액의 10%
· 2015년 : 퇴직금지급예상액의 5%
· 2016년 : 퇴직금지급예상액의 0%

※ 퇴직금제도와 비용처리법

퇴직금지급방법에 따라 세무상 비용처리는 어떻게 하는지 정리하면 다음과 같다.

퇴직일시금지급		퇴직연금	
퇴직급여충당금 적립 시	실제 퇴직금 지급 시	확정급여형(DB형)	확정기여형(DC형)
퇴직급여충당금(부채)으로 적립한 재원으로 지급하는 유형	실제 퇴직 시 지급하는 유형	회사가 확정된 퇴직금을 지급하는 유형	운용책임이 직원에게 있는 유형
퇴직금추계액의 일정률만 비용인정 * 일정률 - 2013년 : 15% - 2014년 : 10% - 2015년 : 5% - 2016년 : 0%	실제 퇴직금 지급 시 100% 비용처리	지급 시 퇴직연금 불입액 100%를 비용처리 (단, 퇴직금추계액 한도 범위 내에서 불입한 경우에 한함)	지급 시 100% 비용처리 (단, 임원은 임원퇴직금 지급규정 한도 범위 내의 금액에 한함)
비용처리기능이 사실상 없어짐. 따라서 실제 퇴직 시 또는 퇴직연금가입으로 이를 보완해야 함.	실제 퇴직 시까지 비용처리를 할 수 없다는 단점이 있음.	퇴직연금은 가입유형과는 별개로 지출금액 전액을 지출된 연도에 비용처리할 수 있음.	

☞ 일반적으로 기업들은 매년 연봉계약을 할 때 책정한 퇴직금을 퇴직연금으로 불입하면 그 책임이 끝나는 DC형을 선호한다.

Consulting | 인사부문이 재무제표에 어떤 영향을 주는지 손익계산서와 재무상태표, 현금흐름표를 중심으로 정리해보자.

손익계산서		재무상태표				현금흐름표	
수익		자산	(인적자원)	부채	퇴직연금 충당금	영업활동	인건비 지출
비용	인건비 교육훈련비					투자활동	–
손익				자본		재무활동	–

* 표 안의 (　)는 인사부문이 간접적으로 영향을 미치고 있는 것을 의미한다.

첫째, 인사부문이 손익계산서상에 영향을 주는 부분은 주로 인건비와 교육훈련비 등과 같은 지출이다.

일반적으로 사람을 채용하는 경우에는 매월의 급여와 퇴직 시 퇴직금, 그리고 각종 복리후생비 등이 들어간다. 따라서 적정한 인원을 유지하는 것은 기업의 경쟁력을 키우는 데 매우 필요하다. 이 외에도 기업 구성원들이 업무에 최선을 다할 수 있도록 근무환경을 조성하는 일도 필요하다.

둘째, 인사부문이 재무상태표에 직접적으로 영향을 주는 부분은 주로 부채란의 퇴직연금충당금 정도가 된다. 퇴직연금충당금은 확정급여형(DB형) 퇴직연금의 일부를 미리 비용으로 계상하고 이를 충당금으로 적립하는 것을 말한다.

셋째, 인사부문이 현금흐름표에 영향을 주는 부분은 주로 영업활동으로 인한 현금흐름이다. 물건을 제조하거나 판매 또는 일반관리를 위해 종사하는 사람들에게 지급되는 인건비는 바로 현금유출을 의미하기 때문에 인건비가 효율적으로 집행되도록 관리하는 것이 매우 중요하다.

실전연습 K기업의 인사 관련 재무자료가 다음과 같다고 할 때 물음에 답하면?

| 자료 |
· 매출액 : 100억 원
· 인건비 : 20억 원
· 복리후생비 : 10억 원
· 부가가치 : 40억 원
· 임직원 수 : 50명
* 부가가치 : '세전순이익+인건비+순금융비용+임차료+조세공과+감가상각비'를 말함.

☞ **물음 1** : 1인당 평균인건비는 얼마인가?
☞ **물음 2** : 1인당 부가가치는 얼마인가?
☞ **물음 3** : 매출액 대비 복리후생비의 비율은 어떻게 되는가?

위의 물음에 순차적으로 답을 찾아보면 다음과 같다.

· **물음 1의 경우**
전체 인건비(20억 원)를 임직원 수(50명)로 나누면 4,000만 원이 된다. 이를 전기의 것과 비교하면 증감원인을 찾을 수 있다.

· **물음 2의 경우**
이 기업의 경영활동 결과 임금이나 지대 등의 부가가치 생산액이 40억 원인 것으로 가정했기 때문에 이를 임직원 수로 나누면 8,000만 원이 된다. 즉 이 기업의 임직원은 1인당 8,000만 원 정도의 부가가치를 생산해냈다고 평가한다. 이 금액이 높을수록 1인당 생산성도 높아질 것이다.

· **물음 3의 경우**
매출액이 100억 원이고 복리후생비가 10억 원이므로 복리후생비율은 10%가 된다. 참고로 인건비 대비해서는 이 비율이 50%로 껑충 뛰게 된다. 뭔가 문제가 있어 보인다. 자료를 좀 더 분석하면 그 이유를 알 수 있을 것이다.

종업원과 임원의 인건비에 대한 세법비교

종업원과 임원에 대한 인건비와 관련된 세법의 규제내용을 비교해보자.

구분	종업원	임원
급여	손금산입	· 출자임원 : 손금산입 · 비출자임원 : 손금산입 · 비상근임원 : 손금산입(부당행위계산부분은 손금불산입) · 노무출자사원(합명, 합자) : 손금불산입 · 신용출자사원(합명, 합자) : 손금산입
상여금	손금산입(단, 이익처분에 의한 상여금과 임원 상여금지급기준 초과분은 손금불산입함.	
퇴직급여	손금산입	· 정관규정 시 : 정관기준상의 한도 내에서 손금산입 · 정관규정 없을 시 : 1년간 총급여(손금불산입된 인건비 제외)×1/10×근속연수(1월 미만은 절사)
복리후생비 등	· 법정 복리비 : 손금산입 · 법인세법 시행령 제45조 제1항 외의 복리후생비 　– 종업원 : 손금산입, 급여로 처리 　– 임원 : 급여지급기준 범위 초과분은 손금불산입, 급여로 처리(법인 46012-281, 1998. 2. 3)	

통합고용세액공제

고용은 매우 중요한 요소이므로, 고용을 늘리는 기업에 아래처럼 최대 3년간 파격적인 세제지원을 해주고 있다. 다만, 2025년부터는 계속 고용 시 400~2,400만 원으로 최대 2년간 지원한다. 자세한 내용은 조세특례제한법 제29조의 8을 참조하기 바란다.

(단위 : 만 원)

구분	공제액			
	중소(3년 지원)		중견 (3년 지원)	대기업 (2년 지원)
	수도권	지방		
청년정규직(34세 이하), 장애인, 60세 이상, 경력단절 여성	1,450	1,550	800	400
위 외 상시근로자	850	950	450	–

| 심층분석 | 임직원들이 알아야 하는 재무제표 경영기법

좋은 기업을 만들기 위해서는 구체적으로 어떤 노력들을 해야 하는지 재무제표 관점에서 점검해보자.

① 손익계산서 측면

첫째, 매출액 부분을 보자.

기업을 평가할 때 가장 중요한 요소 중 하나는 매출이다. 일단 매출이 크면 이익과 현금흐름이 좋아질 가능성이 높기 때문이다. 그런데 현실적으로 매출에 대해 직접적으로 책임지고 있는 부서는 영업부서라고 할 수 있다. 따라서 영업부서는 경영목표상에 잡혀 있는 매출을 달성하기 위해 노력을 아끼지 않아야 한다. 물론 목표 매출을 달성하는 과정에서 판매촉진비 등이 과도하게 투입되는 것은 수익성을 악화시키므로 이를 고려할 필요가 있다. 그리고 영업부문에 종사하지 않는 임직원들도 영업에 관심을 두고 지원을 하는 것이 필요하다.

둘째, 매출원가 부분을 보자.

제조업이든, 서비스업이든 매출액에 대응되는 매출원가가 기업이익에서 차지하는 비중은 절대적이다. 그래서 모든 비용 중에서 이 매출원가를 우선해서 줄이는 것이 매우 중요하다. 매출원가가 매출액에서 차지하는 비중이 작을수록 기업의 이익은 커질 가능성이 높기 때문이다. 생산부의 경우 노동의 질이나 작업방법 등에 따라 생산원가가 달라지므로 생산 공정의 전후에 걸쳐 원가를 절감시킬 수 있는 방법들을 모색해야 한다. 이 외에 제품개발부는 원가를 고려해서 제품개발을 해야 하고, 구매부는 품질이 좋고 가격이 저렴한 자재를 구매할 수 있어야 한다.

셋째, 판매관리비와 영업외비용 부분을 보자.

판매관리비는 판매와 일반관리를 위해 들어간 제반비용을 말한다. 영업외비용은 주된 영업과 관련 없이 발생하는 비용을 말한다. 이러한 비용들

을 통제하는 방법을 알아보자.

일단 인건비의 경우에는 직무분석 등을 통해 적정인원을 유지할 필요가 있다. 이렇게 하면 인건비나 기타 사람과 관련된 비용이 통제가 된다. 이 외에 총무부의 경우에는 회사 자산관리가 부실화되지 않도록 할 필요가 있으며, 인사교육부서는 적정인원과 업무지식 유지를 위해 교육을 충실히 진행할 필요가 있다. 생산이나 영업을 담당하지 않는 경영지원부서는 고유의 업무를 개선시키는 것이 결과적으로 원가를 줄이는 길이 될 것이다. 이 외에 자금조달을 책임지는 자금부서는 자사에 맞는 자금조달방법을 늘 연구해야 할 것이다.

② 재무상태표 측면

기업이 보유한 자원은 눈에 보이는 자산도 있고 보이지 않는 자산도 있다. 좋은 시설과 좋은 인재들이 결합된 회사는 더 많은 이익을 창출할 가능성이 높다. 따라서 보유한 자원은 우량자산이 되도록 관리할 필요가 있다. 여기서 우량한 자산이란 풍부한 현금성 자산, 양질의 재고자산, 최신의 설비 그리고 가장 중요한 자산인 능력 있는 임직원들을 말한다. 이러한 우량자산을 어떻게 보유하는지 재무상태표의 항목을 기준으로 알아보면 다음과 같다.

구분		우량자산을 보유하는 방법
유동자산	당좌자산	언제든지 동원 가능한 현금 및 예금을 보유한다. 또한 영업부 같은 곳에서는 매출채권의 불량화를 방지하는 것이 매우 중요하다.
	재고자산	적정재고를 유지하며, 최적품질을 유지한다. 그런데 재고자산의 문제는 생산부만의 문제는 아니다. 왜냐하면 재고자산의 수량은 영업성과에 좌우되며, 제품의 질은 자재부나 제품개발부 등에 의존하기 때문이다. 따라서 재고자산은 결국 각 부문을 통합하는 능력이 있어야 관리가 될 수 있다.
비유동자산	투자자산	최대한 수익성을 낼 수 있는 자산에 투자한다. 예를 들어 기업의 여유자금으로 주식이나 부동산 투자를 할 수도 있을 것이다.
	유형자산	생산이나 작업효율을 최대한 올릴 수 있는 자산을 구입한다. 진부화가 되지 않도록 자산관리를 한다.
	무형자산	라이센스, 특허권 등 지적재산권을 확보한다. 이 외에도 임직원의 능력을 최대한 발휘시킨다.

③ 현금흐름 측면

현금흐름 경영이 매우 중요한 이슈가 되고 있다. 제아무리 흑자가 난들 현금흐름이 불량해지면 하루아침에 기업이 도산할 수도 있기 때문이다. 그런데 기업이 자금 면에서 문제가 없으려면 영업활동에 의한 현금흐름이 풍부해야 한다.

이를 위해서는 매출채권이나 재고자산 등의 자산이 효율적으로 활용되어야 한다. 불필요한 자산이 묶여 있다면 당연히 현금흐름이 좋지 않게 되기 때문이다. 그리고 무엇보다도 기업들이 불필요한 지출을 하지 않도록 사전에 시스템을 갖추는 것도 중요하다.

| 요약 |

구분		손익계산서	재무상태표	현금흐름표
경영목표		이익을 증대시킨다.	우량한 자원을 보유한다.	현금유입을 촉진한다.
부서	영업부	매출액을 극대화한다. 판매비용을 극소화한다.	매출채권 및 재고관리를 한다.	매출채권을 조기에 회수한다.
	생산부	원가를 줄인다.	양질의 제품을 제조한다.	재고자산회전율을 높인다.
	인사부	적정 인원을 유지하고 양질의 교육훈련을 실시한다.	우수한 직원을 채용한다.	적정 인원을 유지한다.
	총무부	업무를 효율적으로 집행한다.	기업의 자산을 효율적으로 관리한다.	소모성 경비를 줄인다.
	연구개발	연구개발의 실패횟수를 줄인다.	상품성이 뛰어난 제품을 개발한다.	최적의 연구개발을 수행한다.
	경영관리	전체의 손익관리를 한다.	자원을 적재적소에 배치한다.	자금수지에 대해 일일 점검을 한다.
	경리회계	회계처리를 올바르게 수행하고 세무관리 지침을 전파한다.	자금 유·출입에 대한 관리를 한다.	불량채권 등에 대한 감시를 한다.
	경영자	경영개선을 실시한다.	자산과 부채를 통합관리한다.	자금정책에 대해 의사결정을 한다.

PART 03

신용평가 편

이번 '신용평가 편'에서는 기업의 신용평가와 관련된 내용들을 살펴본다. 특히 신용평가 시 재무점수가 상당히 중요한데, 어떤 항목들이 왜 중요한지를 중점적으로 살펴본다. 그리고 각종 지표에 대한 분석을 통해 기업의 문제점을 찾는 연습을 한다. 한편 금융기관 등이 어떤 식으로 신용평가를 하는지 구체적인 사례를 들어 이 부분을 정리한다.

이 편은 회사의 재무를 책임지고 있는 CFO(기업 최고 재무관리자)나 CEO들이 재무제표를 근간으로 하는 각종 의사결정을 합리적으로 할 수 있게 해줄 것이다.

| 핵심주제 |

Chapter 01 재무점수를 높이는 방법(경영분석)

이 장의 핵심주제들은 다음과 같다.

• 자본구조의 안정성을 높이는 방법을 알아본다.
• 수익성 평가가 중요한 이유를 알아본다.
• 활동성이 좋아야 하는 이유를 알아본다.
• 성장성이 좋은 기업이 기회가 많은 이유를 알아본다.

Chapter 02 우리 기업의 신용등급 올리는 방법

이 장의 핵심주제들은 다음과 같다.

• 신용등급을 올리는 방법을 알아본다.
• 개인기업의 신용평가법에 대해 알아본다.
• 법인기업의 신용평가법에 대해 알아본다.

재무점수를
높이는 방법(경영분석)

자본구조의 안정성을 높이는 방법

기업에 대한 신용평가 시 재무점수가 상당히 중요하다. 이 점수가 높아야 신용등급이 높아지기 때문이다. 여기서 신용(信用)이란 채무를 적기에 갚을 수 있는 경제적 능력을 말한다. 지금부터 재무점수를 높이는 방법을 알아보자. 첫 번째 대상은 약방의 감초처럼 등장하는 자본구조의 안정성 평가다.

Case | K기업의 재무상태표가 다음과 같다. 물음에 답하면?

(단위 : 억 원)

구분	상황 1	상황 2	상황 3	상황 4	상황 5
부채	5	10	20	30	50
자본	10	10	10	10	10
총자본	15	20	30	40	60
자기자본비율	66%	50%	33%	25%	16.7%

☞ 물음 1 : 위의 상황 1과 상황 5는 어떠한 처지에 있는가?
☞ 물음 2 : 만일 상황 3에서 자기자본비율은 올리려면 어떻게 해야 하는가?
☞ 물음 3 : 자기자본비율에 대한 판단기준은?

Solution | 위의 물음에 맞춰 답을 찾아보면 다음과 같다.

· **물음 1의 경우**

상황 1은 자기자본으로 부채를 상환할 수 있으므로 자본구조의 안정성이 높다고 할 수 있다. 하지만 상황 5는 이와 반대로 자본구조가 상당히 취약하다고 할 수 있다. 채권자를 보호하는 관점에서 자기자본이 어떤 식으로 되어 있는지를 점검하는 것이 매우 중요하다.

· 물음 2의 경우

자기자본을 늘리는 방법에는 증자를 통해 자본금을 늘리거나 이익을 많이 내 이익잉여금을 늘리는 방법이 있다. 또 부채를 축소하면 자기자본이 늘어나는 효과가 있다. 이 중 가장 좋은 방법은 이익을 많이 내는 것이다. 이익이 늘어나면 자기자본비율이 개선되고 더 나아가 다른 지표들도 개선되어 우량 기업으로 평가받을 수 있다.

· 물음 3의 경우

통상 자기자본비율이 50% 이상이 되면 양호한 자본구조라고 할 수 있다. 최소한 20% 이상은 유지되어야 기업을 유지할 수 있다.

· 자기자본비율 < 20% ⇒ 위험
· 20% ≤ 자기자본비율 < 50% ⇒ 보통
· 50% ≤ 자기자본비율 ⇒ 건전

※ 이 책에서의 재무비율분석은 '이상적인 표준비율'을 사용한다. 업종별 비율분석에 대해서는 뒤에서 정리하고 있다.

돌발 퀴즈!

자기자본비율이 낮으면 경기가 악화되었을 때 어떤 문제가 발생할까?

이자지급이나 차입금 상환에 어려움을 겪는 등 경기변동에 대한 저항력이 약해진다.

Consulting | 재무상태표상에서는 자본구조의 안정성과 지불능력의 안정성 그리고 자산운영의 안정성을 점검할 수 있다.

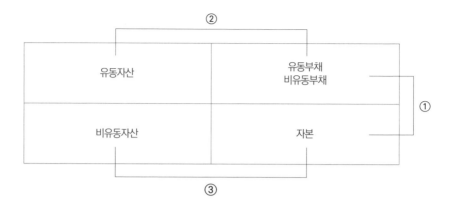

위 그림상의 ①~③이 의미하는 바를 표로 정리하면 다음과 같다.

구분	비율분석	판정기준
① 자본구조의 안정성	·자기자본비율 : (자기자본/총자본)×100 ·부채비율 : (총부채/자기자본)×100	50% 이상 시 양호 100% 이하 시 양호
② 지불능력의 안정성	·유동비율 : (유동자산/유동부채)×100 ·당좌비율 : (당좌자산/유동부채)×100	200% 이상 시 양호 100% 이상 시 양호
③ 자산운용의 안정성	·비유동비율 : (비유동자산/자기자본)×100 ·비유동장기적합률 : [비유동자산/(자기자본 + 비유동부채)]×100	100% 이하 시 양호 100% 이하 시 양호

첫째, 자본구조의 안정성을 평가하는 지표는 자기자본비율과 부채비율이 대표적이다. 이러한 비율분석들은 주로 부채가 개입되는 상황에서 얼마나 자본구조가 견실한가를 나타낸다. 실무적으로 자기자본비율은 50% 이상, 부채비율은 100% 이하가 되면 양호한 자본구조라고 할 수 있다.

둘째, 지불능력의 안정성을 평가하는 지표에는 유동비율과 당좌비율이 있다. 이러한 비율분석은 기업의 단기채무자금능력이 얼마인지를 평가하는 지표가 된다. 통상 유동비율은 200% 이상, 당좌비율은 100% 이상이 되면 지불능력이 안정되어 있다고 할 수 있다.

셋째, 자산운용의 안정성에는 비유동비율과 비유동장기적합률이 있다. 기업의 투자는 자기자본 범위 내에서 하는 것이 안전한데, 이때 이를 측정하는 지표가 바로 비유동비율이다. 통상 이 비율이 100% 이하면 양호하다고 판정한다. 한편 비유동장기적합율은 비유동자산과 장기자본(자기자본과 비유동부채)과의 관계를 분석한 것이다. 이 비율분석은 이런 관점에서 소유한 비유동자산이 어느 정도 장기자본으로 투자되었는가를 보여준다. 일반적으로 100% 이하면 양호하다고 본다.

※ 안정성의 개선작업 요약

☑ 안정성을 개선하기 위해서는 부채를 줄인다. → 자기자본의 안정성 강화
☑ 재고자산을 줄이고 당좌자산을 늘린다. → 지불능력의 안정성 강화
☑ 단기부채는 가급적 장기부채로 전환한다. → 자산운용의 안정성 강화

※ 신용평가와 재무비율분석(경영분석)

신용평가는 기업의 경영상태와 채무상환능력 등을 다양한 방법으로 평가해 이를 등급화해서 미래의 채무상환능력을 평가하는 것을 말한다. 신용평가는 재무적인 것과 비재무적인 것으로 구분해서 점수화한다. 여기서 재무적인 것들은 보통 경영분석 등을 통해 평가하는 것을 말하는데, 각종 비율분석들이 있다.

☞ 이 책에서는 위의 분석지표 중 안정성과 수익성, 활동성, 성장성 분석에 초점을 두어 설명하기로 한다.

실전연습	K기업의 재무상태표가 다음과 같다고 할 때 자본구조의 안정성, 지불능력의 안정성, 자산운용의 안정성을 판단하면?

자산		부채	
유동자산	10억 원	유동부채	5억 원
당좌자산	5억 원	비유동부채	5억 원
재고자산	5억 원	자본	10억 원
비유동자산	10억 원		
자산 계	20억 원	총자본 계	20억 원

앞의 자료를 바탕으로 답을 찾아보면 다음과 같다.

구분	평가항목	사례의 비율	평가기준	평가
자기자본 안정성	자기자본비율	50%	50% 이상	양호
	부채비율	100%	100% 이하	양호
지불능력의 안정성	유동비율	200%	200% 이상	양호
	당좌비율	100%	100% 이상	양호
자산운용의 안정성	비유동비율	100%	100% 이하	양호
	비유동장기적합률	66%	100% 이하	양호

※ 차입금의존도

차입금의존도도 자본구조의 안정성을 평가하는 데 사용된다.

$$\cdot \text{차입금의존도} = \frac{\text{차입금(회사채 + 장단기차입금)}}{\text{총자본}}$$

☞ 차입금의존도가 높은 기업일수록 금융비용이 가중되어 수익성이 저하되고 안정성도 낮아진다. 일반적으로 30%이하가 안정적이다.

Tip

안정성 평가(한국은행 자료)

한국은행에서 발표한 주요 안정성 지표를 열거하면 다음과 같다.

주요 안정성 지표
(단위 : %)

구분	2021	2022	2023
부채비율	120.3	122.3	120.8
차입금의존도	30.2	31.3	31.4

☞ 2023년의 경우 부채비율(122.3%→120.8%)은 하락했으며, 차입금의존도(31.3%→31.4%)는 소폭 상승한 것으로 나타났다.

수익성 평가가 중요한 이유

수익성 평가는 기업이 사업활동을 제대로 하고 있는지를 평가하는 지표에 해당한다. 수익성이 좋다는 것은 그만큼 현금흐름을 창출할 수 있는 능력이 높다는 것을 의미한다. 지금부터 이에 대한 내용들을 점검해보자.

Case | K기업의 손익계산서가 다음과 같다. 물음에 답하면?

(단위 : 억 원)

구분	상황 1	상황 2	상황 3
매출액	100	100	100
매출총이익	50	50	40
영업이익	10	20	30
당기순이익	5	15	25

☞ **물음 1** : 매출액영업이익률이 가장 좋은 상황은?
☞ **물음 2** : 상황 1에서 수익성을 좋게 하기 위한 방법은?
☞ **물음 3** : 수익성에 대한 평가기준은?

Solution | 위의 물음에 맞춰 순차적으로 답을 찾아보면 다음과 같다.

· **물음 1의 경우**
매출액영업이익률이 가장 좋은 상황은 세 번째다. 영업이익을 매출액으로 나누면 30%가 나오기 때문이다.

· **물음 2의 경우**

일단 수익성을 좋게 하기 위해서는 매출을 증가시키거나 비용을 줄이면 된다.

· **물음 3의 경우**

수익성의 경우 비율이 높을수록 좋다. 매출총이익률은 20% 이상, 영업이익률은 10% 이상이 좋다고 한다. 물론 이를 훨씬 초과하면 초과할수록 수익성이 높다고 판단할 수 있다.

Consulting | 수익성은 주로 손익계산서 항목을 통해 다음과 같이 평가된다.

구분	비율분석	평가기준
① 매출액총이익률	(매출총이익/매출액)×100	20% 이상이 바람직(높을수록 좋다)
② 매출액영업이익률	(영업이익/매출액)×100	10% 이상이 바람직(높을수록 좋다)
③ 매출액세전순이익률	(세전순이익/매출액)×100	5% 이상이 바람직
④ 매출액순이익률	(당기순이익/매출액)×100	높을수록 좋다.
⑤ 총자본*세전순이익률	(세전순이익/총자본)×100	높을수록 좋다(6% 이상이 바람직).

* 총자본은 재무상태표상의 부채와 자본을 합한 것을 말한다.

위의 것들 중 ①~③을 점검해보자.

첫째, 매출액총이익률은 매출액에 비해 총이익이 얼마가 되는가를 나타낸 것이다. 이 비율이 높을수록 양호하며 이 비율을 증가시키기 위해서는 매출액을 증가시키거나 매출원가를 줄여야 한다.

둘째, 매출액영업이익률은 매출액에 비해 영업이익이 얼마가 되는가를 나타낸 것이다. 이 비율도 높을수록 양호하며 이 비율을 증가시키기 위해서는 매출액을 증가시키거나 매출원가 또는 판매관리비를 줄여야 한다. 영업이익은 매출총이익에서 판매관리비를 차감해서 계산하기 때문이다.

셋째, 매출액세전순이익률은 매출액에 비해 세전순이익이 얼마가 되는가를 나타낸 것이다. 이 비율도 높을수록 양호하며 이 비율을 증가시키기 위해서는 매출액과 영업외수익을 증가시키거나 매출원가, 판매관리비, 영업외비용을 줄여야 한다. 세전순이익은 영업이익에 영업외수익을 더하고 영업외비용을 차감해 계산하기 때문이다.

※ 수익성 개선작업

☑ 매출은 늘리고 매출원가는 줄인다. → 매출액총이익률의 개선
☑ 판매관리비 및 영업외비용을 줄인다. → 매출액세전순이익률 및 영업
　이익률의 개선

실전연습　K기업의 손익계산서가 다음과 같다고 할 때 매출액총이익률, 영업이익률, 세전순이익률을 계산하면?

구분			금액
매출액			4억 원
매출원가	기초상품재고액	1,000만 원	1억 6,000만 원
	당기매입액	2억 원	
	기말상품재고액	5,000만 원	
매출총이익			2억 4,000만 원
판매관리비			1억 3,000만 원
영업이익			1억 1,000만 원
영업외수익			0
영업외비용			1,000만 원
세전순이익			1억 원

위의 자료에 맞춰 답을 찾아보면 다음과 같다.

구분	실제비율	판단비율	판단
매출액총이익률	60.0%	20% 이상	충족
매출액영업이익률	27.5%	10% 이상	충족
매출액세전순이익률	25.0%	5% 이상	충족

K기업의 수익성은 상당히 양호한 것으로 분석된다.

수익성 지표(한국은행 자료)

한국은행에서 발표한 주요 수익성 지표를 열거하면 다음과 같다.

주요 수익성 지표

(단위 : %)

구분	2021	2022	2023
매출액영업이익률	5.6	4.5	3.5
매출액세전순이익률	6.5	4.6	3.8

☞ 2023년의 경우 매출액영업이익률(4.5%→3.5%) 및 매출액세전순이익률(4.6%→3.8%)이 모두 하락했다.

※ 저자 주

재무비율분석은 기업의 재무상태와 경영성과를 분석하는 전통적인 경영분석방법을 말한다. 그런데 이 분석은 이미 공시된 재무제표를 가지고 분석하는 것이므로 자료를 얻기가 쉽고, 분석에 필요한 전문지식이 없어도 충분히 유용한 정보를 얻을 수 있다는 점에서 장점이 있다. 하지만 신뢰성 있는 분석이 되기 위해서는 무엇보다도 기초자료가 정확해야 한다. 기초자료가 부실한 경우 그 이후의 비율은 아무런 의미가 없다는 점은 한계에 해당한다.

한편 재무비율 그 자체로는 의미를 가질 수 없으므로 비교기준이 필요하다. 실무적으로 다음과 같은 것들이 있는데 분석목적에 맞는 기준을 선택해서 사용하면 된다.

① 산업평균비율	② 과거비율
③ 경쟁기업의 비율	④ 우량기업의 비율
⑤ 이상적인 비율	

참고로 이 책에서는 ⑤의 비율을 가지고 분석했으며 업종별 재무비율은 별도로 제공하고 있다. 만약 더 자세한 내용을 알고 싶다면 한국은행이 발간한 《기업경영분석》 책자를 참고하기 바란다.

이자보상비율의 중요성

이자보상비율은 영업활동에 의해 벌어들인 수익으로 금융비용을 어느 정도 부담할 수 있는지를 점검할 수 있는 수익성 평가의 한 항목으로 다음과 같이 계산한다.

$$\cdot\text{이자보상비율} = \frac{\text{영업이익}}{\text{이자비용}} \times 100$$

따라서 이 비율이 1(100%)이 안 되는 경우에는 영업이익이 발생하더라도 이자를 갚지 못하는 상황을 의미한다. 그 결과 이 기업은 부실기업으로 낙인 찍혀 정상적인 경영활동이 불가능할 수 있으므로 이에 대한 분석을 치밀하게 해서 문제점을 해결하는 것이 좋다.

참고로 위의 이자보상비율은 다음과 같이 매출액영업이익률과 금융비용부담률을 가지고도 따져볼 수 있다.

$$\cdot\underset{\text{(영업이익/이자비용)}}{\text{이자보상비율}} = \underset{\text{(영업이익/매출액)}}{\text{매출액영업이익률}} \div \underset{\text{(이자비용/매출액)}}{\text{금융비용부담률}} \times 100$$

아래는 한국은행이 발표한 이자보상비율에 관한 통계자료다.

· 이자보상비율 추이

(단위 : %)

구분	2021	2022	2023
이자보상비율	487.9	348.6	191.1
매출액영업이익률	5.6	4.5	3.5
금융비용부담률	1.1	1.3	1.8

☞ 2023년의 경우 이자보상비율(348.6%→191.1%)은 매출액영업이익률 하락과 금융비용부담률 상승으로 전년 대비 하락했다.

활동성이 좋아야 현금흐름이 좋다

활동성 평가는 기업의 자산이 얼마나 활발하게 움직이고 있는지를 평가하는 척도다. 일반적으로 이 비율이 높으면 높을수록 기업의 자산이 활발하게 움직이고 있다고 판단한다. 이하에서 이에 대해 알아보자.

Case | K기업의 재무상태표가 상황별로 다음과 같다고 하자. 상황별로 총자본회전율, 재고자산회전율, 매출채권회전율을 계산하고 어떤 상황이 가장 좋은지 평가한다면?

(단위 : 원)

구분	상황 1	상황 2	상황 3
매출액	5억	10억	20억
매출채권	5억	5억	5억
재고자산	10억	10억	10억
총자본	5억	5억	5억

Solution | 위의 물음에 답을 찾아보면 다음과 같다.

STEP1 활동성 비율분석
활동성 비율은 분모를 매출액으로 하고 총자본이나 재고자산 그리고 매출채권 등을 분자로 해서 계산한다.

구분	상황 1	상황 2	상황 3
① 총자본회전율(회)	1회	2회	4회
② 재고자산회전율(회)	0.5회	1회	2회
③ 매출채권회전율(회)	1회	2회	4회

STEP2 활동성 평가

앞에서 자산의 활동성은 3의 상황이 가장 좋다. 자본의 활용도도 양호하고 재고자산 및 매출채권의 회전율도 더 낫다.

☞ 참고로 상황 3이 양호한지는 별도의 평가기준을 참고해야 한다(아래 Consulting 참조).

Consulting | 활동성 평가는 주로 재무상태표상의 자산항목과 손익계산서상의 매출을 연결해서 각종 지표를 분석하는 것을 말한다. 이에는 대표적으로 다음과 같은 방법들이 있다.

구분	비율분석	평가기준
① 총자본회전율(회)	·연간매출액/(평균)총자본	높을수록 좋다.
② 재고자산회전율(회)	·연간매출액(매출원가)/(평균)재고자산	8회전 이상
③ 매출채권회전율(회)	·연간매출액/(평균)매출채권	6회전 이상

첫째, 총자본회전율은 연간 매출액을 총자본으로 나눈 것으로 자본이 매출액을 기준으로 연간 몇 번이나 회전하고 있는가를 측정하는 것을 말한다. 여기서 총자본은 기초와 기말을 더해 2로 나눈 기중 평균총자본을 쓰는 것이 기말자본으로 쓰는 것보다 합리적이다. 회전율이라는 개념은 연중을 기준으로 따지기 때문이다(다른 자산의 회전율도 동일).

만일 이 회전율이 3회가 나왔다면 총자본의 순환이 매출대비 3회 있었다는 것을 의미한다. 따라서 회전율이 높다는 것은 그만큼 자금회전이 잘되어 자본을 효율적으로 사용했다고 할 수 있다.

둘째, 재고자산회전율은 1년 동안에 재고자산의 몇 배나 되는 매출을 올렸는가를 나타낸다. 이 회전율은 현금화속도를 나타내므로 이 회전율이 높을수록 자본수익성도 올라간다고 할 수 있다. 1년에 8회전 이상 회전하면 양호한 것으로 판단한다. 참고로 재고자산이 일반적으로 취득원가로 평가되어 있기 때문에 매출액보다는 매출원가를 이용하는 것이 바람직하다.

셋째, 매출채권회전율은 매출채권이 정상적으로 회전하고 있는가 여부를 판단하는 분석법이다. 기업은 매출이 아주 많고 이익이 많이 나더라도 이를 현금으로 회수하지 못하면 자금이 고이는 현상이 발생한다. 따라서 이 분석은 매출채권의 현금화속도를 따져보는 데 도움이 된다. 통상 연간 6회전 이상 회전하면 양호하다고 판단을 내린다.

※ 활동성 개선작업

☑ 매출액을 증가시킨다. → 총자본회전율의 개선
☑ 과잉재고를 발생시키지 않는다. → 재고자산회전율의 개선
☑ 매출채권회수를 촉진한다. → 매출채권회전율의 개선

실전연습   K기업의 재무상태표가 다음과 같다. 물음에 답하면? 참고로 매출액은 10억 원이다.

유동자산	유동자산 계		
	당좌자산	당좌자산 계	
		현금	
		매출채권	2억 원
	재고자산		4억 원
비유동자산	비유동자산 계		
	투자자산		
	유형자산		
	무형자산		
자산 계			10억 원

☞ **물음 1** : 재고자산회전율과 매출채권회전율은 각각 얼마가 되는가?
☞ **물음 2** : 이러한 회전율을 높이기 위해서는 어떻게 해야 하는가?
☞ **물음 3** : 총자산회전율은 1회가 된다. 자산이 효율적으로 사용되고 있는가?

앞의 물음에 대해 순차적으로 답을 찾아보면 다음과 같다.

· 물음 1의 경우

재고자산회전율	매출채권회전율
2.5회	5회

사례의 경우 재고자산은 2.5회로 판정기준인 8회에 훨씬 못 미친다. 또한 매출채권은 판정기준 6회에 미달해서 역시 이 회전율이 좋지 못하다.

· 물음 2의 경우

일단 재고자산회전율을 올리기 위해서는 매출속도를 빨리 가져가는 전략을 취해야 한다. 따라서 현금매출을 강조하도록 한다. 매출채권회전율을 올리기 위해서는 매출채권을 조기에 회수할 수 있도록 채권회수기간을 단축시키는 등의 조치를 취할 필요가 있다.

· 물음 3의 경우

총자산회전율(매출액/총자산)이 1회에 불과하므로 자산의 효율성이 떨어진다고 볼 수 있다. 따라서 비율을 높이기 위해서는 매출액을 증대시키나 불필요한 자산을 줄여야 할 것이다.

성장성이 좋은 기업이 기회가 많은 이유

성장성 평가는 기업이 전기에 비해 얼마나 성장했느냐를 가늠할 수 있는 지표분석기법을 말한다. 보통 매출액, 유형자산, 총자산을 가지고 평가한다. 일반적으로 성장률이 높은 기업이 좋은 기업이라고 할 수 있다.

Case | K기업의 전기와 당기의 주요 재무내용이다. 물음에 답하면?

구분	전기	당기
매출액	10억 원	15억 원
유형자산	2억 원	1억 원
총자산	5억 원	8억 원

☞ 물음 1 : 매출액은 전기에 비해 얼마나 성장했는가? 그리고 이렇게 매출액이 증가하면 이익도 증가하는가?
☞ 물음 2 : 유형자산이 전기에 비해 오히려 줄어든 이유는 무엇인가?
☞ 물음 3 : 총자산이 전기에 비해 늘어난 이유는?

Solution | 위의 물음에 순차적으로 답을 찾아보면 다음과 같다.

· **물음 1의 경우**
전기에 비해 5억 원만큼 매출액이 증가되었다. 이를 증감율로 따지면 50%가 된다. 이렇게 매출액이 증가되면 이익도 같이 증가될까? 일단 고정비의 증가폭이 크지 않는다면 이익이 날 가능성이 높다. 물론 매출증가율에 비례해서 이익이 증가될지는 별도로 검토해야 한다.

· 물음 2의 경우

우선 매출이 증가해서 이익이 발생했더라도 재투자를 하지 않으면 유형자산은 증가하지 않는다. 그런데 사례처럼 유형자산이 오히려 감소한 경우에는 두 가지 정도의 사유가 발생했을 가능성이 높다.

☑ 유형자산을 처분한 경우 → 유형자산을 처분하면 유형자산이 감소한다.

☑ 감가상각을 시행한 경우 → 유형자산의 기초장부가액에서 감가상각비를 차감하면 기말장부가액이 줄어들게 된다.

· 물음 3의 경우

총자산은 유동자산과 비유동자산을 합한 것을 말한다. 따라서 사례처럼 유형자산은 감소했으나 총자산이 증가한 것은 유형자산 외의 다른 자산의 증가폭이 컸기 때문이다. 구체적으로 매출 증가에 따른 현금이나 채권 유입이 있었다고 추정할 수 있다.

Consulting | 성장성 평가를 위해 자주 동원되는 주요 지표들을 열거하면 다음과 같다. 성장성은 매출액, 총자산 등의 항목을 이용한다.

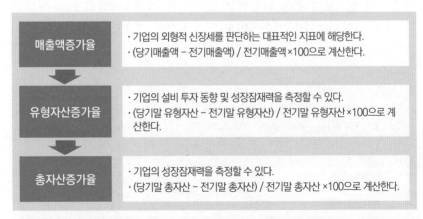

매출액증가율	· 기업의 외형적 신장세를 판단하는 대표적인 지표에 해당한다. · (당기매출액 − 전기매출액) / 전기매출액×100으로 계산한다.
유형자산증가율	· 기업의 설비 투자 동향 및 성장잠재력을 측정할 수 있다. · (당기말 유형자산 − 전기말 유형자산) / 전기말 유형자산×100으로 계산한다.
총자산증가율	· 기업의 성장잠재력을 측정할 수 있다. · (당기말 총자산 − 전기말 총자산) / 전기말 총자산 ×100으로 계산한다.

☞ 성장성 평가는 주로 전기에 비해 얼마나 성장했느냐를 기준으로 하기 때문에 위의 지표 외에도 다양한 지표분석이 가능하다. 예를 들어 전기의 영업이익과 당기의 영업이익을 비교해볼 수도 있다.

성장률에 대한 평가기준은 어떻게 되는가?

일단 전기보다 성장하면 좋다고 할 수 있다. 최근의 추세를 감안하는 것이 좋다.

실전연습

K기업의 전기와 당기의 손익은 다음과 같다. 이 기업의 손익측면에서 성장성을 평가하면?

(단위 : 원)

구분	전기	당기	증감율
매출액	100억	120억	20%
매출원가	50억	60억	20%
매출총이익	50억	60억	20%
판매관리비	30억	35억	16.6%
영업이익	20억	25억	25%
법인세비용	4억	5억	25%
당기순이익	16억	20억	25%

매출액이 전기보다 20% 신장했고 그에 따라 매출총이익도 20% 신장했다. 또한 영업이익과 당기순이익도 25% 신장한 것으로 나타났다.

Tip

국내 기업의 성장률분석(한국은행 자료)

한국은행에서 발표한 주요 성장성 지표를 열거하면 다음과 같다.

(단위 : %)

구 분	2021	2022	2023
매출액증가율	17	15.1	-1.5
총자산증가율	12.7	9.7	6.3

☞ 2023년의 경우 매출액증가율(15.1%→-1.5%)과 총자산증가율(9.7%→6.3%) 모두 하락했다.

주요 경영분석 지표(종합)

앞에서 제시된 경영분석의 내용을 종합하면 다음과 같다. 실무에서 요긴하게 사용하기 바란다.

1. 안정성

구분	비율분석	평가기준
① 자기자본 안정성	자기자본비율 : (자기자본/총자본)×100	50% 이상
	부채비율 : (총부채/자기자본)×100	100% 이하
	차입금의존도 : (차입금*/총자본)×100 * 차입금 : 회사채+장단기차입금	30% 이하
② 지불능력의 안정성	유동비율 : (유동자산/유동부채)×100	200% 이상
	당좌비율 : (당좌자산/유동부채)×100	100% 이상
③ 자산운용의 안정성	비유동비율 : (비유동자산/자기자본)×100	100% 이하
	비유동장기적합률 : [비유동자산/(자기자본 +비유동부채)]×100	100% 이하

2. 수익성

분석목적	비율분석	평가기준
① 매출액총이익률	(매출총이익/매출액)×100	20% 이상이 바람직(높을수록 좋다)
② 매출액영업이익률	(영업이익/매출액)×100	10% 이상이 바람직(높을수록 좋다)
③ 매출액세전순이익률	(세전순이익/매출액)×100	5% 이상이 바람직
④ 매출액순이익률	(당기순이익/매출액)×100	높을수록 좋다.
⑤ 총자본 세전순이익률	(세전순이익/총자본)×100	높을수록 좋다(6% 이상이 바람직).

3. 활동성

구분	비율분석	평가기준
① 총자본회전율(회)	· 연간매출액 / (평균)총자본	높을수록 좋다.
② 재고자산회전율(회)	· 연간매출액(매출원가) / (평균)재고자산	8회전 이상
③ 매출채권회전율(회)	· 연간매출액 / (평균)매출채권	6회전 이상

4. 성장성

구분	비율분석	판정기준
① 매출액증가율	(당기매출액 – 전기매출액) / 전기매출액×100	높을수록 좋다.
② 유형자산증가율	(당기말 유형자산 – 전기말 유형자산) / 전기말 유형자산 ×100	높을수록 좋다.
③ 총자산증가율	(당기말 총자산 – 전기말 총자산) / 전기말 총자산 ×100	높을수록 좋다.

☞ 기타 경영분석에 대해서는 한국은행의 홈페이지를 방문해서 살펴보기 바란다.

주요 업종별 경영분석 지표(한국은행)

주요 업종별로 주요 안정성지표를 살펴보면 다음과 같다. 참고로 기업경영분석
은 당해기업의 특정연도만을 분석하는 것보다는 과거부터 현재까지의 추세가 어
떤지, 그리고 동종업계와 비교해볼 때 어떤 특징이 있는지를 점검하는 것이 좋다.

1. 성장성지표

(단위 : %)

구분	매출액증가율			총자산증가율			유형자산증가율		
	2021	2022	2023	2021	2022	2023	2021	2022	2023
전산업	17.0	15.1	-1.5	12.7	9.7	6.3	7.3	8.7	7.6
제조업	18.1	14.6	-2.3	10.4	7.5	6.9	5.7	7.5	6.2
(식료품)	9.5	14.5	1.6	8.9	9.5	2.2	6.7	6.2	4.9
(코크스·석유정제품)	49.3	66.6	-13.8	20.3	13.4	3.4	0.4	0.8	2.5
(화학물질·제품)	28.1	17.8	-9.0	14.6	7.9	5.2	4.6	9.7	7.2
(고무·플라스틱)	11.5	9.4	-1.4	7.3	8.5	4.0	6.1	8.9	3.9
(1차금속)	36.0	11.9	-4.3	12.0	3.8	4.2	0.7	-0.6	6.0
(전자·영상·통신장비)	20.1	5.0	-14.5	13.9	5.1	10.0	12.7	14.8	7.3
(전기장비)	11.2	11.6	6.8	10.5	13.8	8.8	4.1	7.4	12.2
(기타기계·장비)	13.3	9.6	0.1	2.5	9.4	7.3	0.6	7.9	5.7
(자동차)	11.7	14.9	15.3	4.0	5.6	6.5	1.6	1.5	4.4
(조선·기타운수)	-5.2	12.6	27.2	5.1	13.7	8.6	0.5	2.5	3.0
비제조업	16.2	15.4	-0.9	14.1	11.0	6.0	8.4	9.5	8.6
전기가스업	13.7	47.5	0.1	7.5	17.1	0.9	2.8	3.5	2.2
건설업	6.4	13.7	2.9	10.6	8.3	6.0	10.1	9.7	10.7
서비스업	18.8	13.2	-1.9	15.7	10.8	6.7	10.1	11.3	9.9
(도매·소매)	18.0	12.1	-2.1	12.0	8.8	2.9	8.9	8.7	5.4
(운수·창고)	29.9	25.5	-9.0	11.0	11.1	5.3	5.9	7.6	8.1
(정보통신)	15.0	9.2	4.5	19.9	6.7	4.5	11.9	9.8	5.5
(부동산)	20.2	2.4	-5.6	19.1	13.1	8.6	14.7	15.6	15.2
대기업	15.5	15.5	-4.3	9.0	8.0	5.5	2.7	5.8	5.7
제조업	19.7	15.8	-3.9	9.6	7.2	7.2	3.5	7.0	5.8
비제조업	11.2	15.3	-4.6	8.5	8.7	4.2	2.0	4.8	5.5
중견기업	15.8	14.6	-1.6	13.1	7.1	5.3	5.8	4.7	6.4
중소기업	19.2	14.4	2.8	19.7	12.6	7.8	15.9	13.6	10.8
제조업	14.8	12.1	1.6	12.4	8.4	6.2	10.5	8.6	7.0
비제조업	21.5	15.6	3.4	23.3	14.5	8.6	19.4	16.6	13.0

2. 수익성지표

(단위 : %)

구분	매출액영업이익률			매출액세전순이익률		
	2021	2022	2023	2021	2022	2023
전산업	**5.6**	**4.5**	**3.5**	**6.5**	**4.6**	**3.8**
제조업	**6.8**	**5.7**	**3.3**	**7.7**	**5.9**	**4.8**
(식료품)	3.6	3.1	3.8	3.4	2.4	3.2
(코크스·석유정제품)	5.9	6.5	3.6	6.1	5.5	3.2
(화학물질·제품)	9.1	5.4	3.2	10.2	7.1	3.1
(고무·플라스틱)	3.6	3.1	4.0	4.2	3.4	5.0
(1차금속)	8.7	5.5	4.3	8.7	4.6	3.3
(전자·영상·통신장비)	12.9	9.6	-3.0	14.9	10.2	5.2
(전기장비)	2.3	2.4	2.0	2.5	2.8	2.4
(기타기계·장비)	5.7	6.6	5.9	7.2	7.0	6.6
(자동차)	2.6	3.6	5.5	3.4	4.0	7.6
(조선·기타운수)	-9.4	-4.2	2.8	-9.0	-3.7	2.5
비제조업	**4.6**	**3.6**	**3.7**	**5.5**	**3.5**	**3.0**
전기가스업	-1.6	-11.1	0.7	-2.9	-12.2	-0.1
건설업	4.7	3.9	2.9	5.8	4.3	2.7
서비스업	5.1	5.0	4.1	6.0	4.9	3.4
(도매·소매)	2.7	2.8	2.8	3.3	3.0	2.9
(운수·창고)	7.2	10.0	5.3	5.6	10.0	4.5
(정보통신)	8.3	5.1	4.8	12.8	4.3	3.9
(부동산)	12.5	10.6	8.5	14.2	8.7	2.0
대기업	**7.0**	**5.2**	**3.7**	**8.0**	**5.2**	**4.6**
제조업	8.1	6.4	3.0	9.3	6.7	5.5
비제조업	5.8	3.9	4.4	6.5	3.5	3.8
중견기업	**7.0**	**6.8**	**4.8**	**7.9**	**6.7**	**4.8**
중소기업	**3.5**	**3.5**	**3.2**	**4.4**	**3.7**	**2.6**
제조업	3.9	4.1	3.9	4.3	4.1	3.4
비제조업	3.4	3.2	2.9	4.4	3.4	2.1

3. 안정성지표

(단위 : %)

구분	부채비율			차입금의존도		
	2021	2022	2023	2021	2022	2023
전산업	120.3	122.3	120.8	30.2	31.3	31.4
제조업	78.6	77.0	75.9	22.6	22.1	22.5
(식료품)	106.4	110.4	105.5	33.8	34.8	34.0
(코크스·석유정제품)	121.7	119.8	104.1	26.0	26.6	21.2
(화학물질·제품)	72.2	71.4	74.8	23.0	24.6	27.5
(고무·플라스틱)	97.4	99.5	90.4	31.5	32.4	30.1
(1차금속)	65.0	62.5	59.8	23.3	23.0	22.7
(전자·영상·통신장비)	46.9	44.4	50.1	12.3	11.7	16.4
(전기장비)	107.6	90.7	95.0	24.7	22.4	24.2
(기타기계·장비)	102.1	98.7	93.7	28.3	27.5	26.4
(자동차)	85.0	83.4	74.8	20.3	18.3	15.3
(조선·기타운수)	149.9	174.4	186.9	25.4	21.3	20.8
비제조업	158.2	164.0	163.2	35.0	36.9	37.0
전기가스업	183.6	269.7	280.1	41.7	49.5	51.5
건설업	106.9	112.4	113.5	24.7	26.2	25.9
서비스업	164.0	162.9	161.1	35.5	36.7	36.6
(도매·소매)	127.6	126.9	123.2	26.0	26.7	26.3
(운수·창고)	155.2	136.5	136.7	36.5	35.0	35.1
(정보통신)	87.7	85.8	87.3	20.1	21.0	21.5
(부동산)	284.5	289.9	275.7	48.0	50.1	49.8
대기업	99.3	101.2	101.0	23.9	25.0	25.5
제조업	65.2	64.4	64.3	17.1	16.8	17.7
비제조업	136.2	141.6	143.0	29.0	31.1	31.6
중견기업	96.5	91.2	90.9	23.4	22.9	23.2
중소기업	169.2	171.3	166.9	41.2	42.1	41.7
제조업	121.7	117.4	114.5	35.8	35.2	34.8
비제조업	197.7	203.6	198.0	43.7	45.0	44.6

기업에 투자를 하거나 기타 신용과 관련된 정보를 얻으려면 기관들이 발표하는 공시자료를 우선 참조하는 것이 좋다.

그중 상장기업이나 외감법을 적용받는 기업들의 재무제표를 포함한 공시자료는 '금융감독원 전자공시시스템(http://dart.fss.or.kr/)'에서 아주 상세히 공시하고 있으므로 이 사이트를 활용해 원하는 정보를 얻을 수 있다. 예를 들어 다음과 같은 정보들이 시시각각 공시되고 있다. 물론 과거에 발표된 각종 재무제표도 잘 갖춰 있다(아래는 S전자의 실적자료).

(단위 : 백만 원, %)

구분		당기실적	전기실적	전기대비 증감율(%)	전년동기실적	전년동기대비 증감율(%)
		('14.3Q)	('14.2Q)		('13.3Q)	
매출액	당해실적	47,447,310	52,353,229	−9.37	59,083,499	−19.69
	누계실적	153,475,865	106,028,555	−	169,416,042	−9.41
영업이익	당해실적	4,060,522	7,187,323	−43.50	10,163,594	−60.05
	누계실적	19,736,644	15,676,122	−	28,473,735	−30.68
법인세비용 차감전순이익	당해실적	4,846,871	7,785,106	−37.74	10,239,157	−52.66
	누계실적	22,280,947	17,434,076	−	29,112,422	−23.47
당기순이익	당해실적	4,222,345	6,250,781	−32.45	8,244,736	−48.79
	누계실적	18,047,567	13,825,222	−	23,173,488	−22.12
지배기업 소유주지분 순이익	당해실적	4,135,422	6,176,506	−33.05	8,049,537	−48.63
	누계실적	17,796,608	13,661,186	−	22,601,471	

한편 민간자본에 의해 운영되는 신용평가회사를 통해서도 재무제표와 신용등급 등을 확인할 수 있다. 다만, 모든 기업의 정보가 공개되는 것이 아니라 기업어음(CP)이나 회사채 등을 조달한 기업들의 경우로 한정된다. 이들 기업들은 신용등급에 관한 정보가 매우 중요하기 때문이다.

· 한국기업평가(www.rating.co.kr)
· 한국신용평가(www.kisrating.com)
· NICE신용평가(www.nicerating.com)

우리 기업의 신용등급
올리는 방법

신용등급을 올리는 방법

신용등급이 높은 기업은 기업어음(CP)이나 회사채 등으로 자금을 조달하기 쉽고 정부 관공서가 발주하는 공사 등에 입찰할 수 있는 자격을 누릴 수 있게 된다. 또한 정책자금을 저리로 사용할 수 있는 등의 혜택을 받을 수 있다. 따라서 기업의 입장에서는 늘 견실한 신용등급을 유지하는 것이 관건인 바, 이하에서 이에 대해 알아보자.

Case | K기업의 재무구조가 다음과 같다고 하자. 물음에 답하면?

(단위 : 억 원)

구분	상황 1	상황 2	상황 3
부채	10	10	10
자기자본	20	8	4
부채비율(부채/자기자본)	50%	125%	250%

☞ **물음 1** : 위의 상황 중 자본구조의 안정성이 가장 뛰어난 것은?
☞ **물음 2** : 상황 2와 3은 어떠한 상황인가?
☞ **물음 3** : 상황 3의 경우 어떤 대책(컨설팅)이 필요할까?

Solution | 위의 물음에 순차적으로 답을 찾아보면 다음과 같다.

· **물음 1의 경우**
안정성 측면에서는 부채비율이 가장 낮은 상황 1이 가장 좋다. 일반적으로 부채비율은 100% 이하가 좋은 것으로 평가되는데, 이 평가에 의하더라도 상황 1은 상당히 우량하다고 판단 내릴 수 있다.

· **물음 2의 경우**
상황 2는 부채비율이 100%를 넘었으므로 일단 자본구조의 안정성이 다소 떨어진다고 할 수 있다. 다만, 실무적으로는 부채비율이 200% 이하가 되면 건전한 기업군으로 분류를 하는 경우도 있다. 한편 상황 3은 부채비율이 200%를 넘었으므로 자본구조의 안정성이 매우 취약한 기업으로 분류한다.

· 물음 3의 경우

상황 3은 기업의 존립조차 담보할 수 없으므로 지금 당장 다음과 같은 대책을 강구해야 한다.

☑ 증자를 해서 부채를 상환한다.

☑ 불필요한 자산을 매각해서 부채를 상환한다.

☑ 과다하게 가입된 예금 또는 보험 등으로 부채를 상환한다.

Consulting | 신용등급을 올리기 위한 방법들을 정리하면 다음과 같다.

1. 외감법인의 신용등급 올리기

☑ 재무적 평점관리는 어느 하나의 항목에 대한 관리만으로 좋은 결과물을 얻을 수 있는 사항이 아니고 기업활동 전체와 유기적으로 관련되어 있다.

☑ 손익계산서 항목은 1년 동안 기업활동의 결과물로 일시적으로 관리할 수 없는 항목이 대부분이기 때문에 장기적인 접근이 필요하다.

☑ 재무상태표는 12월 31일 현재 기준(12월 결산법인)으로 작성되기 때문에 12월 31일 현재의 재무상태표의 계정을 잘 관리하면 좋은 결과를 얻을 수 있다. 매출채권, 재고자산, 예금, 가수금, 가지급금, 차입금, 자본금 등 재무상태표 계정은 활동성, 안정성, 현금흐름 항목과 유기적으로 관련되어 동 계정에 대해 관심을 갖고 적극적으로 관리해야 한다.

2. 비외감법인 및 개인사업자의 신용등급 올리기

☑ 비외감법인 및 개인사업자는 재무적인 부분보다 비재무적인 부분의 평가비중이 더 크기 때문에 평소 국세, 지방세, 공과금, 은행 대출금의 체납(연체)이 없도록 잘 관리하고, 가급적 자동이체를 신청해서 납기를 놓치는 일이 없도록 해야 한다.

☑ 현금서비스사용, 카드론 대출 이용 등은 신용등급에 부정적인 영향을

미칠 수 있기에 가급적 이용을 자제하는 것이 좋다.
- ☑ 회사소유 재산 및 대표이사 소유 부동산에 대해 정기적으로 등기부를 열람해서 압류, 가압류 등 권리침해가 발생하지 않았는지 살펴보는 것도 좋은 방법이다.
- ☑ 노사관계, 종업원 이직율 관리 및 구매처, 판매처에 대해서도 관심을 갖고 미흡한 부분에 대해 개선해 나가고, 은행거래 실적도 평소 관심을 갖도록 하자.
- ☑ 평가담당자인 심사역에게 대표이사의 경영철학, 윤리의식, 열정적인 모습을 보여준다면 의외로 좋은 결과를 얻을 수도 있을 것이다.

실전연습　K기업의 현재 재무상태표가 다음과 같다고 하자. 이 기업은 그동안 벌어들인 돈으로 부동산에 투자해서 현재까지 이를 보유하고 있다. 그런데 이자비용도 과중하고 또 부채비율이 160%를 넘어 부채가 많은 기업으로 인식되어 신용등급이 좋지 못한 상황에 있다. 이 기업의 대표이사는 투자부동산을 처분해서 부채 중 일부를 상환하고자 한다. 이 경우 부채비율은 얼마로 떨어질까? 그리고 신용등급은 좋아질까?

자산　　　　80억 원 　투자부동산 20억 원	부채　　　50억 원
	자본　　　30억 원 　자본금 5억 원 　잉여금 25억 원

신용등급은 부채의 상환능력을 보기 때문에 자본구조의 안정성이 불안하면 좋은 점수를 기대할 수가 없다. 부채비율이 높으면 부채상환능력이 떨어지고 그 결과 채무불이행위험이 높아지기 때문이다. 이러한 상황에서는 신용등급을 높이기 위한 조치를 강구할 필요가 있다. 위의 사례로 분석을 해보자.

STEP1　부동산을 처분한 경우
만일 K기업이 부동산을 20억 원에 팔면 다음과 같이 회계처리가 된다.
　(차변) 현금 20억 원　　　(대변) 부동산 20억 원

STEP2 처분대금으로 부채를 상환한 경우

처분대금으로 부채를 상환하면 다음과 같이 별도로 회계처리가 된다.

(차변) 부채 20억 원   (대변) 현금 20억 원

그 결과 앞의 재무상태표는 다음과 같이 변한다.

자산 60억 원 투자부동산 0억 원	부채 30억 원
	자본 30억 원 자본금 5억 원 잉여금 25억 원

STEP3 부채비율의 변화

그렇다면 부채비율은 어떻게 변했을까?

당초의 경우에는 166% 정도 되었으나 부동산 처분 후에는 부채와 자본이 동일하게 변했으므로 부채비율은 100%가 되었다.

☞ 이처럼 신용등급을 올릴 때 부채의 감소가 절실한데, 이를 위해서는 자산 중 불필요한 자산을 정리하는 것이 지름길이 된다(기업구조조정의 일환).

Tip 부채비율의 함정

재무평가 시 약방의 감초처럼 등장하는 부채비율을 좀 더 자세히 분석해보자.

자산	부채 200
	자본 100

이 재무상태표를 기준으로 부채비율을 평가하면 다음과 같다.

$$\cdot\ 부채비율 = \frac{총부채(=\ 유동부채\ +\ 비유동부채)}{자기자본} \times 100 = 200\%$$

부채비율은 장부상에 잡혀 있는 부채와 자본만을 가지고 판단하기 때문에 자칫 오판을 불러일으킬 수 있다. 예를 들어 자산을 담보로 해서 자금을 융통한 다음 이를 장부에 반영하지 않는 상태에서 사용하면 부채에 영향을 주지 않게 된다. 또한 부채성격의 지출을 자본항목에 넣거나 자산의 차감계정 등의 항목으로 처리해도 마찬가지 결과가 나온다. 결국 실무자들은 이러한 상황을 이해하고 장부상의 수치에 너무 얽매어 판단하지 않도록 하자.

개인기업의 신용평가법

개인기업의 신용등급을 올리는 방법을 알아보자. 여기서 개인기업이란 주로 복식부기의무자(연매출액이 업종별로 7,500만 원, 1억 5,000만 원, 3억 원 이상인 사업자를 말함)를 말한다. 이들은 법인처럼 재무제표를 작성하므로 법인과 같은 로직으로 신용평가를 하게 된다.

Case | S은행에서는 개인사업자인 H씨에게 대출을 실행하기 위해 신용평가를 하기로 했다. 다음 재무상태표를 보고 물음에 답하면?

당좌자산 10억 원 부동산 20억 원	부채 10억 원
	자본 20억 원 인출금 20억 원

☞ 물음 1 : 자본란의 인출금은 무엇을 의미할까?
☞ 물음 2 : 만약 당좌자산에 인출금이 있다면 이는 무엇을 의미할까?
☞ 물음 3 : 이 기업의 부채비율은 얼마일까? 그리고 이 비율은 중요한 의미가 있을까?

Solution | 위의 물음에 대해 순차적으로 답을 하면 다음과 같다.

· 물음 1의 경우

개인기업은 법인기업처럼 상법에서 정한 자본금제도가 없다. 따라서 자본란의 인출금은 자산에서 부채를 차감한 잔액을 의미한다. 이를 법인의 관점에서 본다면 주주가 사업을 위해 투자한 돈이라고 할 수 있다. 이러한 자기자금은 부채와 함께 사업용 자산에 투자되고 있음을 보여준다. 사례의 경우에는 부채 10억 원과 자기자금 20억 원 등 총 30억 원의 자금을 조달해서 당좌자산에 10억 원, 부동산에 20억 원에 사용하고 있음을 알 수 있다.

· 물음 2의 경우

인출금이 자산란에 위치한 것으로 보아 기업이 부채 등으로 조달된 자금을 개인적인 용도로 사용하고 있음을 알 수 있다. 예를 들어 다음과 같이 부채가 10억 원인 상황에서 인출금이 1억 원이라면 이 금액을 개인적인 용도로 사용하고 있음을 알 수 있다.

인출금 1억 원 기타　9억 원	부채 10억 원
	자본　　0원

☞ 기중에 발생한 인출금은 연말에 자본계정으로 대체된다. 참고로 부채가 자산을 초과하면 초과인출금이 발생하는데, 이때 세법은 이자비용 중 일부를 비용으로 인정하지 않는다(다음 실전연습 참조).

· 물음 3의 경우

이 기업의 부채비율은 50%다. 따라서 평가기준에 의하면 양호한 것으로 볼 수 있다. 다만, 개인기업은 법인기업과는 달리 재무제표의 신뢰성이 떨어지므로 법인과 같은 정도의 의미를 부여하는 것은 문제가 있다.

Consulting | 개인기업들은 법인기업들이 작성하는 재무제표와 차이가 있다. 이에 대해 요약하면 다음과 같다.

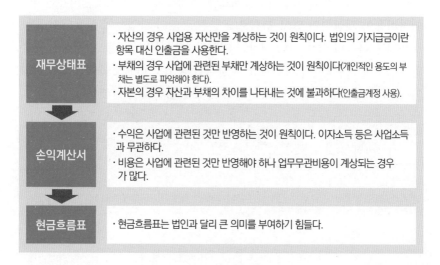

재무상태표
· 자산의 경우 사업용 자산만을 계상하는 것이 원칙이다. 법인의 가지급금이란 항목 대신 인출금을 사용한다.
· 부채의 경우 사업에 관련된 부채만 계상하는 것이 원칙이다(개인적인 용도의 부채는 별도로 파악해야 한다).
· 자본의 경우 자산과 부채의 차이를 나타내는 것에 불과하다(인출금계정 사용).

손익계산서
· 수익은 사업에 관련된 것만 반영하는 것이 원칙이다. 이자소득 등은 사업소득과 무관하다.
· 비용은 사업에 관련된 것만 반영해야 하나 업무무관비용이 계상되는 경우가 많다.

현금흐름표
· 현금흐름표는 법인과 달리 큰 의미를 부여하기 힘들다.

※ 개인사업자의 재무제표 읽기

☑ 재무상태표 → 법인의 재무상태표와 유사하나 자본항목에서 차이가 있다. 개인기업은 상법상 자본금 납입 및 유지 의무가 없다. 따라서 자본항목은 자산과 부채의 차이를 맞추는 것에 불과하다.

☑ 손익계산서 → 법인의 손익계산서와 유사하다. 다만, 영업외수익 중 이자수익은 사업소득과 관련이 없고 이자소득으로 과세된다.

실전연습 한 은행의 심사역인 L씨는 병의원을 운영하고 있는 K원장이 제출한 각종 서류를 검토하고 있다. 그런데 최근 신고한 종합소득세 서류를 보니 이해가 안 되는 항목이 있었다. 손익계산서상에는 분명히 이자비용이 3,000만 원이 잡혀 있었는데 이 중 1,500만 원을 인정받지 못했기 때문이다. 그 이유는 무엇인지 아래 자료를 보고 답을 하면?

| 자료 |

· 초과인출금 적수 : 5억 원
· 차입금적수 : 10억 원

위의 물음에 따라 순차적으로 답을 찾아보자.

STEP1 세법의 규정

세법에서는 개인사업자의 재무상태표에 부채가 있고 그리고 손익계산서에 이자비용이 계상되어 있고 부채로 조달된 금액이 사업용에 사용되지 않는 경우에는 다음의 식에 의해 계산된 이자를 세법상 비용으로 인정하지 않는다. 이는 개인사업자가 차입금을 개인적인 용도로 사용했음에도 불구하고 이에 대한 이자를 사업경비로 처리하는 것을 방지하기 위해서다.

$$\cdot \text{지급이자} \times \frac{\text{초과인출금}^{*1} \text{ 적수}^{*2}}{\text{차입금적수}}$$

[*1] 초과인출금은 당해 과세기간(1.1~12.31)까지의 부채의 합계액에서 사업용 자산가액의 합계액을 차감한 금액을 말한다.
[*2] 적수(積數)란 매일의 평균잔액을 더한 금액을 말한다.

STEP2 세법상 이자분익 계산

앞의 자료에 따라 이자비용 중 경비로 인정받지 못하는 금액을 계산하면 다음과 같다.

$$\cdot \text{지급이자} \times \frac{\text{초과인출금 적수}}{\text{차입금적수}} = 3,000\text{만 원} \times \frac{5\text{억 원}}{10\text{억 원}} = 1,500\text{만 원}$$

※ 개인사업자와 신용평가

개인사업자는 신용평가 목적상 크게 재무제표를 작성하는 복식부기대상 사업자와 비기장사업자로 구분되며, 법인기업에 비해 재무제표에 대한 신뢰도가 낮아 법인과는 다른 신용평가모형을 이용해서 신용등급을 산출한다. 은행에 따라 운영상 차이는 있지만 통상 개인사업자중 소규모사업자인 가계(소매)형 소호 및 중규모 이상인 기업형 소호(예, 매출 10억 원 이상)로 나눠 신용평가시스템을 구분 운영한다.

☑ 가계(소매)형 소호에 대한 신용평가는 재무제표의 신뢰도가 매우 낮다고 판단해서, 국세지방세체납, 대출금연체, 은행거래실적, 업력, 대표자 동업계 경력, 담보, 담보제공 여부와 관계없이 부동산 보유 현황 등 주로 비재무적인 평가만으로 이루어진다.

☑ 기업형 소호는 가계형 소호와는 달리 대부분 복식부기 대상으로 재무제표를 작성하기 때문에 재무와 비재무평가로 구분해서 신용평가시스템을 달리 적용한다. 이들이 신용도를 올리기 위해서는 재무제표 관리는 물론이고, 체납이나 연체 등이 없어야 한다. 또한 카드론이나 현금서비스 등은 가급적 삼가하는 것이 좋다.

법인기업의 신용평가법

개인기업들은 대표자의 신용등급도 매우 중요하다. 그렇다면 법인기업은 어떨까? 지금부터는 법인기업의 신용등급을 올리는 방법을 알아보자. 여기서 법인이라 함은 주로 영리법인기업을 말한다.

Case | S은행에서는 법인인 K기업에 대한 대출을 실행하기 위해 신용평가를 하기로 했다. 다음 재무상태표를 보고 물음에 답하면?

유동자산 100억 원 비유동자산 50억 원	유동부채 50억 원 비유동부채 50억 원
	자본금 10억 원 잉여금 40억 원

☞ **물음 1** : 만일 부채비율이 150%를 초과하면 대출 실행을 보류하려고 한다. K기업은 이에 해당하는가?

☞ **물음 2** : 만일 유동부채 중 대표이사의 가수금이 20억 원이 있다. 이를 자본금으로 돌리면 부채비율이 150%로 떨어질 것인가?

☞ **물음 3** : S은행의 여신을 위한 부채비율 판정기준은 문제가 없는가?

Solution | 위의 물음에 맞춰 답을 찾아보면 다음과 같다.

· **물음 1의 경우**

그렇다. 부채가 100억 원이고 자본이 50억 원이므로 부채비율은 200%가 된다.

· **물음 2의 경우**

가수금을 자본에 전입하면 다음과 같이 재무상태표가 변한다. 즉 부채가

80억 원이 되고 자본이 70억 원이 된다. 따라서 부채비율은 114%가 되어 150% 미만이 된다.

| 유동자산 100억 원
비유동자산 50억 원 | 유동부채 30억 원
비유동부채 50억 원 |
| | 자본금 30억 원
잉여금 40억 원 |

· 물음 3의 경우
S은행이 여신불허기준인 부채비율 150%는 자체적으로 정한 것이므로 왈가왈부할 수는 없지만 기업의 성격에 따라서는 이 비율이 150%를 초과해도 문제가 없는 경우도 있다. 따라서 실무적으로 다른 비율 등도 참조해서 대출 여부를 결정하는 것이 바람직할 것으로 보인다.

Consulting | 은행들이 법인기업에 대해 실시하는 신용평가에서 개별 기업분석은 어떻게 하는지 알아보자. 이때 분석은 기업의 재무제표를 중심으로 평가하는 재무평가와 대표이사의 동업계 경력, 평판, 신용상태, 구매처현황, 판매처현황, 기업의 향후 성장가능성 등을 평가하는 비재무평가로 이루어진다. 실무적인 내용은 각 금융기관 등을 통해 확인하기 바란다.

1. 기업규모에 따른 재무 VS 비재무평가점수의 구성
기업 외형 등에 따라 재무제표의 신뢰도가 다르고 대표이사의 신용 및 자산상태가 기업에 미치는 영향이 다르기 때문에 상장기업, 외부감사대상기업, 비외감기업 등에 따라 재무평가점수 VS 비재무평가점수 구성비율을 달리 운영하기도 한다. 물론 각 은행마다 운영하는 방법은 조금씩 다를 수 있으며, 동일 은행이라 하더라도 경기 사이클 등을 감안해 시기별로 적용방법이 다를 수 있다.

예시)

- 대기업 (재무평점 50% : 비재무평점 50%)
- 외감기업 (재무평점 60% : 비재무평점 40%)
- 비외감기업
  총자산 및 매출액 30억 원이상 (재무평점 40% : 비재무평점 60%)
  총자산 및 매출액 30억 원 미만 (재무평점 35% : 비재무평점 65%)

2. 재무평가

재무상태표, 손익계산서, 현금흐름표, 이익잉여금처분계산서, 제조원가명세서의 내용 및 구성비율 등을 분석해서 주로 안정성, 수익성, 성장성, 활동성, 현금흐름지표, 생산성 항목으로 구분해서 평가한다.

구분	내용
안정성항목	자기자본비율, 유동비율, 당좌비율, 부채비율, 차입금의존도, 단기차입금비율, 현금 및 유가증권비율 등
수익성항목	총자본순이익률, 매출액영업이익률, 매출액세전계속사업이익률, 매출액순이익률, 금융비용 대 매출액비율, 이자보상배율, 자기자본순이익률 등
활동성항목	총자본회전률, 매출채권회전률, 재고자산회전률, 유형자산회전률, 매입채무회전률 등
성장성항목	매출액증가율, 순이익증가율, 총자산증가율, 자기자본증가율 등
현금흐름항목	총(순)현금흐름 대 차입금비율, 총(순)현금흐름 대 부채비율, EBITDA 대 차입금비율, EBITDA 대 부채비율 등
생산성항목	총자본투자효율, 부가가치율 등

3. 비재무평가

- **산업위험** : 회사가 영위하는 업종유망성, 업종별 부도율 등 평가
- **경영위험** : 대표이사 동업계 경력 및 능력, 경영자 지분 및 종업원 이직률, 종업원평균 임금수준, 노사관계 등
- **구매안정성** : 구매가격추세, 구매교섭력, 구매처분산도 등
- **판매효율성** : 판매가격추세, 브랜드 및 업체인지도, 입지요건, 서비스수준
- **거래신뢰도** : 금융거래 실적, 연체이력, 예금거래 평균잔액, 업력, 사업장

및 주택보유 여부, 재무제표 신뢰도, 대출평균잔액 대 수신
평균잔액
· **재무융통성** : 고정비지급여력, 현재 차입금 수준을 고려한 추가 차입여력
· **미래채무상환능력** : 회사가 제출한 추정재무제표를 기초로 미래채무상환
능력을 평가함.

실전연습　　K기업은 이번에 한 관공서에 입찰을 하기 위해 재무제표
를 제출했다. 이 기관은 아래 재무항목에 대해 총 60%의
비중을 주고 다음과 같은 평가기준을 제시했다. K기업의
비재무점수가 80점이라고 할 때 이 기업은 입찰자격이 있
을까? 단, 입찰에 참가하기 위해서는 재무점수와 비재무
점수의 환산점수가 70점은 넘어야 한다.

〈관공서 제시기준〉

구분	100점	50점	30점
안정성 평가 부채비율	100% 이하	200% 이하	200% 초과
수익성 평가 영업이익률	10% 이상	5% 이상	5% 미만
성장성 평가 매출액증가율	5% 이상	3% 이상	3% 미만

〈K기업이 제출한 재무제표〉

· 부채 : 100억 원
· 자기자본 : 120억 원
· 매출 : 500억 원(전기 490억 원)
· 영업이익 : 55억 원

위의 자료에 따라 판단을 내려 보면 다음과 같다.

STEP1 재무점수 계산

재무점수는 다음과 같이 항목별로 평가해서 환산한다. 개별항목의 점수가 230점이고 이를 만점 300점을 기준해서 환산하면 76.6점(230점÷300점)이 나온다.

구분	K기업의 비율	점수	환산점수
안정성 평가 부채비율	83%	100점	
수익성 평가 영업이익률	11%	100점	
성장성 평가 매출액증가율	2%	30점	
계		230점	76.6점

STEP2 재무점수와 비재무점수의 계산

다음으로 앞에서 계산된 재무점수와 자료에서 가정한 비재무점수에 대해 각각 가중치를 곱해 최종 점수를 계산한다.

· 재무점수×60%+비재무점수×40% = 76.6점×60%+80점×40% = 77.96점

STEP3 결론

관공서에서 제시한 입찰기준 점수가 70%이므로 K기업은 이 기준을 통과한 것으로 결론을 내릴 수 있다.

☞ 참고로 위의 평가모형은 임의적인 것으로 절대적인 것이 아니다. 아시다시피 신용평가 모형은 각 기관마다 기준을 달리 사용하고 있기 때문이다.

금융기관 등에 제출할 때 알아두면 좋은 재무제표 모습

은행 등에 제출할 재무상태표와 손익계산서는 다음과 같이 되어 있는 것이 좋을 것으로 보인다.

1. 재무상태표

구분		전기	당기	증감율
자산				
총자본	부채 차입금, 회사채			
	자본			

☑ 자본은 절대 마이너스(-)는 안 되어야 한다. 이렇게 되면 대출실행이 불가능할 것이다.

☑ 전기 또는 전전기의 재무상태표보다 현저하게 나빠지지 않아야 한다.

☑ 당기의 부채비율은 100% 이하가 되는 것이 좋다. 다만, 이 비율을 맞추기가 현실적으로 어렵다고 하더라도 최대 200% 이하가 되어야 한다. 만일 이를 넘긴 경우에는 대출을 받기가 힘들어질 수 있다.

☑ 당기의 차입금의존도는 30% 이하가 좋지만 불가능할 경우 최대 80% 이하가 되도록 해야 한다. 이를 초과한 경우 대출이 불가능할 가능성이 높다.

2. 손익계산서

구분	전기	당기	증감율
매출액			
매출원가			
매출총이익			
판매관리비			
영업이익			
영업외수익			
영업외비용 이자비용			
법인세비용차감전순이익			
당기순이익			

☑ 매출액은 꾸준히 증가하는 것이 좋다.
☑ 영업이익률도 꾸준히 개선되고 있음을 보여주는 것이 좋다.
☑ 최근 2년 또는 3년 연속 당기순이익이 적자가 나오지 않아야 한다.
☑ 이자보상비율이 1미만이 되지 않도록 한다.

3. 현금흐름표

구분	유입	유출
영업활동에 의한 현금흐름		
투자활동에 의한 현금흐름		
재무활동에 의한 현금흐름		

☑ 투자활동에 의한 현금흐름이 마이너스(-)면 투자가 증가했다는 의미다. 투자활동 현금흐름 자체만으로는 큰 의미를 부여하기 어려우나, 통상 영업활동의 현금흐름 범위 내에서 투자가 이루어지는 것이 바람직하다.
☑ 재무활동에 의한 현금흐름은 그 자체만으로는 큰 의미를 부여하기 어렵다. 똑같이 플러스(+)를 보이더라도 증자나 차입이냐에 따라 큰 차이가 있기 때문이다. 만일 (+)를 보인다면 증자, 차입 등을 통해 자금유입이 더 컸음을 의미한다. 만일 투자를 계획하는 경우에는 영업활동에 의한 현금흐름 범위 내에서 자금조달이 이루어지게 하거나, 영업현금흐름보다 투자활동으로 인한 현금흐름이 더 클 경우에는 최소한 재무활동에 의한 현금유입으로 현금부족분을 채울 수 있어야 바람직하다.

☞ 분식의 위험성

여신을 담당하는 은행 등은 기업들이 제출한 재무제표를 있는 그대로 받아들여서는 곤란하다. 여신을 받기 위해 재무제표를 인위적으로 꾸밀 수 있기 때문이다(분식회계의 가능성). 따라서 이러한 대출위험성을 줄이기 위해서는 다양한 분석기법을 연구해서 적용시킬 필요가 있다. 예를 들어 자산계정인 현금이나 예금, 매출채권, 대여금, 재고자산 등이 실제 존재하는지, 부채계정의 가수금이나 기타 차입금이 실제 존재하는지 등을 폭넓게 점검해야 한다. 특히 예금 등은 잔고확인서 등으로 입증되도록 한다. 분식회계에 대한 내용은 앞에서 살펴보았으니 해당 부분을 참고하기 바란다.

PART 04

CFO 편
(기업 최고 재무관리자)

'CFO(Chief Finance Officer, 기업 최고 재무관리자) 편'에서는 기업의 재무를 총괄하고 있는 CFO의 관점에서 재무제표를 활용하는 방법 등을 살펴보고자 한다. 앞에서 살펴본 실무자 편이나 신용평가 편의 재무제표와 관련된 내용은 각각으로 존재할 수 있다. 따라서 이를 통합해서 전체의 시각으로 기업을 바라봐야 기업이 성장 및 유지가 될 수 있다. 또한 CFO들은 실무자들의 눈에 볼 수 없는 무형의 가치를 창출해내야 하고 최고경영자가 최적의 의사결정을 내릴 수 있도록 보좌할 수 있어야 한다. 이 편은 각 기업의 재무관리자는 물론 타 분야에서 승진을 앞두고 있는 임직원, 그리고 기업들을 대상으로 자산관리나 투자를 생각하고 있는 분들이 보면 좋을 정보가 가득히 정리되어 있다.

| 핵심주제 |

Chapter 01 자산·부채·자본 회계 솔루션
이 장의 핵심주제들은 다음과 같다.
• 자산 관련 다양한 회계 솔루션을 살펴본다.
• 장부가격과 공정가치 그리고 청산가치를 알아본다.
• 부실자산 회계정리법을 알아본다.　　　• 부채 관련 회계 솔루션에 대해 알아본다.
• 자본 관련 회계 솔루션에 대해 알아본다.

Chapter 02 기업비용과 재무전략
이 장의 핵심주제들은 다음과 같다.
• 기업의 비용에 대한 재무적인 영향에 대해 알아본다.
• 보험료 등 비용지출전략에 대해 알아본다.　• 감가상각전략에 대해 알아본다.
• 법인세비용 지출전략에 대해 알아본다.　　• 합법적인 이익조절방법에 대해 알아본다.

Chapter 03 현금흐름 극대화전략
이 장의 핵심주제들은 다음과 같다.
• 현금동원능력이 중요한 이유를 알아본다.　• 잉여현금흐름을 분석해본다.
• 운전자본 관리법을 알아본다.

자산·부채·자본 회계 솔루션

자산 관련 회계 솔루션

CFO가 가장 관심을 가져야 할 재무제표는 재무상태표다. 이는 기업가치와 관계가 있기 때문이다. 지금부터 자산과 부채, 자본 등과 관련된 회계솔루션에 대해 순차적으로 알아보자. 이 중 먼저 살펴볼 자산(資産)은 미래현금흐름을 창출할 수 있는 능력을 보여주는 항목에 해당한다.

Case | K기업이 보유한 자산이 다음과 같다고 하자. 그리고 매출액은 10억 원이라고 하자. 물음에 답하면?

구분		금액	내용
유동자산	당좌자산	1억 원	보유현금 1,000만 원, 매출채권 9,000만 원
	재고자산	2억 원	
비유동자산	투자자산	5억 원	채권 2억 원, 부동산 3억 원
	유형자산	1억 원	비품 등
	무형자산	1억 원	연구개발부서의 인건비
자산 계		10억 원	

☞ 물음 1 : 매출채권회전율(매출액/매출채권)은 어떻게 되는가? 그리고 그 의미는?

☞ 물음 2 : 재고자산회전율(매출액/재고자산)은 어떻게 되는가? 그리고 그 의미는?

☞ 물음 3 : 위의 투자자산 중 부동산을 시세로 평가하면 대략 10억 원이 된다. 이를 재무상태표에 반영할 수 있을까?

☞ 물음 4 : 위의 무형자산을 자산이 아닌 비용처리를 하면 재무제표에 어떤 영향을 줄까?

Solution | 앞의 물음에 맞춰 답을 찾아보면 다음과 같다.

· 물음 1의 경우

매출액 10억 원을 매출채권 9,000만 원으로 나누면 매출채권회전율이 11.11회가 나온다. 이는 매출로 인한 현금화속도를 의미하는데, 이 비율이 높을수록 현금화속도가 빠름을 의미한다. 현금화속도가 빠르면 빠를수록 기업의 유동성이 좋아진다.

· 물음 2의 경우

매출액 10억 원을 재고자산 2억 원으로 나누면 재고자산회전율이 5회가 나온다. 이는 재고자산이 당좌자산으로 변화하는 속도를 나타내며 일반적으로 이 비율이 높으면 높을수록 재고관리가 효율적으로 됨을 말해준다. 재고회전이 빠르면 그만큼 매출이 크게 신장한다.

· 물음 3의 경우

자산재평가의 기준*에 따라 장부에 계상할 수 있다(단, 세법은 자산평가차익을 인정하지 않는 것이 원칙이다. 따라서 기업이 재평가를 한 경우에는 세무조정을 실시해야 한다).

* 현재 일반회계기준이나 K-IFRS에서는 유형자산에 한해 재평가를 허용하고 있다. 회계기준원을 방문해서 이와 관련된 내용을 참고하기 바란다.

· 물음 4의 경우

무형자산을 자산이 아닌 비용으로 처리되면 다음과 같은 식으로 재무내용이 바뀐다.

· 자산감소 ▷ 비용증가 ▷ 이익감소 ▷ 세금감소 ▷ 이익잉여금 감소 ▷ 기업가치 감소(주식가치 감소)

Consulting | 자산의 취득과 보유 그리고 소멸과정에서 발생하는 회계상 쟁점들을 정리하면 다음과 같다.

자산의 취득	· 장부에 올리는 자산의 취득가액은 어떻게 산정하는가? · 자본적 지출과 수익적 지출을 구별할 수 있는가? · 유동자산 항목과 비유동자산 항목 그리고 계정과목을 정확히 이해하고 있는가?
자산의 보유	· 자산 보유 중에 발생하는 부실자산(부도어음 등)은 어떻게 처리하는가? · 가지급금 같은 가공자산은 어떻게 처리하는가? · 자산의 사용에 따른 비용산정법(감가상각)을 제대로 이해하고 있는가? · 기말결산 때 금융상품이나 부동산 등은 공정가치로 평가해서 이를 반영해야 하는가?
자산의 소멸	· 자산을 처분해서 발생한 처분손익은 손익계산서에 반영되는가? · 자산을 폐기처분한 경우의 손실분에 대한 세법의 태도를 아는가?

※ 기업자산 실사의 중요성

기업가치를 제고하기 위해서는 자산이 제값을 해야 한다. 그렇다면 자산의 가치는 어떻게 따질까? 이는 자산의 실사와도 관련이 있다.

☑ 현금 → 장부상의 현금잔액과 실제 보유한 현금을 비교해야 한다. ☞ 장부상에 현금이 많이 계상되어 있는 경우에는 허수(虛數)일 가능성이 높다.

☑ 예금·적금 등 → 은행잔고확인서 등으로 확인할 수 있다.

☑ 대여금 → 대표이사 등에 대한 가지급금이 대여금으로 되어 있는 경우가 있다. 이러한 대여금은 비생산적인 자금에 해당한다.

☑ 투자금융상품 → 현재시점에서 받을 수 있는 대금이 얼마인지로 평가를 하면 된다.

☑ 매출채권 → 정상적인 매출채권인 경우에는 해당 채권금액이 되겠지만, 불량채권인 경우에는 회수금액이 0원이 될 것이다.

☑ 재고자산 → 실제 재고를 확인해야 한다.

☞ 참고로 부채의 경우에는 부채확인서 등으로 확인할 수 있다.

K기업의 CFO는 자산과 관련해서 다음과 같은 회계방침을 적용하려고 한다. 이 CFO는 왜 이렇게 하려고 할까?

① 당좌자산 : 대표이사의 가지급금을 대여금으로 계정대체하고자 함.
② 재고자산 : 가급적 기말재고액을 줄이고자 함.
③ 투자자산 : 변액보험의 평가손실금을 장부에 반영하지 않고자 함.
④ 유형자산 : 비품에 대한 감가상각기간을 4년, 상각방법으로 정률법을 선택하고자 함.
⑤ 무형자산 : 제품개발비를 무형자산으로 계상하고자 함.

기업의 재무담당자들은 자사에 유리한 방향으로 회계방침을 정해 이를 처리하곤 한다. 위의 물음에 맞춰 답을 찾아보자.

① 당좌자산 → 가지급금이 있다는 사실을 숨기기 위해 대여금으로 표시하려고 하는 것이다.
② 재고자산 → 기말재고액을 가급적 적게 기록하게 되면 매출원가가 높아진다. 따라서 이익이 줄어들게 된다. 아래를 참조하자.

구분	이익을 과다계상한다. (=매출원가를 줄인다)	이익을 과소계상한다. (=매출원가를 늘린다)
기초재고액	적게 기록	많게 기록
당기매입	적게 기록	많게 기록
기말재고액	많게 기록	적게 기록

돌발 퀴즈!

물가가 상승하는 것을 가정하면 기말재고자산은 선입선출법과 후입선출법 중 어떤 방법으로 평가하는 것이 기말재고액을 크게 하는 방법인가?
물가가 상승하므로 나중에 구입된 원재료나 인건비가 재고자산에 계상되어야 한다. 선입선출법은 먼저 들어온 자산이 먼저 판매된 것으로 가정하기 때문에 나중에 들어온 자산이 기말재고액으로 가게 된다(후입선출법은 반대). 따라서 선입선출법이 맞는 답이 된다.

③ 투자자산 → 변액보험에 대한 투자평가손실은 자산가치를 하락시키는 것인 만큼 이를 재무제표에 반영한 것이 타당하나, 이렇게 되면 경영분석지표가 좋지 않게 변한다. 따라서 기업의 모양새를 좋게 유지하기 위해 평가손실분을 재무제표에 반영하지 않은 것으로 추정한다.

④ 유형자산 → 비품에 대한 감가상각비를 최대한 앞당겨 상각(조기상각)하는 방법을 채택하려고 하고 있다. 이렇게 조기상각을 요하는 상황은 다음과 같다.

· 투자비 회수를 앞당기고 싶을 때
· 진부화가 빨리 진행되는 자산에 해당할 때
· 당기순이익을 축소시키고 싶을 때
· 현재시점의 세금을 줄이고 싶을 때

⑤ 무형자산 → 이러한 정책은 결손이 예상될 때 사용된다. 즉 비용을 자산으로 처리해두면 당기순이익이 늘어나는 효과가 발생한다(이러한 행위도 분식회계에 해당하므로 회계와 세법에서 이에 대한 처리기준을 별도로 마련해두고 있다).

장부가격과 공정가치, 청산가치

기업이 보유하고 있는 자산은 보통 장부상의 금액을 말하지만, 보유한 자산이나 부채 등의 가격이 달라지는 경우가 있다. 이하에서 자산가격과 관련된 내용들을 알아보자.

Case | 어떤 기업의 재무상태표가 다음과 같다고 하자. 참고로 아래의 자본금은 주당 5천원으로 발행되어 주식 수는 20만 주가 된다. 물음에 답하면?

자산	부채 10억 원

투자주식   10억 원
  투자부동산 5억 원
  기타자산   10억 원
	자본금 10억 원
	기타 5억 원

자산 계 25억 원	부채와 자본 계 25억 원

☞ **물음 1** : 이 기업의 장부상 자산가액, 순자산가액은 얼마인가?
☞ **물음 2** : 이 기업의 자산 중 투자주식과 부동산을 공정가격으로 평가하면 각각 20억 원, 10억 원이 된다고 하자. 이 경우 자산가치는 얼마인가?
☞ **물음 3** : 물음 2의 연장선상에서 만일 이 기업이 청산을 한다면 청산가치는 얼마인가?

Solution | 위의 물음에 대한 답을 찾아보면 다음과 같다.

· **물음 1의 경우**
자산에 대한 장부가액은 장부에 계상된 금액인 25억 원이 된다. 순자산가액은 자산에서 부채를 차감한 금액이므로 15억 원이 된다.

· 물음 2의 경우

장부상 가액 25억 원에 투자주식 가치증가분 10억 원(=20억 원-10억 원)과 투자부동산 가치 증가분 5억 원(=10억 원-5억 원)을 더하면 40억 원이 된다.

· 물음 3의 경우

청산가치는 청산 시 시가로 평가한 자산에서 부채를 차감한 가격으로 평가하므로 40억 원에서 10억 원을 차감한 30억 원이 된다.

위의 물음 1과 물음 2를 기준으로 1주당 순자산가치를 계산하면?

· 물음 1의 경우 = 15억 원/20만 주 = 7,500원
· 물음 2의 경우 = 30억 원/20만 주 = 15,000원
  ☞ 현재의 주가가 15,000원보다 낮게 형성되어 있다면 향후 주가는 상승할 가능성이 있다.

Consulting | 기업이 보유하고 있는 자산과 부채는 관점에 따라 다양한 가격이 형성이 된다.

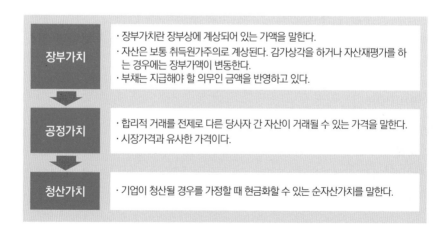

(단위 : 억 원)

구분	상황 1	상황 2	상황 3
① 순장부가치	100	100	100
② 순공정가치	100	150	80
③ 차이(②-①)	-	50	△ 20

☞ **물음 1** : 상황 1은 어떠한 상황인가?

☞ **물음 2** : 상황 2는 장부가치보다 공정가치가 더 크다. 그 금액차이의 성격은 무엇인가?

☞ **물음 3** : 상황 3은 장부가치보다 공정가치가 더 작다. 왜 이러한 현상이 발생했다고 생각하는가?

☞ **물음 4** : 만일 위의 기업을 어떤 기업이 인수할 때 100억 원을 지급했다면 인수한 기업의 재무제표에 미치는 영향은?

위의 물음에 순차적으로 답을 찾아보면 다음과 같다.

· **물음 1의 경우**

순장부가치와 순공정가치가 동일하므로 재무상태표가 공정가치대로 평가되었다고 할 수 있다. 통상 자산재평가를 실시한 경우에 이러한 모양새의 재무상태표를 얻을 수 있다.

· **물음 2의 경우**

장부에 계상된 가액들이 과거에 취득원가로 되어 있는 경우에 발생한다. 오래된 부동산을 보유하고 있는 기업들에게서 많이 볼 수 있는 현상이다. 만일 영업권을 별도로 평가한 경우에도 이러한 현상을 볼 수 있다.

· 물음 3의 경우

보유한 자산 중에 부실자산이 있기 때문일 수도 있다. 예를 들어 회수할 수 없는 채권, 팔릴 수 없는 재고자산, 사용가치가 떨어진 유형자산이 있으면 공정가치가 하락한다.

· 물음 4의 경우

일단 공정가치와 구입금액을 비교하면 다음과 같다.

(단위 : 억 원)

구분	상황 1	상황 2	상황 3
① 순장부가치	100	100	100
② 순공정가치	100	150	80
③ 구입금액	100	100	100
④ 금액차이(②-③)	-	50	△ 20

상황 1의 경우에는 제값을 주고 산 것에 해당하나, 상황 2는 오히려 싸게 산 것에 해당하며 상황 3은 비싸게 산 것에 해당한다. 이러한 내용들을 재무상태표에 반영하면 다음과 같다.

상황 1		상황 2		상황 3	
투자주식 100		투자주식 150		투자주식 80	
계 100		(-)영업권 50		영업권 20	
		계 100		계 100	

상황 2의 경우 공정가치가 150억 원인 주식을 그보다 저렴한 100억 원에 취득한 것이므로 이 둘의 차액인 50억 원은 부의 영업권(염가매수액)으로 표시한다. 상황 3은 공정가치보다 초과해서 지급한 금액 20억 원은 영업권으로 처리한다. 부의 영업권에 대한 회계처리 등에 대한 자세한 사항은 저자 등에게 문의하기 바란다.

주식 투자와 지표분석(EPS 등)

주식(株式)에 투자할 때 당연히 해당 기업의 재무제표를 읽을 수 있어야 한다. 물론 읽어야 할 범위는 따로 정해진 것이 없다. 하지만 최소한 주당 순이익(EPS)과 같은 지표들 정도는 읽을 수 있어야 한다.
이에 대해 다음 사례를 통해 알아보자.

 사례

다음 표는 어떤 기업의 3개연도의 매출액과 영업이익 등의 영업실적과 주가와 관련된 지표들을 나타내고 있다. 이 기업의 EPS(주당순이익, Earnings Per Share), PER(주가수익비율, Price Earnings Ratio), PBR(주가순자산비율, Price Book-value Ratio), ROE(자기자본수익률, Return On Equity)를 계산하면?

· **자료**

구분		20×3년	20×4년	20×5년
항목	단위			
매출액	억 원	10,000	12,000	14,000
영업이익	억 원	200	300	400
순이익	억 원	150	250	300
① EPS	원	2,500	3,000	5,000
② PER	배	5.8	6.6	5.0
③ PBR	배	0.6	0.8	1.0
④ ROE	%	8.4	12.3	14.5

① EPS(주당순이익, Earnings Per Share)

주당순이익은 기업의 당기순이익을 보통주인 유통주식 수로 나눈 것으로 기업의 수익력을 나타내는 주식이다. 쉽게 말하면 한 해 동안 벌어들인 순이익을 주주들이 갖고 있는 주식 수로 나눈 값이다. 이렇게 나눈 결과 그 값이 크다면 1주당 벌어들인 수익이 그만큼 높으므로 수익성이 좋은 기업이라고 할 수 있다.

앞의 예에서는 20×3년 주당 2,500원의 순이익을 벌여 들였고 앞으로도 점점 실적이 좋아질 것으로 예상된다.

② PER(주가수익비율, Price Earnings Ratio)

PER은 기업의 주가를 앞의 주당순이익으로 나눈 비율을 말한다. 이 지표는 주당순이익의 몇 배만큼 주가가 형성되어 있는지를 보여준다. 그래서 이 지표를 다른 기업과 비교해봄으로써 향후 주가가 상승 또는 하락할 가능성을 예측할 수 있다. 위에서 20×3년의 PER가 5.8배라면 주가는 다음과 같이 구해진다.

$$\cdot PER = \frac{주가}{EPS} = \frac{X}{2,500원} = 5.8배$$
(= 순이익/보통주식수)

$X = 14,500원$

이 기업의 주가는 14,500원대를 기록하고 있으며 주가수익비율(PER)이 5.8배에 해당한다. 만일 이 기업이 속한 동종업계 PER의 평균이 8배라면 이 기업의 주식은 낮게 평가되었으므로 향후 주가가 오를 가능성이 있다고 할 수 있다.

③ PBR(주가순자산비율, Price Book-value Ratio)

PBR은 주가를 주당 장부가치(BPS=자기자본/발행주식수)로 나눈 비율을 말한다. 이 비율도 기업의 가치와 주가의 적정성을 평가하는 데 이용된다. 예를 들어 위의 기업의 20×3년 PBR은 0.6배인데 이를 분석해보자. 단, 주당장부가치(주당순자산가액)는 24,000원이라고 하자.

$$\cdot \text{PBR} = \frac{\text{주가}}{\text{주당장부가치}} = \frac{14{,}500원}{24{,}000원} = 0.6$$

PBR은 1을 기준으로 기업 가치나 주가가 과소(1보다 작은 경우) 또는 과대(1보다 큰 경우)되었다고 평가한다. 사례의 경우 향후 주가가 오를 가능성이 있다고 판단된다.

④ ROE(자기자본수익률, Return On Equity)

ROE는 자기자본수익률이라고 하며 기업에 투자된 자본을 사용해 이익을 어느 정도 달성했는지를 나타내는 수익성을 분석하는 지표에 해당한다. 이 지표는 당기순이익을 평균 자기자본으로 나눠 계산한다. 구체적으로 자기자본이 순이익의 20% 이상이면 양호하다고 판단한다.

$$\cdot \text{자기자본이익률(ROE)} = \frac{\text{당기순이익}}{\text{평균 자기자본}} \times 100$$

위 기업의 경우 20×3년의 ROE는 8.4%로 기준인 20%에 미달하므로 자본 활용도가 낮다고 보인다. 만일 이 비율을 끌어올리기 위해서는 이익이 늘어나야 할 것이다.

부실자산 회계정리법

기업이 보유하고 있는 부실자산(不實資産)은 기업의 성장동력을 떨어뜨리게 되므로 이에 대한 관리를 정확히 할 필요가 있다. 이하에서 살펴보자.

Case K기업의 재무상태표 중 자산의 보유형태가 다음과 같다고 하자. 물음에 답하면?

구분		금액	내용
유동자산	당좌자산	10억 원	
	재고자산	20억 원	재고자산 중 10억 원은 재고가치가 없음.
비유동자산	투자자산	10억 원	투자자산 중 5억 원은 투자실패로 회수할 수 없음.
	유형자산	10억 원	유형자산 중 5억 원은 불용자산에 해당함.
	무형자산	0억 원	
자산 계		50억 원	

☞ **물음 1** : 재무상태표에서 부실자산을 제거해야 하는 이유는 무엇인가? 그리고 제거에 따른 재무적인 영향은?

☞ **물음 2** : 재고자산 중 재고가치가 없는 자산은 어떤 식으로 정리해야 하는가?

☞ **물음 3** : 유형자산 중 사용가치가 없는 자산은 어떤 식으로 정리해야 하는가?

Solution 위의 물음에 맞춰 답을 찾아보면 다음과 같다.

· **물음 1의 경우**

부실자산은 재무상태표상의 자산항목이지만 기업의 미래현금흐름 창출에 기여하지 못한다. 따라서 이를 재무상태표에서 제거하는 것이 타당하다. 부실자산 제거에 따른 재무적인 영향은 다음과 같다.

> · 자산제거 ⇨ 손실처리 ⇨ 당기순이익 감소 ⇨ 세금감소 ⇨ 기업가치 감소(잉여금 감소)
> ☞ 단, 세법은 무조건 손실을 인정하지 않으므로 세금이 감소하는지는 별도 검토가 필요하다.

· 물음 2의 경우

가치가 없는 재고자산은 다음과 같이 제거된다.

(차변) 재고평가손실 ×××　　　(대변) 재고자산 ×××

이렇게 자산이 제거되면 손익계산서상의 당기순이익이 축소되고 자산이 감소하게 된다.

· 물음 3의 경우

사용가치가 없는 유형자산은 다음과 같이 제거된다.

(차변) 자산폐기손실 ×××　　　(대변) 유형자산 ×××

이렇게 자산이 제거되면 손익계산서상의 당기순이익이 축소되고 자산이 감소하게 된다.

돌발 퀴즈!

세법은 재고자산평가손실이나 유형자산폐기손실을 무조건 인정하는가?

무조건 인정하면 기업이 자의적으로 세금을 줄일 수 있다. 그래서 세법은 다음과 같은 경우에만 이를 인정하고 있다.

☑ 재고자산으로써 파손·부패 등의 사유로 인해서 정상가격으로 판매할 수 없는 것 → 사업연도 종료일 현재 처분가능한 시가로 평가

☑ 비유동자산으로써 천재·지변·화재 등의 사유로 파손 또는 멸실된 것 → 사업연도종료일 현재 시가로 평가

Consulting | 부실자산의 유형을 자산별로 살펴보면 다음과 같다.

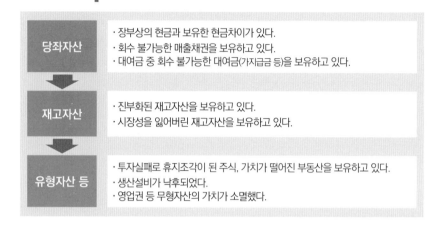

당좌자산	· 장부상의 현금과 보유한 현금차이가 있다. · 회수 불가능한 매출채권을 보유하고 있다. · 대여금 중 회수 불가능한 대여금(가지급금 등)을 보유하고 있다.
재고자산	· 진부화된 재고자산을 보유하고 있다. · 시장성을 잃어버린 재고자산을 보유하고 있다.
유형자산 등	· 투자실패로 휴지조각이 된 주식, 가치가 떨어진 부동산을 보유하고 있다. · 생산설비가 낙후되었다. · 영업권 등 무형자산의 가치가 소멸했다.

※ 부도어음과 세법규정

기업이 보유한 매출채권 중에는 어음이 있다. 그런데 보유한 어음이 부도가 나는 경우가 있다. 그렇게 되면 이 어음을 보유한 기업에게는 손실이 발생하는데, 이에 대해 세법은 다음과 같이 처리하도록 하고 있다.

① 부가가치세

부가가치세법에서는 부도어음 등의 매출채권이 대손 되었을 때 납부할 부가가치세를 줄여주는 대손세액공제를 적용해준다. 대손세액공제는 대손금액의 110분의 10만큼을 매출세액에서 차감한다.

② 법인세

대손금의 요건을 갖춘 부도어음에 대해서는 이를 당해 연도의 비용으로 인정한다.

실전연습 | 위의 K기업의 당좌자산에는 대표이사의 가지급금 5억 원이 포함되어 있다. 이를 없애려면 어떻게 해야 하는지 재무제표의 관점에서 살펴보라.

STEP1 가지급금 제거원리

가지급금을 없애려면 다음과 같이 차변계정에 올 수 있는 대안을 마련해야 한다.

차변	대변
① 자산증가 : 5억 원 ② 부채감소 : 5억 원 ③ 자본감소 : 5억 원 ④ 비용발생 : 5억 원	자산감소(가지급금) : 5억 원

STEP2 가지급금 제거방법

위의 원리에 따라 구체적으로 가지급금을 없애는 방법을 정리하면 다음과 같다.

① 자산을 증가시키는 방법 : 현금입금(대표이사)
② 부채를 감소시키는 방법 : 대표이사 가수금과 상계
③ 자본을 감소시키는 방법 : 자기주식, 배당금과 상계
④ 비용을 발생시키는 방법 : 급여, 상여, 퇴직금과 상계하는 방법

☞ 원래 가지급금(회계용어로는 '대표이사불법행위미수금')이란 거래의 내용이 불분명하거나 거래가 완결되었다고 하더라도 계정과목 등이 확정되지 않을 때 사용하는 임시계정을 말한다. 다만, 추후에 그 내역이 밝혀지면 올바른 계정과목으로 대체시켜야 한다.

회계	세법
결산 때 적절한 계정과목으로 대체한다. (예 : 비용대체, 대여금대체 등)	· 업무무관 가지급금에 대해서는 세법상 인정이자(4.6%) 만큼을 익금으로 보고 소득처분을 한다. · 업무무관자산인 가지급금에 대해서는 지급이자 손금불 산입규정이 추가로 적용된다.

> **Tip** 자산은 없으나 장부에는 자산으로 등재되어 있는 경우
>
> 실제 자산은 없으나 장부상에는 자산이 등재되어 있는 경우가 있다. 이러한 상황은 주로 기업이 현금지출을 했으나 이에 대한 계정과목을 찾기가 힘든 경우 이러한 회계처리를 시도할 수 있다. 가공자산은 실물거래가 없었으므로 세법에서는 관련 자산과 비용을 부인한 세무조정을 하게 된다.

부채 관련 회계 솔루션

부채는 제삼자에게 갚아야 할 채무를 말한다. 통상 부채는 재무상태표의 오른쪽에 위치하며 그 사용대가로 지급되는 이자 등이 손익계산서에 영향을 주게 된다. 이하에서는 부채와 관련된 회계문제를 풀어보도록 하자.

Case | K기업의 재무상태표 중 부채항목을 보자. 물음에 답하면?

자산 　유동자산　10억 원 　비유동자산 20억 원	부채 　유동부채　10억 원 　비유동부채 10억 원
	자본　　　10억 원
자산 계　　30억 원	총자본 계　　30억 원

☞ 물음 1 : 부채비율은 얼마인가? 그리고 이에 대한 평가를 하면?
☞ 물음 2 : 위의 비율을 좋게 하려면 어떻게 해야 하는가?
☞ 물음 3 : 비유동부채인 장기차입금 중 일부는 단기간 내에 갚아야 한다. 해당 부채는 재무상태표상에 어떻게 표시해야 하나?

Solution | 위의 물음에 맞춰 답을 찾아보면 다음과 같다.

· **물음 1의 경우**
부채비율은 부채를 자기자본으로 나누면 200%가 된다. 부채비율은 100% 이하 시 양호하다고 판단하나 사례의 경우에는 200%이므로 불량한 것으로 판단한다.

· 물음 2의 경우

부채비율을 좋게 하려면 부채를 줄이거나 자기자본을 늘려야 한다. 예를 들어 차입금의 일부를 출자로 전환하면 부채비율을 급격하게 내릴 수 있다.

구분	개선 전	부채의 출자전환 ➡	개선 후
① 재무상태표 모습	부채 100억 원 자본 50억 원 계 150억 원	50억 원	부채 50억 원 자본 100억 원 계 150억 원
② 부채비율	200%		50%

· 물음 3의 경우

장기차입금 중 단기간에 갚아야 할 부채는 유동부채에 포함되어야 한다. 실무적으로는 다음과 같이 장기차입금을 '유동성장기부채'로 계정대체한다.

(차변) 장기차입금 ××× (대변) 유동성장기부채 ×××

※ 부채가 많아지는 이유

부채가 많아지는 이유는 매출이 감소하는 데 일차적인 이유가 있다. 또한 투자 실패나 자산관리 실패에 따른 자산의 불용화 그리고 과잉재고·과잉인원 등도 원인이다. 이 외에도 매출채권 회수가 늦은 경우 부채증가로 이어지기 쉽다.

Consulting | 부채와 관련된 회계상 쟁점을 살펴보면 다음과 같다.

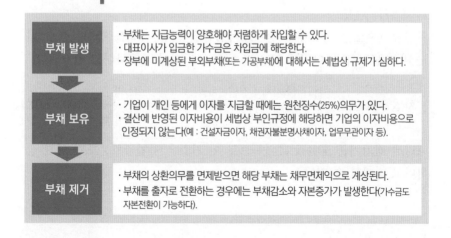

부채 발생
· 부채는 지급능력이 양호해야 저렴하게 차입할 수 있다.
· 대표이사가 입금한 가수금은 차입금에 해당한다.
· 장부에 미계상된 부외부채(또는 가공부채)에 대해서는 세법상 규제가 심하다.

부채 보유
· 기업이 개인 등에게 이자를 지급할 때에는 원천징수(25%)의무가 있다.
· 결산에 반영된 이자비용이 세법상 부인규정에 해당하면 기업의 이자비용으로 인정되지 않는다(예 : 건설자금이자, 채권자불분명사채이자, 업무무관이자 등).

부채 제거
· 부채의 상환의무를 면제받으면 해당 부채는 채무면제익으로 계상된다.
· 부채를 출자로 전환하는 경우에는 부채감소와 자본증가가 발생한다(가수금도 자본전환이 가능하다).

※ 부채 체크리스트

☑ 우리 회사가 갚아야 하는 부채규모는 얼마인가?

☑ 부채상환 스케줄은 어떻게 되는가?

☑ 악성부채는 얼마인가?

☑ 우발부채는 없는가?

☞ 부채항목은 주로 부채규모와 상환기간, 부채의 질을 평가하는 것이 급선무가 된다. 부채규모는 부채가 증가하는 이유와 이를 감당할 능력이 있는지를 점검해야 한다. 또한 부채 중에서 이자율이 높은 부채가 있다면 이를 상환하거나 대체할 수 있는 수단을 찾는 것이 필요하다.

실전연습　　K기업의 재무상태표가 다음과 같다고 하자.

자산		부채	
유동자산　10억 원		유동부채　10억 원	
재고자산　5억 원		비유동부채 10억 원	
비유동자산　20억 원		자본　10억 원	
자산 계　30억 원		총자본 계　30억 원	

이 기업의 차입금의존도와 지불능력은 어떻게 평가되는가? 위의 부채 20억 원에서 15억 원이 차입금에 해당한다.

1. 차입금의존도

차입금의존도는 회사채에 장단기차입금을 더한 금액을 총자본으로 나눈 비율을 말하며, 이 비율이 30% 이하가 되어야 양호하다고 평가된다.

$$\cdot \text{차입금의존도} = \frac{\text{차입금(회사채 + 장단기차입금)}}{\text{총자본}} \times 100 = \frac{15억 원}{30억 원} \times 100 = 50\%$$

따라서 평가기준 30%를 초과하므로 이 기업은 차입금의존도가 약간 심하다고 평가할 수 있다.

2. 지불능력평가

기업의 지불능력평가는 통상 유동비율과 당좌비율을 사용한다.

① 유동비율

$$\cdot\ 유동비율 = \frac{유동자산}{유동부채} \times 100 = \frac{10억\ 원}{10억\ 원} \times 100 = 100\%(평가기준\ 200\%\uparrow)$$

② 당좌비율

$$\cdot\ 당좌비율 = \frac{당좌자산}{유동부채} \times 100 = \frac{유동자산 - 재고자산}{유동부채} \times 100 = \frac{10억\ 원 - 5억\ 원}{10억\ 원} \times 100$$

$$= 50\% \ (평가기준\ 100\%\uparrow)$$

유동비율과 당좌비율 모두 불량한 것으로 평가된다.

※ 지불능력을 향상시키기 위한 방법들

☑ 증자를 통해 자본금을 늘리고 단기차입금을 상환한다.

☑ 비유동자산을 팔아 자금을 회수해서 부채를 줄이거나 당좌자산을 늘린다.

☑ 유동부채를 비유동부채로 돌린다.

☑ 차입금을 자본화한다.

돌발 퀴즈!

위 재무상태표상의 유동부채에는 주주가 입금시킨 가수금이 포함되어 있다. 이 가수금도 부채에 해당할까? 그리고 이에 대해 이자를 지급해야 할까?

해당 가수금은 K기업의 입장에서 갚아야 할 채무에 해당하므로 당연히 부채에 해당한다. 한편 이 가수금도 부채에 해당하므로 이자를 지급하는 것이 원칙이지만, 약정이 없으면 무이자도 가능하다. 기업의 입장에서는 이자비용의 과소계상으로 법인세나 소득세를 더 내게 되므로 세법은 이에 대해 문제를 삼지 않는다.

충당금

충당금(充當金)이란 장래에 발생할 것으로 예상되는 비용이나 손실에 대해서 그 원인이 되는 사실은 이미 발생했다고 보고, 당해 비용 내지는 손실의 전부 또는 일부를 이월 계상한 결과 발생한 대변 항목을 말한다. 이에는 평가성 충당금과 부채성 충당금이 있다.

① **평가성 충당금** : 평가성 충당금은 주로 수익·비용의 적절한 대응을 도모하고 자산을 순실현가능가액으로 평가하기 위한 차감적 평가계정을 말한다. 이에는 대표적으로 대손충당금과 감가상각누계액 등이 있다. 예를 들어 기계장치에 대한 감가상각누계액은 다음과 같이 표시된다.

　　유형자산
　　　기계장치　　×××
　　　(감가상각누계액) ×××

② **부채성 충당금(충당부채)** : 부채성 충당금은 앞으로 지출될 것들이 확실할 것들을 미리 비용처리함으로써 계상한 충당금을 말한다. 이에는 퇴직급여충당금·판매보증충당금·공사손실충당금 등이 있다. 이러한 충당금 중 세법에서 열거되지 아니한 충당금인 판매보증충당금이나 공사손실충당금은 세법상 비용으로 인정되지 않는다.

자본 관련 회계 솔루션

자본은 자산에서 부채를 차감한 잔액, 즉 순자산가액을 말한다. 이 자본은 통상 기업의 운영에 소요되는 자금을 기업의 내부나 외부에서 조달하는 것과 경영활동결과에 의해 기업내부에 축적된 이익잉여금으로 구성된다. 결국 이는 부채와 더불어 자산에 대한 자금조달원이 되는 셈이 된다.

Case | K기업의 재무상태표 중 자본항목을 보자. 물음에 답하면?

자산 　유동자산　100억 원 　비유동자산 200억 원	부채 　유동부채　100억 원 　비유동부채 100억 원
	자본 　자본금　50억 원 　잉여금　50억 원
자산 계　　300억 원	총자본 계　300억 원

☞ **물음 1** : 자기자본비율은 얼마인가? 그리고 이에 대한 평가를 하고 이를 개선하기 위해서는 어떻게 해야 하는가?
☞ **물음 2** : 잉여금을 자본전입하는 것도 가능한가?
☞ **물음 3** : 이 기업의 1주당 순장부가치는 얼마인가?
☞ **물음 4** : 잉여금에 해당하는 자산이 부실화되었다. 이 경우 세무상 어떤 문제점이 있을까?

Solution | 위의 물음에 맞춰 답을 찾아보면 다음과 같다.

· 물음 1의 경우

자기자본비율은 자기자본을 총자본(부채+자본)으로 나눈 비율을 말한다. 자기자본은 100억 원이고 총자본은 300억 원이므로 이 비율은 33.3%라고 할 수 있다. 이 비율은 50% 이상 되는 것이 양호한 것으로 평가되므로 사례의 경우에는 자기자본비율이 다소 불량한 것으로 판단된다. 한편 자기자본비율을 늘리기 위해서는 자기자본을 확충하거나 부채를 감소시키는 전략을 마련해야 한다.

· 물음 2의 경우

가능하다. 잉여금을 자본전입하면 현금은 유입되지 않으나 자본금은 증가한다. 주주들에게는 무상주를 교부한다.

· 물음 3의 경우

장부상 순자산가격이 100억 원이므로 이를 주식수로 나누면 된다. 발행주식이 10만 주라면 1주당 장부가치는 10만 원이 된다.

돌발 퀴즈!

만일 주가가 5만 원에 형성되어 있다면 이 기업의 주식가치는 저평가되었는가? 그렇다고 볼 수 있다. 하지만 그 기업의 내재가치를 따져보아 최종 판단을 내려야 한다.

· 물음 4의 경우

잉여금은 대변항목이다. 따라서 잉여금이 늘어나면 차변항목인 자산이 증가하거나 부채가 감소하게 된다. 그런데 문제는 증가한 잉여금만큼 현금 등이 증가하나 이를 무단인출한 경우에는 가지급금이 발생할 가능성이 높다.

※ 이익잉여금이 많은 경우의 재무상 문제점

☑ 배당압력이 높아진다.
☑ 주식가치의 상승으로 상속세나 증여세가 많아질 수 있다.

Consulting | 재무상태표의 자본항목과 관련된 회계상 쟁점들을 정리하면 다음과 같다.

자본금	· 자본금은 주주들이 불입한 액면가액을 말한다. · 현금으로 불입하는 것이 원칙이나 잉여금을 자본전입할 수도 있다.
자본잉여금	· 주식을 액면가액보다 높게 발행한 경우 발행가액과 액면가액의 차이액을 말한다. · 주식을 할인발행하는 경우에는 자본조정항목으로 관리한다.
이익잉여금	· 이익잉여금은 기업이 벌어들인 이익금을 말한다. 배당이나 투자를 위한 재원으로 사용할 수 있다. · 상법에서는 현금배당 시 자본금의 1/2에 달하기까지 이익배당액의 10%를 적립하도록 하고 있다.

※ 자본항목 체크하기

☑ 자본항목은 어떻게 구성되는가?

☑ 자본금과 배당의 관계는?

☑ 당기순이익은 어떻게 파악하는가?

실전연습 | K기업의 재무상태표가 다음과 같다고 하자. 물음에 답하면?

자산		부채	
유동자산	10억 원	유동부채	10억 원
재고자산	5억 원	가수금	5억 원
비유동자산	20억 원	비유동부채	10억 원
		자본	10억 원
자산 계	30억 원	총자본 계	30억 원

☞ 물음 1 : 현재 이 기업의 부채비율은 얼마인가?

☞ 물음 2 : 만일 가수금을 자본으로 전환하면 부채비율은 어떻게 될까?

☞ 물음 3 : 상법이나 세법은 가수금을 자본으로 전환하는 것을 허용할까?

앞의 물음에 맞춰 답을 찾아보자.

· 물음 1의 경우

부채비율은 다음과 같이 계산한다.

$$\cdot\ 부채비율 = \frac{총부채(= 유동부채 + 비유동부채)}{자기자본} \times 100 = \frac{20억\ 원}{10억\ 원} \times 100$$

$$= 200\%(판정기준\ 100\% \downarrow)$$

· 물음 2의 경우

가수금을 자본으로 전환한 경우의 부채비율은 다음과 같이 계산한다.

$$\cdot\ 부채비율 = \frac{총부채(= 유동부채 + 비유동부채)}{자기자본} \times 100 = \frac{15억\ 원}{15억\ 원} \times 100$$

$$= 100\%(판정기준\ 100\% \downarrow)$$

앞의 경우에 비해 부채비율이 개선되었다.

※ 가수금과 자본전입

대표이사로부터 차입한 가수금(일종의 차입금)을 자본에 전입할 수 있다.

(차변) 차입금 10,000,00   (대변) 자본금 10,000,000

· 물음 3의 경우

상법의 경우 최근 법이 개정되어 이를 허용하고 있다(상법 421조). 한편 세법은 특별히 이에 대해 문제를 삼지 않고 있다.

> **Tip**
> ### 세법상 주식평가법
> 상장주식은 거래소에서 거래된 가격이 있으므로 시가를 확인하는 것은 매우 쉽다. 하지만 비상장기업의 경우에는 거래소에서 거래되는 것이 아니므로 세법에서 정하는 절차에 따라 평가해야 한다. 이에 대해서는 이 책의 자매서인 《중소기업세무 가이드북(실전 편)》을 참조하기 바란다.

자본항목 확대해서 보기

자본항목은 크게 자본금과 자본잉여금, 이익잉여금, 자본조정으로 구분이
된다. 이런 자본항목에 대해서는 다음과 같은 점에 유의할 필요가 있다.

중분류	세분류	세무회계 내용
자본금	보통주 자본금 우선주 자본금	① 회계 : 액면가액으로 장부에 계상되는 것이 원칙이다. ② 세무 : 기업이 부당하게 주식을 발행한 경우 세법상 규제 를 받는다.
자본잉여금	주식발행초과금 감자차익 기타자본잉여금	① 회계 : 자본잉여금으로 분류한다. ② 세무 : 기업의 순자산을 늘리므로 익금에 해당하지만, 자본 거래에 의해 발생한 수익이므로 익금불산입한다.
자본조정	주식발행할인차금 자기주식처분손실 감자차손 주식매입선택권 등	① 회계 : 자본거래에 의해 발생한 자본잉여금 외에 자본에 가 감되는 항목들로 자본잉여금이 아닌 항목들을 말한다. ② 세무 : 기업의 자본적 거래에 의한 것들은 익금 또는 손금불 산입하는 것이 원칙이다.
기타포괄손익 누계액	매도가능증권평가손익	① 회계 : 손익거래에 의해 발생했으나 손익계산서 항목에 갈 수 없는 성질의 항목을 말한다. ② 세무 : 이 항목들은 세법상 익금 및 손금과 관련성이 없다.
	해외사업환산손익 등	
이익잉여금	법정적립금 임의적립금 차기이월이익잉여금	① 회계 : 당기순이익 중 사내에 유보된 잉여금을 말한다. ② 세무 : 세법상 문제점은 없다. 단, 이익잉여금을 원천으로 배 당한 무상주를 가지고 있는 기업들은 배당금을 받은 것으로 보아 과세되는 경우가 있다.

☞ 자본잉여금은 유상증자 등 자본활동으로 생기는 잉여금을 말한다. 이
잉여금은 자본활동으로 생겼기 때문에 배당자원으로 사용할 수 없다.
이익잉여금은 영업활동을 통해 벌어들인 당기순이익을 말한다. 이 금
액은 배당 등으로 처분할 수 있는 재원에 해당한다.

※ 잉여금의 자본전입 등에 의한 무상주 수취의 경우

주식배당은 현금배당이 아닌 주식으로 배당하는 것을 말한다. 이는 자산
을 사외유출하지 않고도 배당욕구를 충족시켜줄 수 있다. 주식배당을 받
은 투자자의 입장에서는 다음과 같이 1주당 취득원가를 수정하게 된다.

$$\cdot \text{1주당 취득원가(수정)} = \frac{\text{기존취득원가}}{\text{기존수량+주식배당수량}}$$

주식배당을 받은 투자자 입장에서는 1주당 취득원가가 하락하는 효과가 있다. 한편 '법인세법'에서는 주식배당하는 경우 이를 실질배당으로 보아 익금산입하도록 하고 있다. 이를 '의제배당'이라고 한다.

구분	내용
① 주식발행초과액, 감자차익의 자본전입	· 원칙 : 익금불산입 · 예외 : 소각 후 2년 내 자본전입하는 자기주식소각 이익 등에 대해서는 익금산입
② 기타자본 잉여금(자기주식처분이익 등)의 자본전입	자본전입 시 익금산입(의제배당)함.
③ 이익준비금 등 이익잉여금의 자본전입	자본전입 시 익금산입(의제배당)함.

Tip

개인기업과 자본항목

개인기업도 재무상태표를 만들기 때문에 자본항목이 있다. 그런데 개인기업은 상법상 자본금제도를 적용하지 않으며, 기업회계기준에서도 별도의 규정을 두고 있지 않다. 이에 따라 개인기업의 자본계정에 표시되는 자본금은 대차를 맞추는 의미 정도만 있다. 참고로 자본계정에 인출금이라는 계정을 사용할 수 있으나, 결산 시 인출금을 자본금에 대체시키는 식으로 실무처리를 한다.

예) 자본계정에 인출금 1억 원이 있는 경우
   (차변) 인출금 1억 원   (대변) 자본금 1억 원

자본변동표는 일정 시점에 기업실체의 자본 크기와 일정 기간 동안 기업실체의 자본 변동에 관한 정보를 나타내는 재무제표다. 주로 자본변동에 대한 정보를 제공한다. 이 표는 납입자본(자본금, 자본잉여금, 자본조정)과 이익잉여금, 기타자본요소(기타포괄손익누계액, 일반적립금)로 나눠 각 항목별로 기초잔액과 당기변동사항, 기말잔액을 체계적으로 보여준다. 우리나라는 2007년 이후부터 자본변동표를 재무제표에 추가했다.

| 구분 | 납입자본 | | | 이익잉여금 | 기타자본요소 | | 합계 |
	자본금	자본잉여금	자본조정		기타포괄손익누계액	일반적립금	
20××(보고금액)	×××	×××	×××	×××	×××	×××	×××
연차배당				(×××)			(××)
처분 후 이익잉여금				×××			×××
유상증자(감자)							
:							
20××(보고금액)	×××	×××	×××	×××	×××	×××	×××

예를 들어 어떤 기업의 20×5년 초 자본금이 10억 원이고 당기순이익이 1억 원이 발생했다고 하자. 그리고 이 중 배당금이 5,000만 원이라면 다음과 같은 자본변동표를 만들 수 있다.

| 구분 | 납입자본 | | | 이익잉여금 | 기타자본요소 | | 합계 |
	자본금	자본잉여금	자본조정		기타포괄손익누계액	일반적립금	
20×5. 1. 1.	10억 원						10억 원
연차배당				(5,000만 원)			(5,000만 원)
유상증자(감자)							
:							
당기순이익				1억 원			1억 원
20×5. 12. 31.	10억 원			5,000만 원			10억 5,000만 원

이 자본변동표를 자세히 보면 기초에 납입자본(자본금, 자본잉여금 등)과 이익잉여금, 기타자본요소가 얼마이고 중간에 어떤 항목이 변동해서 기말에 얼마가 되는지를 알 수 있다.

이렇게 자본항목에 대해 세세한 내용을 파악하도록 하는 것은 주주나 투자자 등에게 유용한 정보를 제공하겠다는 의도가 숨어 있다. 가령 주주는 이 표를 보고 내가 배당받을 수 있는 것이 얼마인지를 알게 된다.

Chapter

02

기업비용과
재무전략

기업비용의 재무적인 영향

기업의 비용은 먼저 손익계산서에 영향을 주고 그 이후 재무상태표 등에 순차적으로 영향을 준다. 이하에서는 주로 기업의 비용과 관련된 재무내용을 살펴보자.

Case | K기업에서 이번에 판매관리비의 항목인 인건비 10억 원을 지출했다. 이 인건비 항목이 손익계산서와 재무제표에 미치는 영향은?

Solution | 기업이 비용을 지출하면 다음과 같이 기본적으로 다섯 군데에 영향을 준다.

손익계산서		재무상태표	
구분	**영향**		
매출액			
-매출원가		**구분**	**영향**
=매출총이익		자산	
-판매관리비		유동자산	☑ 자산유출
급여	☑ 비용발생	비유동자산	
=영업이익		부채	
+영업외수익		유동부채	
-영업외비용		비유동부채	
이자비용		자본	
=법인세비용차감전순이익		자본금	
-법인세비용	☑ 법인세축소	잉여금	☑ 잉여금감소
=당기순이익	☑ 당기순이익 축소		

손익계산서상의 비용이 발생하면서 법인세와 당기순이익이 축소되는 효과가 발생한다. 재무상태표상에서는 현금자산이 유출되고 손익계산서상

당기순이익의 축소에 의해 잉여금이 감소하게 된다.

※ 재무상태표와 손익계산서 관계

재무상태표상 자산은 여러 가지 이유로 소멸하는데, 소멸한 자산은 손익계산서와 일정한 관계를 맺고 있다. 예를 들어 재무상태표에 있는 재고자산이 판매되면 매출원가로 변하게 된다.

Consulting | 비용이 재무제표에 어떤 영향을 주는지 순차적으로 알아보자.

첫째, 비용이 발생하면 다음과 같은 과정을 통해 재무제표에 영향을 준다.

> · 비용 발생 ➪ 손익에 영향(당기순이익 축소) ➪ 재무상태에 영향(자산의 감소, 부채의 증가 등)

둘째, 비용은 수익비용대응의 원칙에 따라 재무제표에 계상되는 것이 원칙이다. 이 원칙은 기간손익을 계산할 때 1회계기간에 발생한 수익과 여기에 대응하는 비용을 비교형량(比較衡量)해서 손익을 계산하는 원칙을 말한다. 여기서 대응방식은 두 가지로 구분한다.

☑ 직접적인 대응 → 매출액과 매출원가의 대응
☑ 기간적인 대응 → 매출액과 판매관리비(인건비, 감가상각비 등)의 대응
 ☞ 영업외수익과 영업외비용은 거의 대응관계가 없다. 한편 영업외비용 가운데 포함되는 단순한 손실은 대응하는 수익이 없지만, 당기에 발생한 것이므로 당기의 수익에 대응시킬 수밖에 없다.

돌발 퀴즈!

광고선전비를 수익비용대응의 원칙에 따라 설명하면?
광고선전비는 직접적인 대응이 아닌 기간적인 대응에 따라 당기의 비용으로 회계처리를 한다.

당기에 사용한 감가상각비를 손익계산서에 미반영했다. 어떤 문제가 있는가?

회계상 재무제표가 왜곡된다. 즉 자산이 과대계상되고 비용이 과소계상된다. 따라서 수익비용대응의 관점에서 보면 회계처리가 잘못되었다고할 수 있다. 하지만 세법은 회사가 이를 장부에 반영하지 않는 경우에도감면을 받지 않는 한 이를 인정하고 있다.

실전연습 K기업은 이번에 프로젝트 수주를 위해 세법상 접대비보다 1억 원을 더 사용했다. 접대비 초과지출이 재무제표에 미치는 영향은?

STEP1 당기순이익을 축소시킨다.

접대비('기업업무추진비'로 명칭 변경됨)는 회계비용이므로 회계상의 이익을축소시킨다. 그렇다면 당기순이익이 축소되었으므로 세금이 축소될 것인가?아니다. 접대비는 규제해야 할 항목이므로 세법에서 한도를 정해 이를 초과한 부분은 세법상 비용으로 인정하지 않는다. 따라서 접대비 한도초과액이 이익을 축소시켰지만, 이를 부인하는 방법으로 과세소득을 증가시켜 세금을 더 거두게 된다.

STEP2 이익잉여금이 축소된다.

회계상 이익이 축소되면 당연히 이익잉여금이 축소된다. 여기서 참고할 것은 이렇게 이익잉여금이 축소되면 배당재원이 줄어든다는 것이다.

☞ 배당금에 대한 세금을 줄이기 위해서는 접대비를 더 지출하는 전략을사용해도 될 것이다. 다만, 한도 초과한 접대비에 대해서는 법인세 등이 부과된다.

STEP3 재무상태표의 자본이 축소된다.

이익잉여금 항목은 재무상태표의 자본항목에 해당하기 때문이다.

☞ 이같은 내용으로 보건대 접대비를 과도하게 사용한 경우에는 법인세가 증가되지만, 이익잉여금을 축소시키므로 배당재원이 줄어드는 효과가 발생한다.

※【참고】세법상 접대비 한도

세법에서 접대비를 규정하고 있는데 이는 해당 한도 내에서만 비용으로 인정되고 그 초과분은 인정이 되지 않는 것을 말한다.

① 중소기업 : 기본한도(연 3,600만 원)+추가한도
② 일반기업 : 기본한도(연 1,200만 원)+추가한도

위에서 추가한도는 수입금액에 따라 다음과 같이 적용한다.

수입금액	추가한도
100억 원 이하	0.3%
100억 원 초과 500억 원 이하	3,000만 원+100억 원을 초과하는 금액의 0.2%
500억 원 초과	1억 1,000만 원+500억 원을 초과하는 금액의 0.03%

회계상의 비용에 대한 세법의 규제

개인이나 법인사업자가 비용을 마음대로 계상하면 과세소득이 줄어들게 된다. 이에 세법(소득세법 또는 법인세법)은 세법에서 정한 내용을 위배하면 회계비용 중 일부나 전부를 인정하지 않는다. 대표적인 것이 업무무관 비용, 한도초과 비용, 과다 경비 등이다. 이 중 업무무관 비용은 가사비용처럼 업무와 관련 없는 비용들은 아예 비용으로 인정하지 않는 것을 말하며, 한도초과 비용은 접대비나 감가상각비, 차량운행비 등에 대해 한도를 정해놓고 이를 초과한 비용은 인정하지 않는 것을 말한다. 한편 과다 경비는 개인사업자나 법인이 세부담을 줄이기 위해 특수관계에 있는 임직원이나 가족, 거래처 등을 대상으로 비용을 과다하게 계상하면 그 초과금액을 비용으로 인정하지 않는 것을 말한다.

보험료 등 비용지출전략

기업이 지출하는 비용은 다양하다. 크게 인건비도 있고 소소한 소모품비용도 있다. 따라서 사전에 예산제도 등을 통해 이를 정해두면 원가절감 등을 도모할 수 있다. 이하에서는 주로 기업이 지출한 비용 중 쟁점이 되는 내용들을 간략하게 짚어 보도록 하자.

Case | K기업에서 다음과 같은 비용이 발생했다. 물음에 답하면?

구분	내용	비고
①	종업원을 위한 보장성보험료를 지출했다.	
②	화재보험료 1년 치를 5월에 지출했다.	
③	연말에 미지급한 비용이 있다.	
④	기계장치에 대한 마모가 있었다.	

☞ 물음 1 : 위 ①의 보험료는 비용인가, 자산인가?
☞ 물음 2 : 위 ②의 보험료는 어떤 식으로 비용처리를 해야 하는가?
☞ 물음 3 : 위 ③처럼 연말에 지급하지 못한 비용은 장부에 반영해야 하는가?
☞ 물음 4 : 위 ④의 기계장치에 대한 마모분은 어떤 식으로 비용처리를 해야 하는가?

Solution | 위의 물음에 맞춰 답을 찾아보면 다음과 같다.

· **물음 1의 경우**
종업원을 위한 보장성보험료는 다음과 같이 처리된다.
☑ 소멸성인 경우 → 전액 비용처리
☑ 일부 환급성인 경우 → 환급상당액은 자산처리

· 물음 2의 경우

현재 재무제표는 사업연도 기간(통상 1년)의 실적을 기준으로 작성된다. 따라서 K기업의 1사업연도가 1. 1~12. 31이라면 5월부터 12월까지의 보험료만 비용으로 계상하고 나머지는 자산에 계상해야 한다.

– 선급보험료 지출 시

(차변) 선급보험료 ×××   (대변) 현금 ×××

– 기말 결산 시

(차변) 보험료(비용) ×××   (대변) 선급보험료 ×××

· 물음 3의 경우

현행 회계는 발생주의에 따라 회계처리를 하므로 사업연도 중에 발생한 비용에 대해서는 다음과 같이 처리해야 한다.

(차변) 보험료(비용) ×××   (대변) 미지급비용 ×××

· 물음 4의 경우

기계장치가 경영활동 과정에서 사용된 것에 해당하므로 이를 측정해 당기의 비용으로 처리해야 한다. 다만, 실무적으로 이러한 비용을 객관적으로 측정하는 것이 불가능하므로 미리 감가상각기간과 감가상각방법을 정해두고 기업의 실정에 맞게 처리하도록 하고 있다.

예) 비품(내용연수가 5년인 경우)에 대한 상각방법
☑ 가속상각이 필요한 경우 → 감가상각기간 4년 적용, 정률법 선택
☑ 최대한 균등상각이 필요한 경우 → 감가상각기간 6년 적용, 정액법 선택

☞ 세법에서는 비품에 대한 감가상각기간을 4년~6년 사이에서 선택할 수 있도록 하고 있다.

Consulting | 비용의 발생형태에 따른 회계상 쟁점문제를 살펴보면 다음과 같다.

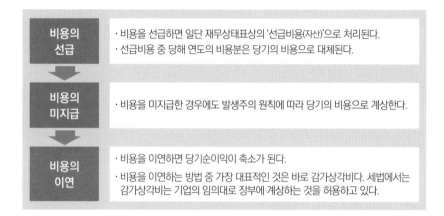

비용의 선급	· 비용을 선급하면 일단 재무상태표상의 '선급비용(자산)'으로 처리된다. · 선급비용 중 당해 연도의 비용분은 당기의 비용으로 대체된다.
비용의 미지급	· 비용을 미지급한 경우에도 발생주의 원칙에 따라 당기의 비용으로 계상한다.
비용의 이연	· 비용을 이연하면 당기순이익이 축소가 된다. · 비용을 이연하는 방법 중 가장 대표적인 것은 바로 감가상각비다. 세법에서는 감가상각비는 기업의 임의대로 장부에 계상하는 것을 허용하고 있다.

실전연습 K기업은 최근 저축성보험에 가입했다. 그런데 가입한 연도의 결산 중 평가액이 손실이 나오는 것으로 나타났다. 이러한 내용을 손익계산서 및 재무상태표 그리고 세금측면에서 검토하면?

> **| 자료 |**
> ① 1년간 총보험료 6,000만 원(소멸성 보험료 500만 원 포함)
> ② 결산 시 평가한 금액 5,000만 원(납입원금 6,000만 원)

보험이 재무제표에 어떤 영향을 주는지 손익계산서와 재무상태표 등을 중심으로 정리해보자.

① 불입시점

손익계산서

수익	
비용	500만 원
손익	△500만 원

재무상태표

자산	5,500만 원	부채	
		자본	

세금

소득세	감소
법인세	

저축성보험료 중 소멸성 보험료는 손익계산서상의 비용으로, 그리고 저축성 보험료는 재무상태표의 자산항목으로 기록된다. 소멸성 보험료는 비용이므로 세금을 감소시킨다.

② 결산시점

장부상 보험가액은 5,500만 원이나 결산 시 평가한 금액이 5,000만 원이므로 500만 원은 평가손실이 된다.

손익계산서		재무상태표			세금	
수익	자산	5,000만 원	부채		소득세	영향 없음.
비용			자본	△500만 원*	법인세	
손익						

* 평가차손은 자본조정 항목인 '기타포괄손익누계액'으로 처리한다.

결산시점의 평가손실 500만 원은 자본의 차감항목인 기타포괄손익누계액으로 처리를 한다.

☞ 중소기업의 경우에는 굳이 위와 같이 평가를 하지 않아도 된다. 세법에서는 평가차손익을 인정하지 않기 때문에 세법에 따라 처리하면 족하기 때문이다.

> **Tip**
> ## 비용지출 시 주의해야 할 것들
> ☑ 사적인 것과 공적인 것은 구분하자.
> ☑ 지출 시에는 반드시 지급근거를 남겨둬야 한다.
> ☑ 임원들에게 지급되는 것들은 과다지급 및 부당행위가 되지 않도록 한다.
> ☑ 가공경비에 주의하자.
> ☑ 경비는 어떻게 처리되느냐에 따라 재무제표에 반영되는 내용들이 달라진다.
> ☑ 회계상의 비용은 모두 당기순이익을 축소시키는 성질을 가진다.

감가상각전략

감가상각제도는 유형자산이 많은 기업에게 매우 중요한 제도임에 틀림없다. 감가상각비로 손익을 조절할 수도 있거니와 더 나아가 세금도 조절할수 있기 때문이다. 따라서 이러한 이유로 인해 현행 세법에서는 감가상각비에 대한 규제를 다른 항목보다 심하게 하고 있다.

Case | K기업의 재무상태표가 다음과 같다고 하자. 물음에 답하면?

자산		부채	
유동자산	100억 원	유동부채	100억 원
재고자산	20억 원	비유동부채	100억 원
비유동자산	200억 원		
투자부동산	50억 원	자본	
유형자산	20억 원	자본금	50억 원
		잉여금	50억 원
자산 계	300억 원	총자본 계	300억 원

☞ **물음 1** : 위 자산 중에서 감가상각을 해야 될 자산은 어떤 것들인가?
☞ **물음 2** : 유형자산에 대한 감가상각비를 올해 계상하지 않아도 문제는 없는가?
☞ **물음 3** : 유형자산에 포함된 기계장치에 대한 수선비가 1억 원이 발생했다. 이 지출금액은 자산인가, 비용인가?

Solution | 위의 물음에 맞춰 답을 찾아보면 다음과 같다.

· **물음 1의 경우**

일단 손익계산서상에 감가상각비를 올릴 수 있는 자산은 경영목적에 사용하고 있는 유형자산이다. 다른 재고자산과 투자부동산은 감가상각비를 계상할 수 없다. 만일 이러한 자산들의 가치가 마모된 경우라면 재고자산 평가손실 등으로 계상해야 한다.

· **물음 2의 경우**
회계상으로는 계상하는 것이 맞다. 하지만 세법에서는 감가상각비에 대해 임의계상제도를 운영하고 있으므로 계상하지 않아도 큰 문제는 없다(단, 조세감면을 받을 경우에는 계상하는 것이 원칙).

· **물음 3의 경우**
수선비 1억 원이 기계장치의 자본적 지출에 해당하면 자산으로 처리하고, 그렇지 않으면 수익적 지출(비용)로 처리해야 한다.

Consulting | 감가상각비 처리에 대한 회계와 세법을 비교하면 다음과 같다. 일단 내용연수와 감가상각방법을 보면 두 기준이 큰 차이를 보이고 있다. 기업회계기준은 주로 정보의 유용성측면에서 세법은 과세목적측면에서 접근하다 보니 이런 현상이 발생하고 있다.

구분	기업회계기준	세법
내용연수	당해 자산의 성격과 업종을 고려해서 합리적으로 정함.	건축물 등의 자산과 업종별 자산으로 구분해서 상세히 정하고 있음.
감가상각방법	정액법, 정률법, 연수합계법, 생산량비례법 등을 매기 계속 적용함.	세법에서 구체적으로 정하고 있음. 건축물(정액법), 기타 유형자산(정액법과 정률법 중 택일)

※ 세법상 감가상각제도의 특징
☑ 비품 등에 대한 감가상각은 4~6년간 정률법 또는 정액법으로 상각할 수 있다.
☑ 조기상각을 원하면 4년, 정률법을 선택할 수 있다. 다만, 이 방법을 선택하면 개업초기의 이익률이 하락하게 된다.

☑ 이익을 평준화시키고 싶다면 5년, 정액법을 사용한다.

☑ 감가상각방법은 처음 법인세 신고 때에 관할세무서에 신고가 되어야 한다.

☑ 기본적으로 회사가 장부에 감가상각비를 반영해야 한다. → 따라서 장부에 반영하지 않으면 세법상 비용으로 인정을 받지 못한다.

☑ 감가상각비 한도를 초과한 부분은 손금으로 인정하지 않는다. → 세법상 한도를 벗어난 경우에는 문제가 되지만, 세법상 한도에 미달하는 경우에는 문제가 되지 않는다.

실전연습 개인으로 운영되고 있는 K기업은 비품을 100만 원 주고 샀다. 내용연수가 4년이라고 할 때 정액법과 정률법에 의한 감가상각비를 구하고 세금효과를 구하라(한계세율은 38.5%, 정률법에 의한 상각률은 52.8%라고 가정).

위의 내용에 따라 답을 해보면 다음과 같다.

(단위 : 원)

구분	정액법(①)	정률법(②)	차이(③=①-②)	절세효과(=③×38.5%)
1차연도	250,000	528,000	-278,000	-107,030
2차연도	250,000	249,216	784	+302
3차연도	250,000	117,630	132,370	+50,962
4차연도	250,000	105,154	144,846	+55,766
계	1,000,000	1,000,000	-	-

위 사례에서 화폐의 시간가치를 무시하면 양자의 절세효과는 같다. 다만, 절세효과는 사업초기에는 정률법이 크고, 후기에는 정액법이 크다는 것을 알 수 있다. 따라서 초기에 절세하고 싶은 경우에는 정률법을 선택하면 된다. 다만, 사업연도 초기에 결손이 예상되면 정률법보다 정액법이 재무제표를 견고히 할 수 있다. 즉 결손이란 매출보다 비용이 큰 경우를 말하므로 결손의 크기를 줄이기 위해서는 정액법을 사용하면 된다는 뜻이다. 하지만 결손금은 15년(2021년 전에 발생한 결손금은 10년)간 이월공제가 되므로 결손만을 고려한다면 정률법과 정액법 중 어떤 방법을 선택할 것인가는 실익이 없다.

감가상각의 모든 것(체크리스트)

감가상각비는 각 기업이 결산 때 임의적으로 처리할 수 있으므로 손익을
조절할 가능성이 있다. 또한 감가상각비 처리와 관련해서 특수한 문제들
을 해결해야 하는 경우도 많다. 그래서 세법은 감가상각비에 대해서는 다
른 규정과는 달리 아주 복잡한 규정을 두고 있다. 대략적으로 다음과 같
은 규정들을 이해해야 감가상각비를 놓치지 않을 것이다.

이슈	체크 리스트
감가상각기간은 적법하게 정했는가?	세법에서는 '자산종류별'·'업종별'로 기준연수를 정하고 있다. 그리고 실제 감가상각을 할 때에는 이 기준내용연수의 25%를 가감할 수 있도록 하고 있다. 이를 내용연수범위라 한다. 만일 신고를 하지 않았다면 기준내용연수를 그대로 사용해야 한다.
감가상각기간은 변경가능한가?	내용연수는 기준내용연수의 50%를 가감한 범위 내에서 관할 지방국세청장의 승인을 얻으면 변경가능하다. 다만, 다음과 같은 조건을 충족해야 한다. · 사업장이 위치한 지리적·환경적 특성으로 자산의 부식·마모 및 훼손의 정도가 현저한 경우 · 영업개시 후 3년이 경과한 법인으로서 당해 사업연도의 생산설비의 가동률이 직전 3개 사업연도의 평균가동률보다 현저히 증가한 경우 · 새로운 생산기술 및 신제품의 개발 등으로 기존 생산설비의 가속상각이 필요한 경우 등
감가상각방법은 적법하게 정했는가?	감가상각방법은 자산종류별로 사전에 정해져 있다. 건물은 정액법, 기타무형자산은 정액법과 정률법 중 선택할 수 있다. 다만, 무신고 시 건물은 정액법, 기타유형자산은 정률법에 의해 상각해야 한다.

감가상각방법은 변경가능한가?	가능하다. 다만 다음과 같은 사유가 있어야 한다. · 상각방법이 서로 다른 법인과 합병한 경우 · 상각방법이 서로 다른 사업자의 사업을 인수 또는 승계한 경우 · 해외 시장의 경기변동 또는 경제적 여건의 변동으로 인해 종전의 상각방법을 변경할 필요가 있을 때
수익적 지출과 자본적 지출은 어떻게 처리하는가?	수익적 지출은 수선비 성격의 지출이며, 자본적 지출은 감가상각자산의 내용연수를 연장시키거나 자산의 가치를 증가시키는 지출이다. 따라서 수익적 지출에 해당하면 당기의 비용으로 처리하며, 자본적 지출은 일단 기존 자산금액에 합산 후 감가상각을 통해 비용처리를 하는 차이가 있다.
자산으로 처리할 것을 비용처리했다면?	이를 감가상각한 것으로 보아 세법상 한도를 구한다. 단, 다음의 금액은 당기비용으로 인정한다(법령 제31조 즉시상각의제). ① 소액 수선비 　· 개별자산별 수선비로 지출한 금액이 600만 원 미만인 경우 　· 개별자산별 수선비로 지출한 금액이 직전 사업연도종료일 현재 재무상태표상 자산가액의 100분의 5에 미달하는 경우 　· 3년 미만의 기간마다 주기적인 수선을 위해서 지출하는 경우 ② 소액자산의 취득 : 100만 원 이하인 자산(단, 업무의 성질상 대량으로 보유하는 자산, 사업의 개시·확장을 위해 취득한 자산은 제외) ③ 단기사용자산의 취득 　· 어업에 사용되는 어구 　· 영화필름, 공구, 가구, 전기기구, 가스기기, 가정용기구·비품, 시계, 시험기기, 측정기기 및 간판 　· 대여용 비디오테이프 및 음악용 콤팩트디스크로 개별자산의 취득가액이 30만 원 미만인 것 　· 전화기(휴대용 전화기 포함) 및 개인용 컴퓨터(그 주변기기를 포함한다)
생산설비를 폐기하면?	시설의 개체 또는 낙후로 인해 생산설비를 폐기하는 경우 당해 자산의 장부가액에서 1,000원을 공제한 금액을 손금산입할 수 있다.
신규자산은 기존자산과 달리 감가상각할 수 있는가?	아니다. 당초 과세당국에 신고한 방법대로 해야 한다(단, 내용연수는 사업장별로 달리 적용가능).
중고자산을 취득하면 감가상각 기간과 감가상각방법을 어떻게 하는가?	원칙적으로 신규자산을 구입한 것으로 보나, 기준내용연수가 50% 지난 것은 기준내용연수의 100분의 50에 상당하는 내용연수와 기준내용연수 범위 내에서 선택해서 신고할 수 있다.
임대용 건물에 대한 인테리어비는 어떻게 처리해야 하는가?	시설장치로 처리한 후 업종별 자산의 기준내용연수(별표6)를 적용해서 감가상각한다.
기중에 자산을 양도하면 감가상각비 처리는?	사업연도 중에 감가상각대상자산을 양도하면 양도일까지만 월할 계산해서 감가상각을 한다.
감면이 적용되는 경우 감가상각을 하지 않으면 감가상각하는 것으로 본다고 하는데?	이 제도를 '감가상각의제규정'이라고 한다. 감면이 적용되는 기업이 감가상각비를 처리하지 않으면 이익이 많이 나오고 그에 따라 세금감면이 많아질 것이다. 세법은 조세회피 방지를 위해 감면받은 기업이 감가상각비를 계산하지 않더라도 감가상각비를 계산한 것으로 본다.
기업이 유형자산감액손실과 환입에 대한 회계처리를 했다면?	세법에서는 취득원가주의를 고수하고 있다. 따라서 기업회계에서 행한 감액손실을 원칙적으로 인정하지 않는다. 세무조정이 필요하다.

법인세비용(소득세비용) 지출전략

손익계산서상의 당기순이익은 세전과 세후로도 구별할 수 있는데 통상 당기순이익이라 함은 세후당기순이익을 말한 것으로 보아야 할 것이다. 당기순이익은 주주의 이익으로 가는 것이므로 주주 부의 극대화 측면에서 보면 법인세비용(개인은 소득세비용)을 절감하는 것이 중요하다.

Case | K기업의 법인세 관련 자료가 다음과 같다. 물음에 답하면?

- · 결산상 당기순이익 : 2억 원(법인세비용은 미계상함)
- · 접대비 한도초과액 : 1,000만 원
- · 퇴직연금 손금산입액 : 2,000만 원
- · 이월결손금 : 5,000만 원
- · 중간예납세액 : 1,000만 원

☞ **물음 1** : 접대비 한도초과액은 세법상 왜 비용으로 인정되지 않는가?
☞ **물음 2** : 퇴직연금 불입금액을 왜 법인세법상 비용인 손금으로 산입하는가?
☞ **물음 3** : 법인세는 어떻게 계산되는가(단, 세율은 9~24% 적용)?

Solution | 위의 물음에 순차적으로 답을 찾아보면 다음과 같다.

· **물음 1의 경우**
세법에서 정한 한도를 초과하면 그 초과분에 대해서는 세법상 비용으로 인정하지 않는다. 이는 기업의 자금이 비생산적으로 사용되는 것을 방지하기 위함이다.

· **물음 2의 경우**
퇴직연금 중 기업이 지급을 책임지는 퇴직급여형(DB형)은 '퇴직연금운용자산'으로 자산처리가 되므로 이를 세법상 비용으로 인정하기 위해서는 별도의 세무조정을 거쳐야 한다.

· 물음 3의 경우

아래처럼 계산된다.

구분		내용	금액
결산서상 당기순손익		기업회계기준에 의해 도출	2억 원
소득금액 조정	익금산입	과세소득을 늘리는 세무조정	1,000만 원
	손금산입	과세소득을 줄이는 세무조정	2,000만 원
(=) 차가감소득금액 (+) 기부금한도초과액			1억 9,000만 원
(-) 기부금한도초과이월액손금산입		기부금한도초과분은 이월손금산입됨	
(=) 각 사업연도 소득금액 (-) 이월결손금 등			1억 9,000만 원 5,000만 원
(=) 과세표준 (×) 세율		2억 원 이하 9%, 2억 원 초과 19% (200억 원 초과분은 21~24%)	1억 4,000만 원 9%
(=) 산출세액 (-) 공제감면세액 (+) 가산세액		신고불성실가산세 등	1,260만 원
(=) 총부담세액 (-) 기납부세액		중간예납세액 등	1,260만 원 1,000만 원
(=) 차가감납부할 세액			260만 원

참고로 지방소득세는 총부담세액의 10%로 부과된다. 따라서 126만 원이 된다.

Consulting | 법인세를 신고하기 전에 마지막으로 점검할 것들을 알아보자.

☑ **매출이나 매입에 대한 누락 그리고 귀속시기가 잘 반영되었는가?**

매출이나 매입이 누락되면 나중에 법인세를 수정신고를 해야 하는 등의 문제를 일으키게 된다. 따라서 마지막까지 매출이나 매입이 누락되지 않았는지, 그리고 매출 등의 귀속시기가 제대로 반영되었는지 다시 한번 점검하도록 한다.

☑ 문제가 있는 계정과목이 적절히 표시가 되었는가?

가지급금이나 가수금 또는 전도금, 선급금 등의 계정과목은 세무상 문제가 있다. 따라서 이들 계정과목이 기업회계기준과 세법을 위배하지 않았는지 점검한다.

☑ 소득률이 전년과 비교해서 얼마나 차이가 나는가?

소득률은 과세소득을 매출액으로 나눈 비율을 말하는데, 업종별로 고시되어 있다. 따라서 만일 신고 내용이 업종별 평균에 미달하면 불성실신고자로 분류되어 세무간섭을 받을 가능성이 높다. 따라서 사전에 소득률을 점검할 필요가 있다(국세청 홈택스 홈페이지 참조).

☑ 세무조정사항이 누락되지 않았는가? 그리고 세무조정계산서가 정확히 작성되었는가?

법인세 신고 시에는 세무조정계산서를 과세당국에 제출해야 한다. 따라서 세무조정이 제대로 되었는지 전반적으로 검토하고, 주주들의 지분변동도 제대로 파악되었는지 점검하도록 한다.

※ 소득률 관리법

☑ 소득률은 각 사업연도 소득금액을 매출액으로 나눈 비율을 말한다.

☑ 예를 들어 제조업의 경우 소득률이 5%라면 매출액 대비 각 사업연도 소득금액이 5%가 평균이 된다는 것이다.

☑ 소득률이 높으면 일반적으로 세금이 증가하게 된다.

실전연습 K기업의 올해 세전당기순이익은 5,000만 원이다. 다음 자료의 내용을 반영해서 법인세를 계산하면?

> **| 자료 |**
> ·개인사용 접대비 : 2,000만 원
> ·특정 거래처에 지급한 판매장려금 : 1,000만 원(접대비에 해당하는 경우 전액 손금불산입)
> ·비지정기부금 : 1,000만 원
> ·광고선전비 : 2,000만 원
> ·거래처로부터 받은 이자소득 3,000만 원이 당기순이익에 포함됨.

초보자들도 이 정도의 법인세는 계산할 수 있어야 한다. 법인세는 기업 회계상 당기순이익을 기준으로 세무조정을 거쳐 산출세액을 계산한다.

구분	금액	비고
당기순이익	5,000만 원	
+ 익금산입·손금불산입	4,000만 원	4,000만 원 (개인사용 접대비+판매장려금+비지정기부금)
− 손금산입·익금불산입	−	
= 각 사업연도소득금액	9,000만 원	
= 과세표준	9,000만 원	
× 세율(9~24%)	9%	
= 산출세액	810만 원	

위에서 광고선전비는 세법상 용인되는 비용이므로 세무조정이 필요 없다. 기타 개인사용 접대비와 특정거래처에 지급되는 판매장려금 그리고 비지정기부금은 손금으로 인정되지 않는다. 한편 이자수입은 법인의 이익에 해당하므로 K기업이 올바르게 장부에 반영했으므로 세무조정을 할 필요가 없다.

> **Tip**
> ### 소득세비용 계산법
> ☑ 소득세는 당기순이익에 소득세법에 따라 세무조정을 해서 소득금액을 계산한다.
> ☑ 위 소득금액에서 기본공제 등 종합소득공제를 차감한 과세표준에 6~45%를 적용한다.
> ☑ 개인기업도 법인기업처럼 다양한 세액공제나 세액감면을 받을 수 있다.
> ☑ 개인기업은 법인기업보다 소득률 관리에 더 관심을 둬야 한다. 소득률이 높으면 높은 소득세율이 적용될 수 있기 때문이다.
> ☑ 개인기업은 매출규모가 업종별로 일정액(15억 원, 7.5억 원, 5억 원) 이상이 되면 성실신고확인대상 사업자가 된다. 이 사업자에 해당하면 수익과 비용에 대한 검증이 강화된다.

기업의 세금은 궁극적으로 손익계산서상의 당기순이익에 의존하므로 기업의 회계처리 방법에 따라 세금의 크기가 달라질 수 있다. 물론 세법은 기업이 자의적으로 처리하는 것에 대해서 비용을 부인하는 방법 등으로 규제하고 있지만 대부분의 회계처리를 그대로 인정하고 있는 실정이다. 따라서 기업이 세금을 줄이기 위해서는 먼저 회계처리와 세금의 관계를 이해할 필요가 있다.

- · 기업이 결산에 반영해야만 손금으로 인정되는 항목은?
- · 대체적 회계처리가 인정되는 항목과 이에 대한 세법의 태도는?
- · 자산 및 부채의 가치변동에 회계처리의 내용과 이를 세법이 인정하는지의 여부는?
- · 수익적 지출과 자본적 지출의 구분은?
- · 회계변경이나 오류수정이 발생하는 경우 세법의 인정 여부는?

1. 결산에 반영해야만 비용으로 인정되는 항목(결산조정사항)

아래와 같은 감가상각비나 퇴직급여충당금 등은 결산을 통해 장부에 반영해야만 비용으로 인정된다. 따라서 기업이 이런 작업을 수행하지 않는 경우에는 비용처리가 되지 않으므로 상당히 주의해야 한다.

구분	내용
감가상각비	감가상각비를 결산에 반영하지 않으면 기본적으로 세무조정으로 손금산입할 수 없음(임의상각제도).
충당금	퇴직급여충당금, 대손충당금은 결산 시 반영해야 하나, 일시상각충당금제도 등은 신고조정이 가능함(퇴직연금충당금은 신고조정도 가능함).
대손금	원칙적으로 결산(조정)사항이나, 소멸시효가 완성된 채권은 강제신고조정사항임.
자산의 폐기 또는 평가손	시설의 개체·낙후로 인한 생산설비의 폐기손실은 장부가액에서 1,000원을 공제하고 비용처리 할 수 있음.

☞ 전기에 매입비용 등을 누락한 것이 당기에 발견된 경우 국세기본법 제45조의 2 규정에 의해 경정청구를 해서 환급을 받아야 한다. 당기에

전기오류수정손실로 회계처리를 하는 경우에도 동일하게 경정청구를 해서 법인세를 환급받아야 한다.

2. 선택적 회계처리가 인정되는 항목들

현행 기업회계기준에서는 선택적으로 회계처리를 할 수 있는 항목들이 있다. 대표적으로 감가상각비가 그렇다. 세법은 감가상각비나 재고자산 평가에 대해서는 다음과 같이 대응하고 있다.

구분	대체적 회계처리
감가상각	· 기업회계기준 : 정액법이나 정률법, 기타 합리적인 방법 중 선택 허용 · 세법 : 건물 → 정액법만 가능 　　　　　 건물 외 유형자산 → 정액법과 정률법 중 선택
재고자산평가방법	· 기업회계기준 : 원가법과 저가법 중 선택 · 세법 : 기업회계기준과 동일(단, 무신고 시는 선입선출법 적용)

☞ 기업이 어떤 방법을 취했는지에 따라 세금의 크기가 달라지기 때문에 사전에 이런 문제를 고려해서 회계방침을 정할 필요가 있다.

3. 수선비에 대한 회계처리

세법에서는 다음과 같이 수익적 지출과 자본적 지출을 구분하고 있다.

구분	수익적 지출	자본적 지출
개념	비유동자산의 원상회복 또는 능률유지를 위한 지출	비유동자산의 내용연수 연장 또는 가치증가를 위한 지출
예	· 건물 또는 벽의 도장 · 파손된 유리나 기와의 대체 · 기타 조업 가능한 상태의 유지 등	· 본래의 용도를 변경하기 위한 개조 · 기타 개량·확장·증설 등

☞ 수익적 지출은 당기에 비용화되며 자본적 지출은 자산으로 처리한 후 감가상각을 통해 비용화된다.

4. 보유한 자산가격이 변동한 경우의 회계처리법

세법에서 기업의 자산과 부채는 원칙적으로 자산과 부채의 취득원가를 고수하고 있다. 따라서 기업회계기준에 따라 자산이 증감되는 것들을 허용하지 않고 세법에 맞게 수정을 한다. 다만, 다음의 것들에 대해서는 결산을 통해 장부가액을 감액하면 이를 특별히 허용한다.

☑ 재고자산으로서 파손·부패 등의 사유로 인해서 정상가격으로 판매할 수 없는 것 → 사업연도 종료일 현재 처분가능한 시가로 평가

☑ 비유동자산으로 천재지변·화재 등의 사유로 파손 또는 멸실된 것 → 사업연도종료일 현재 시가로 평가

☑ 발행법인이 파산한 경우의 당해 주식 등 → 사업연도종료일 현재 시가로 평가

5. 회계변경이나 오류수정이 발생하는 경우의 처리방법

회계변경은 회계정책이나 회계추정이 사연연도 중에 바뀌는 것을 말한다. 예를 들어 회사의 회계방침이 정액법에서 정률법으로 변경된다든지 하는 경우가 대표적이다. 한편 오류수정은 회계처리에 오류가 발생한 경우 이를 수정하는 것을 말한다. 이 두 가지에 대해서 회계기준 등에서 다음과 같이 회계처리를 하도록 하고 있다.

회계변경	오류수정
· 회계정책의 변경 : 소급법(전기 재무제표 재작성) · 회계추정의 변경 : 전진법(변경이후 기간에만 반영하므로 전기 재무제표는 재작성하지 않음)	· 영업외손익(전기오류수정손익) · 중대한 오류는 소급법(전기이월이익잉여금에 가감)

☞ 세법은 위의 회계처리 결과가 당기의 손금과 익금에 해당하는 사항이라면 세무조정을 통해 이를 법인세 계산에 반영을 해야 한다는 입장이다. 만일 전기 이전에 해당되는 사항이라면 전기 이전의 법인세 내용이 잘못되었으므로 이미 신고한 법인세 신고서를 수정신고하거나 경정청구 등을 통해 이를 해결하도록 하고 있다.

현금흐름
극대화 전략

현금동원능력이 중요한 이유

기업은 뭐니 뭐니 해도 평소에 현금동원능력이 좋아야 한다. 그래야 유동성 위험에 직면하지 않고 신규프로젝트를 제대로 수행할 수 있기 때문이다. 이하에서 이러한 내용들에 대해 살펴보자.

Case | K기업의 재무상태표가 다음과 같다. 물음에 답하면?

자산	부채와 자본
당좌자산 10억 원 재고자산 10억 원	단기차입금 10억 원
	장기차입금 10억 원
투자유가증권 10억 원 유형자산 10억 원	자본 20억 원
계 40억 원	계 40억 원

☞ 물음 1 : 당좌자산 10억 원은 당장 현금화할 수 있는 자산인가?

☞ 물음 2 : 투자유가증권과 유형자산은 당장 현금화할 수 있는 자산인가?

☞ 물음 3 : 현재 보유한 자산으로 단기차입금을 갚을 수 있는가?

Solution | 위의 물음에 맞춰 답을 찾아보면 다음과 같다.

· 물음 1의 경우

당좌자산은 현금과 현금성자산으로 구성되어 있다. 따라서 사례의 경우 10억 원 모두 당장 사용 가능하다고 볼 수 있다. 다만, 장부상의 금액과 실제상의 금액이 차이가 나는 경우가 있으므로 이를 확인해야 한다.

· 물음 2의 경우

비유동자산은 현금화속도가 늦은 자산을 말한다. 따라서 이를 바로 현금화하기는 쉽지 않다. 다만, 시장에 헐값에 파는 경우에는 예외적으로 당장 현금화가 가능할 것이다.

· 물음 3의 경우

부채 중 단기차입금은 10억 원인데, 보유한 당좌자산도 10억 원에 해당한다. 따라서 이론적으로 전부 상환이 가능하나 다른 지출요인이 발생하면 추가차입이 필요한 상황이다.

Consulting | 기업경영을 하던 중에 자금 부족현상이 발생하면 빨리 자산항목부터 점검해야 한다.

STEP1 현금성 자산

유동자산 중 현금 및 현금성 자산을 먼저 점검해야 한다. 이 자산들은 즉시 현금화가 가능하기 때문이다. 특히 단기대여금이 있는 경우에는 빨리 회수조치를 취하도록 한다.

STEP2 외상매출금

자금이 외상매출금에 묶여 있는 기간이 오래되면 자금부족 현상이 심화될 수 있다. 따라서 과도한 외상매출금을 보유한 경우 이를 회수할 수 있는 방안을 집중적으로 연구해야 한다. 특히 향후 제품 판매 시 대금회수 부분에 대해서 지침을 만들어 시행하는 것이 좋다.

STEP3 재고자산

재고자산의 경우 재고가 너무 오래되지 않았는지 적정 재고를 보유하고 있는지 등을 점검한다.

STEP4 비유동자산

이 외에도 현금화가 쉽지 않은 비유동자산도 점검해서 불필요한 자산이 있는지 등을 점검한다.

K기업의 재무상태표가 다음과 같다고 하자. 물음에 답하면?

자산	부채
유동자산 10억 원 비유동자산 10억 원	유동부채 10억 원 비유동부채 5억 원
	자본 5억 원

☞ **물음 1** : 자기자본비율, 부채비율, 유동비율, 비유동비율을 계산하고 이에 대해 평가를 하면?

☞ **물음 2** : 유동성 위험을 줄일 수 있는 방법은?

물음에 대한 답을 순차적으로 찾아보면 다음과 같다.

· **물음 1의 경우**

위의 자료에 맞춰 비율을 계산하면 다음과 같다. 평가기준 등은 내용부분을 참고하면 된다.

구분	내용	비율	평가
자기자본비율	과도한 부채는 기업의 체력을 허약하게 만들기 때문에 자본구조가 적정한지 이를 점검할 필요가 있다. 실무적으로는 총자본인 부채와 자본에서 자기자본이 차지하는 비중(자기자본/총자본)이 50%를 넘는 경우에는 자기자본이 양호하다고 판단된다. 자기자본비율이 높으면 높을수록 회사의 자본조달은 안정성이 있다고 할 수 있다. · 자기자본비율 = $\dfrac{\text{자기자본}}{\text{총자본(=부채+자본)}} \times 100$	25% (5억 원/20억 원)	불량
부채비율	부채비율로는 자본구조상 부채의존도를 가늠해볼 수 있다. 이 비율은 총부채를 자기자본(총부채/자기자본)으로 나눠서 계산을 하는데, 100% 이하가 나와야 양호하다고 판정을 내릴 수 있다. · 부채비율 = $\dfrac{\text{총부채(=유동부채+비유동부채)}}{\text{자기자본}} \times 100$	300% (15억 원/5억 원)	불량

유동비율	유동성비율분석은 기업의 단기채무자금능력의 상태를 평가하는 척도. 유동비율은 유동자산을 유동부채로 나눈 비율로, 일반적인 기준으로 유동비율은 200% 이상이 바람직한 것으로 평가된다. · 유동비율 = $\dfrac{유동자산}{유동부채} \times 100$	100% (10억 원/10억 원)	불량
비유동비율	투자는 자기자본 범위 내에서 하는 것이 안전한데, 이를 측정하는 지표가 바로 아래와 같은 비유동비율이다. 통상 이 비율이 100% 이하가 양호하다고 판정할 수 있다. · 비유동비율 = $\dfrac{비유동자산}{자기자본} \times 100$	200% (10억 원/5억 원)	불량

· 물음 2의 경우

유동성 위험을 줄일 수 있는 방법 중 가장 탁월한 것은 부채를 줄이는 것이다. 부채를 줄이기 위한 방법은 '거래의 8요소' 편을 참조하기 바란다 (Part 02 참조).

Tip 현금흐름이 불량해지는 이유

☑ 매출이 급격히 감소한다.
☑ 투자금액이 많이 소요된다.
☑ 채권회수가 더디다.
☑ 채무에 대한 회수조치가 대량으로 발생한다.
☑ 기타 소송이나 세무조사 등에 의해 자금유출이 일어난다.

잉여현금흐름 분석

기업들이 유동성 위험에 직면하는 것은 현금흐름이 불량해지기 때문이다. 따라서 CFO나 CEO들은 기업의 현금흐름이 불량해지지 않도록 다방면에서 관심을 가질 필요가 있다. 지금부터 현금흐름표를 중심으로 이에 대한 분석을 해보자.

Case | K기업의 현금흐름표가 다음과 같다. 물음에 답하면?

과목	당기		전기	
	금액		금액	
I . 영업활동으로 인한 현금흐름 　1. 당기순이익 　2. 현금의 유출이 없는 비용 등의 가산 　3. 현금의 유입이 없는 수익 등의 차감 　4. 영업활동으로 인한 자산·부채의 변동 　　매출채권의 감소(증가) II. 투자활동으로 인한 현금흐름 III. 재무활동으로 인한 현금흐름				
IV. 현금의 증가(감소)(I + II + III) V. 기초의 현금	100,000,000			
VI. 기말의 현금	200,000,000			

☞ **물음 1** : K기업의 당기순이익은 2억 원이며 여기에 감가상각비 1억 원이 포함되었다. 다른 조건을 무시하면 이 기업의 영업활동으로 인한 현금흐름은 얼마라고 추정할 수 있는가?

☞ **물음 2** : K기업의 매출액은 100억 원이었으나 영업활동으로 인한 현금흐름은 마이너스가 나왔다. 왜 이런 결과가 나왔을까?

☞ **물음 3** : 투자활동에 의한 현금흐름이 플러스(+)가 나왔다면 이는 어

떤 것을 의미하는가?

Solution | 앞의 물음에 순차적으로 답을 찾아보면 다음과 같다.

· 물음 1의 경우

앞의 표를 보면 영업활동에 의한 현금흐름은 당기순이익에 현금의 유출이 없는 비용 등을 가산하도록 하고 있다. 따라서 당기순이익이 2억 원이고 감가상각비는 현금의 유출이 없는 비용에 해당하므로 이를 더하면 3억 원이 된다.

· 물음 2의 경우

앞의 표를 보면 영업활동으로 인한 현금흐름이 감소한 것은 다음과 같은 요인에 근거함을 알 수 있다.

☑ 당기손실이 발생
☑ 현금의 유출이 없는 비용 등이 전무
☑ 현금의 유입이 없는 수익 등의 증가
☑ 영업활동으로 인한 매출채권이 증가 등(이 부분의 영향이 제일 큰 것이 일반적이다)

· 물음 3의 경우

투자활동으로 인한 현금유입액에는 대표적으로 건물의 처분 등이 있다. 예를 들어 건물을 10억 원에 처분하면 다음과 같이 회계처리된다.

(차변) 현금 10억 원   (대변) 건물 10억 원

Consulting | 현금흐름과 관련해서 알아둬야 할 회계상 쟁점들을 알아보면 다음과 같다.

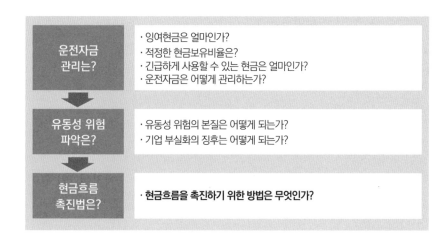

운전자금 관리는?	·잉여현금은 얼마인가? ·적정한 현금보유비율은? ·긴급하게 사용할 수 있는 현금은 얼마인가? ·운전자금은 어떻게 관리하는가?
유동성 위험 파악은?	·유동성 위험의 본질은 어떻게 되는가? ·기업 부실화의 징후는 어떻게 되는가?
현금흐름 촉진법은?	**·현금흐름을 촉진하기 위한 방법은 무엇인가?**

※ 운전자금과 운전자본의 구분

☑ 운전자금(運轉資金)은 기업이 원재료 매입부터 제품을 판매해서 이를 현금화할 때까지 필요한 자금을 말한다. 이 기간이 짧을수록 유동성이 좋아지므로 운전자금이 덜 필요하게 되나, 이 기간이 길면 길수록 자금의 소요액이 커진다. 일반적으로 매출채권과 재고자산의 합계액에서 매입채무를 차감해서 이 금액을 계산할 수 있다.

☑ 운전자본(運轉資本)은 넓은 의미로 유동자산을 말하며, 좁은 의미로 유동자산에서 유동부채를 차감한 잔액(순운전자본)을 말한다.

☞ 이 책에서는 순운전자본에 대해서 주로 언급하고 있다.

실전연습 위 K기업의 재무에 대한 자료가 다음과 같다. 물음에 답하면?

| 자료 |
·영업활동으로 인한 현금흐름 : 5억 원
·투자활동으로 인한 현금흐름 : △ 2억 원
·설비투자로 유출된 금액 : 5,000만 원
·재무활동으로 인한 현금흐름 : △ 2억 원
·금융비용 : 2,000만 원
·단기차입금 : 2억 원

☞ **물음 1** : 이 기업의 현금흐름 양상은?

☞ **물음 2** : 잉여현금흐름은 얼마인가?

☞ **물음 3** : 금융비용보상비율은 얼마인가? 그리고 이에 대한 의미는?

위의 물음에 맞춰 답을 찾아보면 다음과 같다.

· 물음 1의 경우

기말의 현금이 기초보다 1억 원이 증가한 것으로 파악된다. 영업활동에 의해 5억 원이 유입되었고 투자 및 재무활동에 의해 4억 원이 유출되었기 때문이다. 이러한 현금흐름은 매우 양호한 것으로 평가된다. 일단 영업활동에 의한 현금흐름을 가지고 투자활동에 나서는 한편 채무를 상환한 것으로 읽혀지기 때문이다.

· 물음 2의 경우

잉여현금흐름이란 영업활동에 의한 현금유입액에서 설비투자액을 차감한 금액을 말한다. 이 기업의 경우 4억 5,000만 원이 잉여현금흐름이 된다. 이러한 잉여현금흐름이 많다는 것은 그만큼 유동성이 좋다는 것을 의미한다.

· 물음 3의 경우

금융비용보상비율이란 현금수입으로 금융비용을 얼마나 충당할 수 있는가를 판단하는 지표를 말한다. 이 비율이 높을수록 채무상환능력이 양호하다고 판단을 내린다.

· 금융비용보상비율

$$= \frac{\text{영업활동으로 인한 현금흐름} + \text{금융비용}}{\text{금융비용}} \times 100 = \frac{\text{5억 원} + \text{2,000만 원}}{\text{2,000만 원}} \times 100$$

$$= 2,600\%$$

☞ 사례의 경우 영업활동으로 인한 현금흐름으로 금융비용을 충분히 감당하고 있음을 알 수 있다.

※ 영업활동에 의한 현금흐름을 키우는 방법

☑ 기업이 보유하고 있는 자산 중에서 불필요한 자산을 매각하고 재고자산을 줄인다.

☑ 매출채권이나 기타 미수금 또는 대여금 등 각종 채권이 불량화 되지 않도록 관리한다.

☑ 자금조달은 가급적 부채가 아닌 자기자본으로 조달하도록 한다.

☑ 외상매출은 가급적 적게 하도록 한다.

현금흐름분석

이 외에 현금흐름분석은 '총(순)현금흐름 대 차입금비율, 총(순)현금흐름 대 부채비율, EBITDA 대 차입금비율, EBITDA 대 부채비율 등'으로도 할 수 있다. 이에 대한 자세한 내용은 편의상 생략하기로 한다(한국은행 홈페이지 참조).

운전자본 관리법

기업이 유동성 위험에 빠지지 않기 위해서는 자금관리가 중요하다. 특히 일상적인 영업활동에 필요한 자금이 고갈되면 바로 기업이 유동성 위험에 빠지기 때문에 이에 대한 관리가 매우 중요해진다. 이하에서 이에 대해 알아보자.

Case ┃ K기업의 재무상태표가 다음과 같다고 하자. 물음에 답하면?

자산	부채
유동자산	유동부채
현금 1,000만 원	매입채무 1억 원
보통예금 1억 원	단기차입금 2억 원
매출채권 1억 원	비유동부채
대여금 1억 원	
재고자산 2억 원	
비유동자산	자본
투자주식 1억 원	
계　　　　　10억 원	계　　　　　10억 원

☞ **물음 1** : 지금 당장 사용할 수 있는 현금성자산은 얼마인가?
☞ **물음 2** : 순운전자본은 얼마나 될까?
☞ **물음 3** : 유동성 위험은 없는가?

Solution ┃ 위의 물음에 대해 순차적으로 답을 찾아보자.

· **물음 1의 경우**
현금성자산은 현금과 수표, 통화대용증권, 당좌·보통예금은 물론 단기금융상품 등으로 취득 당시 만기일(또는 상환일)이 3개월 이내인 것을 말한다. K기업의 경우 현금과 보통예금이 이에 해당한다. 따라서 1억 1,000만 원이 된다.

· 물음 2의 경우

순운전자본은 유동자산에서 유동부채를 차감해서 계산한다. 따라서 유동자산이 5억 1,000만 원이고 유동부채가 3억 원이므로 2억 1,000만 원이 된다.

· 물음 3의 경우

유동성 위험은 지불능력이 감소하는 것을 말하는데, 유동비율(또는 당좌비율)로 분석할 수 있다. 유동자산은 5억 1,000만 원이고 유동부채는 3억 원이므로 170%가 된다. 유동비율은 200% 이상이 되어야 양호한 것으로 판단한다. 이 기준에 의하면 다소 미흡한 것으로 분석된다.

Consulting | 유동자산에서 유동부채를 차감하면 순유동자산(Net Current Assets)이 계산된다. 이를 다른 말로 옮기면 운전자본(Net Working Capital)이라고 한다. 그렇다면 이 순운전자본이 뜻하는 것을 알아보자.

· IF 운전자본이 줄어들면

유동부채가 늘어난다는 것을 의미한다. 이는 유동자산보다는 매입채무나 미지급비용 등으로 지급되어야 하는 돈이 늘어나기 때문에 지불능력 측면에서 문제가 된다.

· IF 운전자본이 늘어나면

유동자산이 늘어난다는 것을 의미한다. 유동부채의 매입채무 등보다 유동자산의 매출채권 등이 더 증가하므로 기업의 자금력이 개선되고 있음을 뜻한다.

※ 운전자본과 건전성 평가

운전자본이 충분하지 못한 기업은 항상 유동성 위기에 직면할 수 있다. 따라서 늘 운전자본을 넉넉하게 가지고 있어야 한다. 다만, 업종별로 현금수입업종은 현금유입이 빠르므로 많은 운전자본이 필요 없지만, 제조업 같은 업종은 제조단계부터 판매단계까지의 시간이 많이 소요되므로 이 자본이 많이 필요하다.

실전연습   K기업의 재무상태표가 다음과 같다고 하자. 물음에 답하면?

자산 유동자산 10억 원	부채 유동부채 5억 원
	자본

☞ **물음 1** : 유동자산에서 유동부채를 차감하면 5억 원이 나온다. 이 금액의 의미는 무엇인가?
☞ **물음 2** : 유동비율은 얼마인가?
☞ **물음 3** : 유동비율과 순운전자본의 관계를 말하면?
☞ **물음 4** : K기업의 매출액은 20억 원이다. 매출액 대비 운전자본비율은 어떻게 되는가? 그리고 이를 평가한다면?

위의 물음에 맞춰 답을 찾아보면 다음과 같다.

· 물음 1의 경우

유동자산에서 유동부채를 차감하면 순운전자본이 나온다. 이 금액은 채무상환과 관계없이 경영에 사용할 수 있는 자금을 말한다. 따라서 이 금액이 크다는 것은 그만큼 안정성에 기여하고 있는 것으로 평가할 수 있다.

· 물음 2의 경우

유동자산이 10억 원이고 유동부채가 5억 원이므로 이 비율은 200%가 된다.

· 물음 3의 경우

유동비율은 높을수록 유동자산이 많고 상대적으로 유동부채가 작다는 것을 의미한다. 따라서 유동비율이 높으면 높을수록 순운전자본도 커지고 그만큼 지급능력이 좋아진다는 것을 알 수 있다.

· 물음 4의 경우

순운전자본은 5억 원이고 이를 매출액 20억 원으로 나누면 25%가 나온다. 이는 매출액의 25% 정도는 운전자본으로 보유하고 있어야 함을 의미한다. 따라서 이 비율이 낮을수록 현금흐름 측면에서는 더 좋다고 할 수 있다.

☞ 참고로 총자산 대비 운전자본을 따져볼 수도 있는데, 이 경우에는 이 비율이 높을수록 좋다. 이 비율이 높을수록 비유동자산에 묶여 있는 부분이 작아 재무적 위험이 낮아지기 때문이다.

Tip
총자산 대 운전자산

회사의 총자산 중에서 운전자산이 차지하는 비중이 40%를 넘지 않는 경우에는 자금 사정이 매우 심각하다고 판단한다.

자산 투자와 Tax

기업이 자산에 투자하는 경우에는 다양한 절세효과가 발생한다. 따라서 이에 대한 내용을 정확히 이해하고 투자하게 되면 투자효율이 배가될 수 있을 것이다.

Case | K기업은 이번에 다음과 같은 기계장치와 사업용 차량을 구입했다. 이에 대한 감가상각비 절세효과를 구하면? 단, 이 기업의 감가상각비 반영 전 소득은 매년 10억 원이 넘는다고 가정한다.

> **|자료|**
> · 기계장치 구입액 : 1억 5,000만 원
> · 차량 구입액 : 5,000만 원

Solution | 위의 물음에 대한 답을 순차적으로 찾아보자.

STEP1 개인기업과 법인기업의 세율비교
앞의 K기업이 개인기업인 경우 세율은 원래 6~45%가 적용되는데, 과세표준이 10억 원을 초과하므로 최고세율인 45%가 적용된다. 한편 K기업이 법인기업인 경우 원래 9~24%가 적용되는데, 이익이 2~200억 원 내에서 발생하면 19%의 세율이 적용된다. 참고로 2025년부터 성실신고확인대상 소규모 법인(주업이 임대업이고 상시근로자 수가 5인 미만 등인 법인)에 대한 세율이 19~24%로 인상될 예정이다. 참고하기 바란다.

STEP2 감가상각비에 대한 절세효과
감가상각비는 기업의 비용에 해당하고 당기순이익을 줄이게 되므로 이에 앞의 세율을 곱하면 절세효과를 얻을 수 있다.

STEP3 세금계산

앞의 K기업이 개인기업인 경우와 법인기업인 경우의 절세효과를 계산하면 다음과 같다.

구분	개인기업	법인기업
총감가상각비	2억 원	2억 원
적용세율	45%	19%
계	9,000만 원	3,800만 원

☞ 위 외에 지방소득세가 절세되는 소득세 또는 법인세의 10%만큼 추가된다.

Consulting | 일반적으로 기업이 설비투자를 한 금액은 일시에 현금으로 지출되나 내용연수 동안 나눠 비용처리가 된다. 그런데 이렇게 매년 비용처리되는 금액은 일종의 투자금액을 회수하는 역할을 한다. 예를 들어 기계장치를 1억 원으로 들여왔다고 가정하자. 그리고 감가상각비는 5년간 정액법으로 비용처리가 된다고 한다면 다음과 같은 현금흐름을 생각해볼 수 있다. 단, 아래 표상의 기타의 자료들도 가정했다.

(단위 : 만 원)

구분	1년째	2년째	3년째	4년째	5년째
현금 매출 현금 지출비용 비현금지출비용(감가상각비) ①	10,000 7,000 2,000	20,000 15,000 2,000	30,000 25,000 2,000	40,000 32,000 2,000	50,000 40,000 2,000
이익 ②	1,000	3,000	3,000	6,000	8,000
현금흐름 ① + ②	3,000	5,000	5,000	8,000	10,000
감가상각누계액	2,000	4,000	6,000	8,000	10,000
재무상태표상 기계장치가액	8,000	6,000	4,000	2,000	0

원래 기업회계상의 이익은 매출에서 비용(현금 지출비용+감가상각비)을 차감해 계산한다. 1년째 칸을 보면 매출 1억 원에서 현금 지출비용 7,000만 원과 비현금 지출비용인 2,000만 원을 차감하면 1,000만 원의 이익이 생긴다. 그런데 지출비용 중 감가상각비용은 현금으로 지출되지 않고 비용으로만 계상되었기 때문에 기업이 현금기준으로 벌어들인 이익은 3,000만

원이 된다. 결국 기계장치를 사면서 들어간 1억 원은 감가상각기간(사례에서는 5년) 동안 현금흐름을 유입시켜 투자금액 전액을 회수할 수 있게 되는 것이다. 이렇게 회수된 자금과 이익으로 벌어들인 자금들은 신규투자에 사용되기도 한다. 한편 감가상각비는 감가상각동안 사내에 투자금액을 적립하는 효과를 발생시킨다. 그런데 만일 세금효과를 따져본다면 현금흐름을 더 촉진시킬 수 있다. 투자금액에 대해서는 투자세액공제* 등이 적용되거나 감가상각비가 비용처리됨으로써 절세효과가 발생되기 때문이다.

* 투자세액공제 : 투자액의 일정률을 곱한 금액을 산출세액에서 차감하는 제도를 말한다(조세특례제한법에서 규정하고 있다).

실전연습
K기업은 제조업을 영위하고 있는데 금년에 생산설비를 교체하려고 한다. 다음 자료를 보고 장비교체 의사결정을 한다면? 단, 분석방법으로 NPV(순현재가치, Net Present Value)법을 이용하기로 한다.

| 자료 |
· 장비 교체비용 1억 원 소요
· 장비 교체 시 월 100만 원(연간 1,200만 원)씩 세후수입증가
· 감가상각비 5년간 정액법으로 상각
· 5년간 이자율 5%기준
· 한계세율 38.5%(개인기업 가정)

위의 자료를 가지고 NPV법에 의해 분석하면 다음과 같다. 내용이 어렵다고 생각되면 건너뛰어도 문제없다. NPV법은 미래의 현금흐름을 현재시점에서 할인해서 투자안을 평가하는 기법이다.

(단위 : 천 원)

구 분		연초	1기	2기	3기	4기	5기
현금유출		△100,000					
현금유입	세후 수입증가						
	감가상각비 절세효과		7,700	7,700	7,700	7,700	7,700
	현금유입		19,700	19,700	19,700	19,700	19,700
	현가계수		0.9524	0.9070	0.8638	0.8227	0.7835
	현재가치	85,284	18,762	17,863	17,017	16,207	15,435
순현재가치(NPV)		△14,716					

앞 표의 수치들은 다음을 근거로 해서 작성되었다.

· 각 연도 말의 감가상각비 절세효과 : (1억 원/5년)×38.5% = 770만 원
· 현금유입의 현재가치 : 각 연도 말의 현금유입분×현가계수

여기서 현가계수란 매 연도 말의 현금흐름을 현재시점으로 평가할 때 적용되는 할인율 정도로 생각하면 될 것이다.

· 순현재가치(NPV) : 현금유출 − $\sum_{1}^{n}$ 현금유입의 현재가치

이렇게 분석한 결과 이 장비를 교체했을 때의 현금유입보다는 유출액이 더 크므로 이 의사결정기준에 의한다면 이 투자안은 기각되어야 한다. 즉 이 투자안에서는 장비설치에 소요되는 비용으로 1억 원이 유출되나, 장비설치로 인한 세후수입금액 증가와 감가상각비의 절세효과 등을 감안한 현금유입액이 투자시점에서 8,528만 원으로 평가되어 순현재가치는 마이너스(−)가 나와 투자안을 선택하는 경우 손실이 발생한다. 다만, 의사결정기준이 수익성이 아닌 경우에는 경영자의 의지에 따라 장비를 교체할 수 있을 것이다.

☞ 이러한 설비투자자금은 단기차입금이 아닌 장기차입금이나 자본금으로 조달하는 것이 안정성이 높다(비유동장기적합률 분석).

Tip 통합투자세액공제

통합투자세액공제는 조세특례제한법 제24조에서 기본공제와 추가공제로 나눠 적용된다. 중소기업의 경우 전자는 10%, 후자는 직전 3년간의 평균 투자액 초과분의 3%를 공제한다(2025년 중에 투자 시 기본공제 10%, 추가공제 3% → 10%를 적용). 다만, 수도권 과밀억제권역 내의 투자에 대해서는 공제가 제한된다. 아래의 표를 참고하기 바란다.

※ 수도권 과밀억제권역 내의 투자에 대한 세액공제 적용 판단

구분	1990.1. 1 이후 사업개시		1989.12.31 이전 사업개시	
	증설투자*	대체투자	증설투자	대체투자
일반기업	×	×	× (산업단지·공업지역○)	○
중소기업	× (산업단지·공업지역○)	○		

* 증설투자는 신규로 투자하거나 기존투자를 증설한 것을 말한다. 이의 범위는 아래와 같다.
· 공장인 사업장의 경우 : 사업용 고정자산을 설치하면서 공장의 전체면적이 증가하는 투자
· 위 외의 사업장인 경우 : 사업용 고정자산의 수량 또는 해당 사업장의 전체면적이 증가하는 투자

부실기업이 되면 대출이 억제되고 투자가 진행되지 않는 등 유동성 위험에 직면하게 된다. 이하에서는 현금흐름 측면에서 본 부실기업 징후에 대해 알아보자.

1. 영업활동에서 나오는 현금흐름이 몇 년 계속 적자다.

기업의 순이익은 흑자이어도 영업활동에서 나오는 현금흐름이 적자인 경우가 있다. 예를 들어 회사가 100원의 매출을 하고 비용이 80원인 경우 손익계산서에 나오는 이익은 20원이 된다. 그런데 이 매출 100원이 모두 현금으로 들어오는 경우는 거의 없다. 만약 이 매출의 경우 60원은 현금으로 팔고, 40원은 외상으로 팔았고 비용의 경우 70원은 현금을 주었고 10원은 외상으로 사 왔다면 1년 동안 장사를 해서 실제로 회사에 남아 있는 현금은 현금매출 60원에 현금비용 70원이 되어 오히려 현금 10원이 모자라게 된다.

이처럼 손익계산서에 나오는 순이익만 보고 있으면 실제로 회사의 현금이 어떻게 움직이는지 모르고 넘어가기 쉽다. 이처럼 영업활동에서 나오는 현금이 예를 들어 3년 정도 계속 적자인 경우, 그리고 그 금액이 매출액에 비해서 큰 경우는 조심해야 한다.

2. 잉여현금흐름이 몇 년 계속 적자다.

현금흐름표에서 보아야 할 것이 한 가지 더 있다. 잉여현금흐름(=free cash flow)이다. 일반적으로 회사는 영업활동에서 나온 현금으로 투자를 한다. 가끔 영업활동에서 나온 현금만으로 투자를 하기에 모자란 경우가 있다. 이럴 때는 금융기관이나 일반 투자자한테서 빌린 돈으로 부족한 현금을 마련하기도 한다. 영업활동에서 나온 현금에서 투자금액을 빼고 남은 현금을 잉여현금흐름이라고 한다. 그런데 잉여현금흐름이 계속해서 적자인 회사가 있다. 잉여현금흐름이 적자란 이야기는 그 금액만큼을 외부에서 증자나 차입으로 마련한다는 뜻이다. 차입을 하면 당연히 차입금이 늘어나서 결국은 차입금 잔액이 매출액을 따라잡으려고 한다. 증자도 많이 하면 발행 주식수가 늘어나서 1주당 순이익이 줄어들게 된다. 즉 영업에서 나오는 현금흐름이 흑자일지라도 잉여현금흐름이 계속해서 적자인 회사는 조심해야 한다. 이상에서 본 여러 지표 중에서 잉여현금흐름 적자가 회사의 어려움을 가장 먼저 알려준다.

☞ 잉여현금흐름 = 영업활동 현금흐름 − 설비투자액

3. 현금회전일수가 올라간다.

외상매출금, 재고자산, 그리고 외상매입금을 각각 하루분의 매출액으로 나눈 후 외상매출금 일수와 재고자산 일수는 서로 더하고 여기에 외상매입금 일수를 빼서 계산한 지표를 '현금회전일수*(= cash conversion cycle = ccc)'라고 부른다. 제조업체의 경우 이것이 100일을 넘어서면 곤란하다. 다만, 이 일수가 비록 100일을 넘지 않더라도 계속 올라가면 위험하다고 판단한다(대우증권 자료).

*현금회전일수 = (외상매출액/1일 매출액) + (재고자산/1일 매출액) − (외상매입액/1일 매출액)

PART 05

CEO 편

'CEO 편'에서는 기업의 최고경영자(CEO)들이 알아야 할 재무제표 지식에 대해 공부한다. 최고 경영자들은 재무제표를 통해 운영하고 있는 기업의 경영상 문제점 등을 발견하고 이를 치유할 수 있는 책임과 의무를 가지고 있다. 이 편에서는 기업의 CEO들이 반드시 알아둬야 할 재무제표 활용법, 기업자금의 유출전략, 주식이전전략 등을 살펴본다. 기업의 CEO들을 대상으로 컨설팅을 하는 자산관리자나 세무회계서비스를 제공하는 전문가들도 눈여겨보기 바란다.

| 핵심주제 |

Chapter 01 CEO의 재무제표 활용법
이 장의 핵심주제들은 다음과 같다.
• CEO가 알아둬야 할 신용평가제도에 대해 알아본다.
• CEO가 알아둬야 할 재무제표 핵심 포인트를 알아본다.
• 기업의 재무진단 요령과 이에 대한 개선점을 알아본다.
• 원하는 재무제표를 만드는 요령을 알아본다.

Chapter 02 CEO의 법인자금 유출전략
이 장의 핵심주제들은 다음과 같다.
• 기업의 자금유출원리를 알아본다.
• 법인자금의 개인자금화 전략에 대해 알아본다.
• CEO의 자금거래 시 문제점과 대책에 대해 알아본다.
• 배당금 지출전략에 대해 알아본다.
• 자기주식 취득·처분전략에 대해 알아본다.
• CEO는 재무제표 지식을 어떻게 끌어올리는지 알아본다.

CEO의 재무제표 활용법

CEO와 신용평가

기업을 운영하고 있는 대표이사의 입장에서는 자신이 운영하고 있는 기업이 외부로부터 좋은 평가를 받기를 원한다. 그래야 정책자금이나 은행 대출 등을 쉽게 받을 수 있기 때문이다. 이하에서는 CEO가 알아야 하는 신용평가에 대해 알아보자.

Case | K기업의 재무관련 자료가 다음과 같다. 물음에 답하면?

재무상태표			손익계산서		현금흐름표	
자산	부채	20%	수익		영업활동	△20억 원
	자본	80%	비용		투자활동	
			이익	100억 원	재무활동	

☞ **물음 1** : 이 기업은 신용등급이 높은 편인가?
☞ **물음 2** : 이 기업은 현재 영업활동에 의한 현금흐름이 좋지 않다. 그 이유는 무엇인가?
☞ **물음 3** : 이 기업은 투자를 위해 자금이 필요하다. 자금조달은 어떻게 해야 할까?

Solution | 위의 물음에 순차적으로 답을 찾아보면 다음과 같다.

· 물음 1의 경우

신용등급은 일반적으로 채무를 이행할 능력과 그 의사가 얼마나 있는지를 표시한 등급을 말한다. 따라서 이 등급이 높으려면 그 기업에 대한 평가가 좋아야 한다. 일반적으로 재무적인 측면에서는 부채비율이 낮고, 이익이 많이 나고 유동성이 좋은 기업이 등급이 높다고 할 수 있다. 앞의 K

기업의 경우 부채비율이 매우 낮아 이익이 많이 나는 것으로 보이기 때문에 일단 등급이 높을 가능성이 높다.

· 물음 2의 경우

이익은 100억 원이 났으나 영업활동에 의한 현금흐름이 오히려 20억 원 적자가 났다는 것은 미수금이 증가했음을 알 수 있다.

· 물음 3의 경우

현재 영업활동에 의한 현금흐름이 불량하므로 재무활동(차입이나 증자 등)에 의한 현금을 유입시켜 이를 충당하거나 보유한 투자자산을 처분해서 이를 투자금으로 사용할 수 있을 것이다.

☞ **신용등급에서 부채비율의 중요성**

부채비율이 높으면 자금의 유동성 및 지급여력 등에 많은 영향을 주기 때문에 신용등급 평가 시 상당히 중요한 요소에 해당한다.

Consulting | 신용등급이 높은 기업이 되려면 해당기업의 재무제표가 다음과 같이 관리가 되어야 한다.

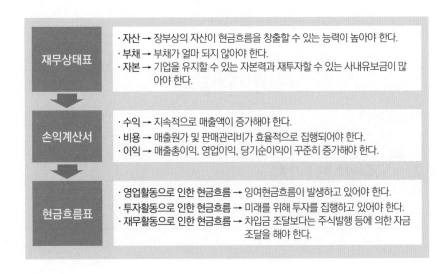

재무상태표	· 자산 → 장부상의 자산이 현금흐름을 창출할 수 있는 능력이 높아야 한다. · 부채 → 부채가 얼마 되지 않아야 한다. · 자본 → 기업을 유지할 수 있는 자본력과 재투자할 수 있는 사내유보금이 많아야 한다.
손익계산서	· 수익 → 지속적으로 매출액이 증가해야 한다. · 비용 → 매출원가 및 판매관리비가 효율적으로 집행되어야 한다. · 이익 → 매출총이익, 영업이익, 당기순이익이 꾸준히 증가해야 한다.
현금흐름표	· 영업활동으로 인한 현금흐름 → 잉여현금흐름이 발생하고 있어야 한다. · 투자활동으로 인한 현금흐름 → 미래를 위해 투자를 집행하고 있어야 한다. · 재무활동으로 인한 현금흐름 → 차입금 조달보다는 주식발행 등에 의한 자금 조달을 해야 한다.

실전**연습**

K기업의 재무제표가 다음과 같다. 자료를 보고 K기업의 경영상 태를 분석하면?

〈재무상태표〉

자산	부채

유동자산   10억 원
  비유동자산 10억 원
	유동부채 5억 원
	  비유동부채 5억 원

	자본 10억 원
자산 계 20억 원	총자본 계 20억 원

〈손익계산서〉

구분	금액
매출액	10억 원
매출원가	5억 원
매출총이익	5억 원
판매관리비	4억 원
영업이익	1억 원
당기순이익	9,000만 원

〈현금흐름표〉

구분	금액
영업활동에 의한 현금흐름	1억 원
투자활동에 의한 현금흐름	
재무활동에 의한 현금흐름	

앞에서 주어진 내용들을 참고로 해서 부채비율, 유동비율, 매출액영업이익률, 총자산순익률을 계산해보자.

구분	K기업의 비율	판정기준	판정결과
부채비율(부채/자기자본)	100%	100% 이하	양호
유동비율(유동자산/유동부채)	200%	200% 이상	양호
매출액영업이익률	10%	10% 이상	양호
총자산순이익률	4.5%	높을수록 좋다.	미흡

☞ K기업은 부채비율 등이 대체적으로 양호하다고 판단된다. 다만, 총자산순이익률은 다소 미흡한 것으로 보인다.

신용등급이 좋아야 하는 이유

신용등급이 좋아야 정책자금 등을 쉽게 받는 한편 차입이자율이 낮아지고 입찰 등에 참여할 자격이 주어지기 때문이다. 일반적으로 신용등급이 1단계 하락할 때마다 기업들이 추가로 부담해야 하는 이자는 연간 0.5~0.7% 포인트 정도가 된다고 한다. 따라서 금융비용이 높은 기업들은 평소에 신용등급을 유지하기 위해 많은 노력을 할 필요가 있다. 신용등급은 대개 10등급 등으로 분류되는데, 이에 대한 구체적인 정보는 다양한 곳에서 제공하고 있다. 신용평가기관(신용보증기금 등)의 홈페이지를 방문해보자.

CEO가 알아야 할 재무제표 핵심 포인트

기업의 최고경영자는 기업경영의 총책임자로서 경영이 잘되고 있는지 등에 대해 매 순간 생각하고 있어야 한다. 이러한 과정에서 재무제표는 매우 중요한 경영의 나침반 역할을 하게 된다. 지금부터는 CEO들이 알아야할 재무제표에 대해 알아보자.

Case | H기업은 국내 굴지의 대기업에 해당한다. 이 기업의 재무 정보가 다음과 같다고 하자. 물음에 답하면?

구분	전기	당기	증감율
매출액	3조 원	4조 원	33.3%↑
영업이익	1,000억 원	5,000억 원	400%↑
부채비율	200%	180%	10%↓

☞ 물음 1 : 매출액증가율보다 영업이익률이 훨씬 더 증가한 이유는 무엇인가?

☞ 물음 2 : 부채비율이 매출액증가율 등에 비해 감소폭이 작은 이유는 무엇인가?

☞ 물음 3 : 위 기업은 경영을 잘 하고 있는 것인가?

Solution | 위의 물음에 맞춰 답을 찾아보면 다음과 같다.

· 물음 1의 경우

매출액증가율은 33.3%이나 영업이익률이 400%로 증가한 이유는 매출증가폭에 비해 비용이 상대적으로 늘지 않았다는 것을 의미한다. 비용은 크게 매출원가와 판매관리비로 구성된다.

· 물음 2의 경우

영업이익이 5,000억 원이 발생해서 이를 통해 부채상환을 했지만, 부채규모가 커서 부채비율이 상대적으로 덜 떨어졌다고 할 수 있다.

· 물음 3의 경우

주요 3대 경영지표가 모두 개선되는 것으로 나타났다. 따라서 경영을 잘한 것으로 볼 수 있다. 다만, 이 지표들이 모두 좋다고 해서 경영이 원활히 진행되었다고 단정 지을 수는 없다.

☞ 주요 3대 경영지표(한국은행 발표자료)

(단위 : %)

구분	2021	2022	2023
매출액증가율	17.0	15.1	−1.5
매출액영업이익률	5.6	4.5	3.5
부채비율	120.3	122.3	120.8

Consulting | 기업의 최고경영자들이 알아야 할 재무제표에 대한 지식은 다양하다. 하지만 모든 부분에 대해 일일이 아는 것이 힘들 수 있기 때문에 최소한 다음 정도에 대해서는 사전에 꿰뚫고 있을 필요가 있다.

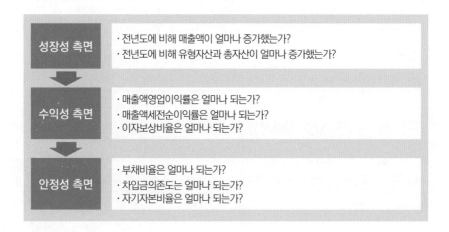

성장성 측면
· 전년도에 비해 매출액이 얼마나 증가했는가?
· 전년도에 비해 유형자산과 총자산이 얼마나 증가했는가?

수익성 측면
· 매출액영업이익률은 얼마나 되는가?
· 매출액세전순이익률은 얼마나 되는가?
· 이자보상비율은 얼마나 되는가?

안정성 측면
· 부채비율은 얼마나 되는가?
· 차입금의존도는 얼마나 되는가?
· 자기자본비율은 얼마나 되는가?

☞ 경영자가 매월 또는 매분기 점검해야 할 주요 3대 지표는 다음과 같다.

　　☑ 매출액증가율

　　☑ 매출액영업이익률

　　☑ 부채비율

실전연습　　다음 자료를 보고 이 기업의 성장성과 수익성 그리고 안정성 측면에서 경영분석을 하라. 단, 평가는 각 항목 당 2개 이하로 하기로 한다.

〈자료〉

· **재무상태표**

자산		부채	
유동자산　　10억 원		유동부채　5억 원	
당좌자산　5억 원		비유동부채 5억 원	
재고자산　5억 원			
비유동자산　10억 원			
유형자산 5억 원*		자본　　10억 원	
기타자산 5억 원			
자산 계　　20억 원		총자본 계　20억 원	

* 전기의 유형자산 : 4억 원

· **손익계산서**

구분	전기	당기
매출액	20억 원	22억 원
매출총이익	10억 원	11억 원
영업이익	2억 원	2억 원
(세전)당기순이익	1.5억 원	1.5억 원

위의 자료에 맞춰 답을 찾아보면 다음과 같다.

① 성장성

성장성은 유형자산증가율과 매출액증가율로 평가하기로 한다.

구분	비율	평가
유형자산증가율	25%	높을수록 좋다.
매출액증가율	10%	상동

② 수익성

수익성은 영업이익률과 순이익률로 평가하기로 한다.

구분	비율	평가
영업이익률	9%	일반적으로 10% 이상이 되어야 양호하다.
순이익률	6.8%	일반적으로 5% 이상이 되어야 양호하다.

③ 안정성

안정성은 유동비율과 자기자본비율로 평가하기로 한다.

구분	비율	평가
유동비율	200%	일반적으로 200% 이상이 되어야 양호하다.
자기자본비율	50%	일반적으로 50% 이상이 되어야 양호하다.

☞ 각 기업의 최고경영자는 이 정도의 경영분석을 할 수 있어야 한다.

Tip 경영자의 재무제표 분석

☑ 과거연도부터 추세분석(3개 연도 이상)을 실시한다.
☑ 동종업계와 반드시 비교분석한다.
☑ 문제점이 발견되는 경우에는 즉시 시정한다.

우리 기업의 문제점 치유하기(재무진단)

기업은 시시각각 변하는 경영환경 속에서 생존경쟁을 벌여 나가야 한다. 만일 기업에 심각한 재무적인 문제가 발생했음에도 불구하고 이에 대한 치유가 되지 않으면 기업의 생존력이 약화되게 된다. 이하에서 CEO들이 알아둬야 할 재무제표 진단 및 개선방법 등에 대해 알아보자.

Case | K기업의 재무상태표가 다음과 같다. 물음에 답하면?

자산		부채	
유동자산	30억 원	유동부채	40억 원
당좌자산	10억 원	비유동부채	10억 원
재고자산	20억 원		
비유동자산	40억 원		
유형자산	20억 원	자본	20억 원
기타자산	20억 원		
자산 계	70억 원	총자본 계	70억 원

☞ **물음 1** : 이 기업은 자본구조의 안정성에서 어떤 문제점이 있는가?
☞ **물음 2** : 10억 원 상당의 설비투자를 위해 차입해야 할 형편이다. 이때 만기 1년짜리인 단기부채를 통해 차입해야 하는데, 어떤 문제가 있는가?
☞ **물음 3** : 이 기업의 대표이사는 어떤 식으로 경영해야 안정성이 높아질까?

Solution | 위의 물음에 맞춰 답을 찾아보면 다음과 같다.

· **물음 1의 경우**

일단 자기자본보다 부채가 더 많아 자본구조가 불량하다. 또한 부채상환능력도 떨어지는 등 전반적으로 자본구조가 좋지 못하다고 판단된다.

· 물음 2의 경우

이렇게 자본구조가 불량하면 은행 등으로부터 자금을 조달하기가 쉽지 않다. 따라서 물음처럼 단기부채에 의존해 투자해야 할 상황이라면 재무구조가 더 불안하게 진행될 수 있다. 바로 갚아야 할 채무인 단기부채가 더 늘어나기 때문이다.

· 물음 3의 경우

우선 자산 중 채권을 회수해서 유동성능력을 키우고, 유동부채를 장기부채인 비유동부채로 돌리도록 한다.

Consulting | 좋은 기업은 자본구조가 안정성이 높고, 수익성이 좋고, 현금흐름이 원활하게 돌아가는 모습을 하고 있음을 알 수 있었다. 그런데 이와 반대인 경우에는 하루하루가 힘들 수 있는데, 이럴 때에 가장 좋은 치료법은 매출을 늘리는 것이다. 왜 그런지 알아보면 다음과 같다.

어떤 기업의 재무제표가 다음과 같은 모습을 하고 있다고 하자.

재무상태표			손익계산서			현금흐름표	
자산	부채		수익			영업활동	△1억 원
			비용			투자활동	
	자본	△1억 원	이익	△1억 원		재무활동	

이러한 상황에서 매출액 5억 원이 추가로 발생하고 그에 따라 이익이 2억 원 발생했다고 하자. 물론 이 매출액은 전액 현금으로 받았다. 이렇게 매출액이 증가하면 위의 재무제표는 다음과 같이 변한다(단, 세금 등은 무시).

재무상태표			손익계산서			현금흐름표	
자산	부채		수익			영업활동	1억 원
			비용			투자활동	
	자본	1억 원	손익	1억 원		재무활동	

이처럼 매출은 모든 재무제표의 모양새를 좋게 하는 힘을 가지고 있다.

실전연습 K기업은 현재 매출액이 꾸준히 증가하고 있으나 자금사정이 좋지 못하다. 이 기업의 대표이사 김철수 씨는 담당실무자에게 이에 대한 대책을 지시했다. 담당실무자는 어떻게 해야 이러한 문제를 해결할 수 있을 것인가? 다음의 재무상태표를 참조하라.

자산		부채	
유동자산	30억 원	유동부채	40억 원
당좌자산	10억 원	비유동부채	10억 원
재고자산	20억 원		
비유동자산	40억 원	자본	20억 원
유형자산	20억 원		
기타자산	20억 원		
자산 계	70억 원	총자본 계	70억 원

좀 막연한 물음 같지만 다음과 같은 절차에 따라 답을 찾아보자.

STEP1 자금이 부족한 이유 분석

먼저 자금이 왜 부족한지를 정확히 분석할 필요가 있다. 일시적인 현상인지, 설비투자에 의한 것인지, 아니면 거래처의 부도 등인지를 분석한다는 것이다.

STEP2 각 항목의 점검

이제 구체적으로 각 자산항목을 점검해야 한다.

① 유동자산 점검

먼저 유동자산 중 외상매출금과 재고자산을 점검해야 한다. 외상매출금은 대손이 예상된 채권의 회수방안에 대해 해결방법을 찾아야 하고, 재고자산이 과다한 경우에는 이를 판매할 수 있는 수단을 빨리 찾는 것이 중요하다.

② 비유동자산 점검

비유동자산 중 경영활동에 불필요한 것들은 우선적으로 처분해야 한다.

③ 부채 점검

유동부채 중 일부는 비유동부채로 전환하는 것도 고려할 필요가 있다. 대표이사 등으로부터 차입을 하는 것도 하나의 대책이 될 수 있다.

④ 자본 점검

주주 등으로부터 증자를 받을 수도 있다.

우리 기업의 재무제표 문제점에 대한 솔루션 찾기

CEO들은 자사의 재무제표에서 문제점을 찾아내 이를 개선하는 일에 만능박사가 되어야 한다. 주로 기업에서 많이 볼 수 있는 유형들을 나열하면 다음과 같다.

☑ **이익이 너무 많다**

예상되는 문제점	개선 방안
· 세금이 많다. · 배당압력이 높아진다. · 주식가치가 상승한다(∵상속세나 증여세 등이 증가).	· 매출측면 : 중복매출이 있는지 등을 점검한다. · 비용측면 : 감가상각 누락 여부, 각종 충당금 (예 : 대손충당금) 미설정 등을 확인한다.

☑ **이익이 너무 적다**

예상되는 문제점	개선 방안
· 경영상태가 불량하다고 판단된다. · 주식가치가 하락한다.	· 매출측면 : 누락한 매출이 있는지 점검한다. · 비용측면 : 비용을 이연할 수 있는지 점검한다(예 : 감가상각비, 개발비 등).

☑ **잉여금이 너무 많다**

예상되는 문제점	개선 방안
· 배당압력이 높아진다. · 주식가치의 상승으로 인해 상속세 등의 부담이 커진다.	· 적절한 배당 등을 해서 잉여금 규모를 줄인다. · 잉여금을 자본전입하는 것도 검토한다.

☑ **결손금을 보유하고 있다**

예상되는 문제점	개선 방안
· 자본구조의 안정성이 떨어진다. · 기업의 계속성에 대해 의문이 들어 신용등급이 낮아진다.	· 매출을 확대한다. · 이익을 많이 확보한다.

☑ 가지급금이 너무 많다

예상되는 문제점		개선 방안
· 세법상 규제가 많다. · 자금동원능력이 떨어진다. · 재무제표에 대한 신뢰성이 떨어진다.		· 가지급금을 회수한다. · 가수금과 상계한다. · 비용과 상쇄한다(퇴직금 등). · 자본금과 상쇄한다(자기주식 등).

☑ 진부화된 재고를 가지고 있다

예상되는 문제점		개선 방안
· 재고관리비용을 증가시킨다. · 영업활동에 의한 현금흐름을 줄이게 된다. · 운전자본을 고갈시킨다.		· 즉시 판매한다. · 수요를 정확히 예측하도록 한다.

☑ 부채가 많다

예상되는 문제점		개선 방안
· 자본구조의 안정성이 떨어진다. · 지불능력이 떨어진다. · 신용평가 시 점수가 낮아진다.		· 자산을 처분해서 부채를 갚는다. · 자본을 증자해서 부채를 갚는다. · 수익을 발생시켜 부채를 갚는다.

☑ 가수금을 보유하고 있다

예상되는 문제점		개선 방안
· 가수금은 자금조달이 쉽지 않음을 나타내 신용평가 점수를 낮게 된다. · 가수금 거래 시 이자 등에 대한 처리가 불투명해질 가능성이 높다.		· 가수금 거래 시 차입약정서를 작성해 투명성 을 확보한다. · 이자지급 시에는 반드시 원천징수를 이행 하도록 한다(27.5%). · 가급적 무이자방식으로 일처리를 하면 원천징수를 하지 않아도 된다.

☑ 세무조사가 우려 된다

예상되는 문제점		개선 방안
· 세무조사로 인해 현금이 유출된다. · 기업경영에 심각한 애로를 준다.		· 사전에 세무리스크를 관리하는 방안을 검토한다. · 자금지출 시 사전에 세무문제를 검토한다.

세무조사 위험진단 솔루션(실전용)

CEO는 자사의 기업에 대한 세무조사를 예방하는 책임도 지게 된다. 이때 다음과 같은 세무조사 위험진단 솔루션이 요긴하게 사용될 수 있다.

STEP1 각 항목별 체크

아래의 각 항목에 대해 해당되는 곳에 '○' 등의 표시를 한다. 참고로 아래의 항목은 샘플에 불과하므로 자사에 맞는 항목을 별도로 개발해서 사용할 수도 있을 것이다.

〈세무조사 위험진단표〉

1. 기업형태

소기업	중기업	중견기업	대기업	
10점	30점	70점	100점	

☞ 소기업은 매출액 5억 원 이하, 중기업은 5억~500억 원 이하의 기업, 중견기업은 500억 원~5,000억 원 이하의 기업으로 하기로 한다.

2. 영위업종

제조업	첨단연구개발업	유통업	기타(수출업 등)	현금수입업종
10점	20점	50점	70점	100점

3. 매출액 규모

5억 원 이하	30억 원 이하	50억 원 이하	100억 원 이하	100억 원 초과
10점	20점	50점	70점	100점

4. 세무조사 수감한 시기

2년 이내	3년 이내	4년 이내	5년 이내	5년 초과
10점	20점	50점	70점	100점

5. 당기순이익률 감소폭

5% 이하	10% 이하	20% 이하	30% 이하	30% 초과
10점	20점	50점	70점	100점

6. 동종업계 소득률 차이

5% 이하	10% 이하	20% 이하	30% 이하	30% 초과
10점	20점	50점	70점	100점

7. 불부합자료 발생횟수

1회 이내	2회 이내	3회 이내	4회 이내	5회 이상
30점	50점	70점	90점	100점

8. 가지급금 크기

1억 원 이하	5억 원 이하	10억 원 이하	20억 원 이하	20억 원 초과
30점	50점	70점	90점	100점

9. 대표이사의 법인카드 사적사용(1년 기준)

5,000만 원 이하	1억 원 이하	2억 원 이하	5억 원 이하	5억 원 초과
30점	50점	70점	90점	100점

10. 최근 5년간 대표이사의 재산증가

1억 원 이내	2억 원 이내	5억 원 이내	10억 원 이내	10억 원 초과
30점	50점	70점	90점	100점

STEP2 환산점수 계산

앞서 체크된 각 항목별 점수를 아래에 기재한 후 이에 가중치를 곱해 환산점수를 계산한다.

구분	진단 점수(①)	가중치(①)	환산점수(①×③)
1. 기업형태		10%	
2. 영위업종		10%	
3. 매출액 규모		20%	
4. 세무조사 수감한 시기		10%	
5. 당기순이익률 감소폭		5%	
6. 동종업계 소득률 차이		15%	
7. 불부합자료 발생횟수		10%	
8. 가지급금 크기		5%	
9. 대표이사의 법인카드 사적사용(1년 기준)		5%	
10. 최근 5년간 대표이사의 재산증가		10%	
계		100%	

STEP3 결과해석

위의 환산점수에 따라 세무조사 확률이 달라지므로 그에 따른 대책방안을 수립한다.

· **70점 이상** → 세무조사의 확률이 매우 높으므로 당장 대책을 세우도록 한다.

· **50~70점 이하** → 세무조사의 확률이 높으므로 모의세무조사 등을 통해 해결방법을 찾는다.

· **50점 이하** → 세무조사의 가능성이 다소 떨어지나 가능성은 있으므로 일상적인 관리활동을 하도록 한다.

원하는 재무제표 만드는 법 (분식방법 포함)

기업의 CEO들은 재무제표를 전반적으로 관리할 책임을 진다. 이를 보고 투자를 하거나 대출심사를 하는 등 쓰임새가 많기 때문이다. 그런데 문제는 상황에 따라서 재무제표가 엉망인 경우가 있다는 것이다. 이렇게 되면 좋은 점수를 받지 못하기 때문에 이를 어떤 방법을 동원해서라도 개선시킬 필요가 있다.

Case │ K기업의 재무상태표가 다음과 같다. 물음에 답하면?

자산		부채	
유동자산	30억 원	유동부채	10억 원
당좌자산	20억 원	비유동부채	20억 원
재고자산	10억 원		
비유동자산	20억 원		
유형자산	10억 원	자본	20억 원
기타자산	10억 원		
자산 계	50억 원	총자본 계	50억 원

☞ **물음 1** : 이 기업의 부채비율은 얼마인가?

☞ **물음 2** : 부채비율을 낮추기 위해 부채를 장부에 미반영하면 어떤 문제가 있는가?

☞ **물음 3** : 가지급금이 10억 원이 있는 상태에서 이를 장기부채와 상계하면 부채비율은 어떻게 변할까?

Solution │ 위의 물음에 순차적으로 답을 찾아보면 다음과 같다.

· **물음 1의 경우**

부채비율은 총부채를 자기자본으로 나눈 비율을 말한다. 총부채가 30억 원이고 자기자본이 20억 원이므로 부채비율은 150%가 된다.

· 물음 2의 경우

부채의 일부를 장부에서 누락시키면 외관상 부채비율은 감소할 수 있다. 하지만 부채가 재무제표에서 누락되었으므로 투자자 등에게 왜곡된 정보를 제공하게 되는 결과를 초래한다.

· 물음 3의 경우

자산에 있는 가지급금 10억 원을 장기부채와 상계하면 재무제표와 부채비율은 다음과 같이 변동한다.

· 재무상태표의 변화

자산		부채	
유동자산 30억 원 20억 원		유동부채 10억 원	
당좌자산 20억 원 10억 원		비유동부채 20억 원 10억 원	
재고자산 10억 원			
비유동자산 20억 원			
유형자산 10억 원		자본 20억 원	
기타자산 10억 원			
자산 계 50억 원 40억 원		총자본 계 50억 원 40억 원	

· 부채비율의 변화

종전	변경
150%	100%

Consulting │ 재무제표는 회계처리 결과를 반영해서 나오는 것인 만큼 기업이 회계처리 방침을 어떤 식으로 적용하느냐에 따라 재무제표의 모양새도 달라진다. 그런데 재무제표의 내용을 좋게 하기 위해 의도적으로 회계처리를 조작하는 경우도 있다. 예를 들어 기업의 재무제표가 당초 다음과 같이 예상되었다고 하자.

손익계산서	
수익	100억 원
비용	110억 원
손익	△10억 원

재무상태표			
자산	30억 원	부채	25억 원
		자본	5억 원

이 기업의 경영자는 손익계산서상의 손실 10억 원이 몹시 마음에 걸려 다음 연도의 매출 20억 원 상당액을 당기의 매출로 계상했다고 하자. 이렇게 되면 위의 재무제표가 다음처럼 변하게 된다.

수익	120억 원
비용	110억 원
손익	10억 원

자산	50억 원	부채	25억 원
		자본	25억 원

실전연습

K기업의 대표이사는 신용평가를 준비하는 과정에서 재무적인 점수가 낮은 것을 고민하고 있다. 자료가 다음과 같을 때 매출을 허위로 계상하면 어떤 효과가 발생할까?

〈자료〉

구분	비율분석	비율	평가기준	결과
안정성	부채비율 유동비율 비유동비율	160.0% 50.0% 200.0%	100% 이하 200% 이상 100% 이하	불량 불량 불량
수익성	매출총이익률 영업이익률	10.0% -10.0%	20% 이상 10% 이상	불량 불량
활동성	총자본회전율 재고자산회전율	0.77회 5회	– 8회	(불량) 불량

위와 같은 상황에서는 다음과 같이 가공매출을 장부에 반영하면 위의 비율이 모두 개선될 수 있다. 왜 그럴까?

(차변) 매출채권 ×××   (대변) 매출 ×××

그 이유를 표로 정리하면 다음과 같다.

구분	비율분석	이유
안정성	부채비율 ⬇ 유동비율 ⬆ 비유동비율 ⬇	∵ 이익증가로 자본(잉여금)이 증가 ∵ 매출채권이라는 유동자산이 증가 ∵ 이익증가로 자본(잉여금)이 증가
수익성	매출총이익률 ⬆ 영업이익률 ⬆	∵ 매출증가로 매출총이익이 증가 ∵ 매출증가로 영업이익이 증가
활동성	총자본회전율 ⬆ 재고자산회전율 ⬆	∵ 이익증가로 총자본이 증가 ∵ 매출액이 증가

☞ 이러한 이유로 가공매출이 분식회계에 가장 많이 등장하고 있다.

재무비율분석만으로 가공매출이 장부에 계상되었음을 알 수 있을까?

애석하게도 이런 종류의 재무비율 분석만으로는 가공매출액이 들어 있는지를 알 도리가 없다. 결국 각 기업이 작성한 재무제표가 왜곡되어 작성이 된 경우에는 위와 같은 주요 재무비율 분석에서 심각한 오류를 낳을 수 있는 점을 이해할 필요가 있다. 따라서 재무비율 분석의 유용성을 배가시키기 위해서는 이러한 점을 보완할 수 있는 분석기법(예 : 현금흐름분석 등)을 병행할 필요가 있다.

☞ 분식유형에 대해서는 PART 01을 참조하자.

| 심층분석 | CEO가 지향해야 하는 재무제표의 모습

CEO들은 평소에 재무제표를 다음과 같이 관리할 필요가 있다. 물론 상황이 바뀌면 그에 따라 적절한 대응방법을 찾아야 한다.

1. 재무상태표

자산	부채와 자본
유동자산	부채 50%↓
비유동자산	자본 50%↑

☑ 자산은 유동자산과 비유동자산 비율을 5:5를 기준으로 관리하도록 한다.
☑ 부채는 총자본 중 50% 이하로 한다.
☑ 자본은 총자본 중 50% 이상으로 한다.

2. 손익계산서

구분	비율
매출액	100%
매출원가	50%↓
매출총이익	
판매관리비	
영업이익	10%↑
영업외수익	
영업외비용	
법인세비용차감전순이익	
당기순이익	5%↑

☑ 매출원가비율은 50% 이하가 되도록 한다.

☑ 영업이익률은 10% 이상이 되도록 한다.

☑ 당기순이익률은 5% 이상이 되도록 한다.

3. 현금흐름

영업활동	+
투자활동	−
재무활동	−

☑ 영업활동에 의해서는 현금이 순유입되어야 한다.

☑ 투자활동에 의한 현금흐름은 유출되어야 한다(∵ 투자로 유출).

☑ 재무활동에 의한 현금흐름은 유출되어야 한다(∵ 채무상환으로 유출).

CEO의
법인자금 유출전략

기업자금의 유출원리

기업의 현금이나 보통예금 같은 현금성 자산은 기업의 자산을 축소시키는 역할을 하기 때문에 세법에서는 이를 엄격히 규제한다. 그렇다면 현실적으로 각 기업들의 지출 중 어떤 것이 문제가 될까? 일단 문제가 되는 현금지출의 유형을 재무제표측면에서 살펴보자.

Case | K기업은 다음과 같은 지출을 했다. 어떤 문제점이 있을까?

구분	항목	내용
①	인건비	임원의 상여를 지급했음.
②	접대비	개인적으로 사용했음.
③	보험료지출	개인의 보험료를 대납했음.
④	외주비	가짜의 가공비에 해당함.

Solution | 위의 물음에 맞춰 순차적으로 답을 찾아보면 다음과 같다.

· 위 ①의 경우

인건비는 비용에 해당한다. 따라서 세금 및 당기순이익을 축소시킨다. 이에 세법은 임원이 상여를 자의적으로 수령하는 것을 방지하기 위해 세법에서 한도를 규정하고 있다. 그리고 이를 초과해서 집행한 상여금은 세법상 비용으로 인정하지 않는다.

· 위 ②의 경우

기업의 자금을 개인적으로 유용한 경우에는 해당자의 소득으로 보게 된다. 다만, 개인적인 목적으로 사용한 법인의 접대비는 업무무관경비로 비용이 부인되며, 사용자의 소득(소득처분)으로 세금을 부과한다.

· 앞 ③의 경우

개인이 부담해야 할 성질의 것을 기업이 대신 부담한 경우에는 다음처럼 검토해야 한다.

☑ 비용지출 인정 여부 → 기업의 자금이 비용으로 유출되었으므로 이 부분이 세법상 비용에 해당하는지를 별도 검토해야 한다.

☑ 개인의 소득에 해당 여부 → 개인의 소득에 해당되면 개인에게 소득세가 부과된다.

☞ 사례의 경우 일단 비용(급여)으로 인정되며, 개인의 소득에도 해당된다.

· 앞 ④의 경우

가공비용을 추가해서 세금과 당기순이익을 줄이려는 불법행위에 해당한다. 참고로 이 외주가공비에 해당하는 자금을 유출하면 이는 범죄행위가 된다(비자금).

※ 앞의 비용에 대한 관리법 요약정리

계정과목	내용
인건비	· 임원의 상여는 정관·주총·이사회결의에 의한 기준을 초과하지 않도록 한다. · 임원의 퇴직금은 정관(위임포함)에 의한 금액보다 초과하지 않도록 한다. · 비현실적인 퇴직에 대해 퇴직금을 지급하지 않도록 한다.
접대비	· 자기 기업에 맞는 접대비 한도액을 책정한다. · 3만 원 초과지출분은 반드시 법인신용카드를 사용한다. · 개인사용 접대비를 지출하지 않는다.
보험료	업무와 관련성이 있는 보험료만 지출한다.
외주비	가짜비용을 반영하지 않도록 한다.

참고로 최근 업무용 승용차에 대한 규제가 심해졌다. 따라서 각 기업들은 가급적 운행일지를 작성해 비용처리를 하도록 한다(이를 작성하지 않으면 연간 1,500만 원까지만 비용으로 인정함). 한편 2대 이상 승용차를 운행하면 업무전용 자동차보험에 가입하도록 한다. 이에 가입하지 않으면 법인은 아예 비용으로 인정하지 않으며, 개인사업자는 매출규모에 따라 차등적으로 이 제도를 적용한다. 이 외 법인이 8,000만 원 이상의 승용차를 구입하면 연두색 번호판을 부착해야 한다(위반 시 비용 불인정).

Consulting | 기업이 자금을 유출할 때에는 다음과 같은 점에 주의해야 한다.

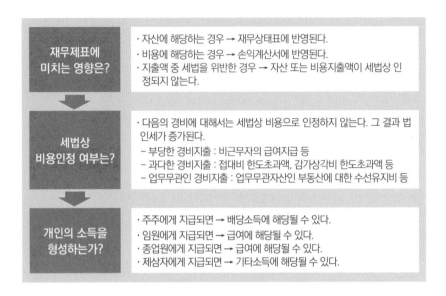

재무제표에 미치는 영향은?
· 자산에 해당하는 경우 → 재무상태표에 반영된다.
· 비용에 해당하는 경우 → 손익계산서에 반영된다.
· 지출액 중 세법을 위반한 경우 → 자산 또는 비용지출액이 세법상 인정되지 않는다.

세법상 비용인정 여부는?
· 다음의 경비에 대해서는 세법상 비용으로 인정하지 않는다. 그 결과 법인세가 증가된다.
 – 부당한 경비지출 : 비근무자의 급여지급 등
 – 과다한 경비지출 : 접대비 한도초과액, 감가상각비 한도초과액 등
 – 업무무관인 경비지출 : 업무무관자산인 부동산에 대한 수선유지비 등

개인의 소득을 형성하는가?
· 주주에게 지급되면 → 배당소득에 해당될 수 있다.
· 임원에게 지급되면 → 급여에 해당될 수 있다.
· 종업원에게 지급되면 → 급여에 해당될 수 있다.
· 제삼자에게 지급되면 → 기타소득에 해당될 수 있다.

실전연습 | K기업의 대표이사는 이번에 임직원들을 위해 특별성과급을 지급하려고 한다. 사전에 검토해야 할 재무영향은?

위의 내용을 절차에 따라 살펴보면 다음과 같다.

STEP1 재무제표에 미치는 영향은?

비용이 지출되면 거래의 8요소에 따라 차변에 비용이 발생하고 대변에 자산의 감소가 발생한다. 비용은 손익계산서 항목이고 자산은 재무상태표 항목에 해당한다.

· 손익계산서 ➡ 비용처리 ➡ 당기이익 축소(잉여금 감소)
· 재무상태표 ➡ 자산의 감소 ➡ 자본의 감소

STEP2 법인세에 미치는 영향은?

임직원에 지급되는 비용은 원칙적으로 법인의 경비에 해당하므로 법인세를 줄이는 역할을 하게 된다.

STEP3 개인의 소득세에 미치는 영향은?

소득을 지급받는 개인은 소득세를 부과받게 된다.

자금유출 시 점검해야 할 것들

우리 기업에서 외부로 돈이 빠져나갈 때 점검해야 할 것들에는 어떤 것이 있을까? 주요한 내용만 점검해보자.

☑ **업무관련성은 있는가?** → 업무관련성이 없다면 원칙적으로 세법상 비용이 아니다. 따라서 이러한 지출은 최대한 줄여야 한다.

☑ **특수관계자와의 거래인가?** → 특수관계자(임직원, 관계회사 등)와의 거래는 법인에게 세부담을 안겨다 준다. 따라서 적정 이자(4.6%)를 받도록 약정하는 것이 중요하다.

☑ **정규영수증을 챙겼는가?** → 정규영수증은 세금계산서 등을 말한다. 따라서 거래유형에 따라 어떤 증빙을 수취해야 하는지 미리 지침을 만들어 시행한다.

☑ **원천징수의무는 이행했는가?** → 돈을 지급할 때 세금의 일부를 떼어야 하는 경우가 있다. 만일 이러한 업무를 게을리하면 재산상 손실이 발생할 수 있다.

☑ **계약서와 지급내용이 일치하는가?** → 계약서와 지급내용이 일치하지 않으면 세무조사 등에서 불이익을 받을 소지가 있다. 계약서는 가장 중요한 지급근거 서류가 된다.

법인자금의 개인자금화 전략

법인은 법에서 인격이 부여된 단체를 말한다. 따라서 개인이 법인의 자금을 마음대로 사용하는 경우에는 법으로 규제를 해서 법인을 보호하게 된다. 지금부터는 법인자금을 주주나 대표이사 등이 개인자금화 하는 과정에서 어떤 문제가 있는지를 살펴보고자 한다.

Case | (주)승리는 K대표이사 등과 다음과 같은 거래를 했다. 세무회계상 어떤 문제들이 있는가?

① 퇴직한 임원에게 주주총회 등에서 결정된 보수액을 초과해서 상여와 퇴직급여를 지급했다.
② K대표이사 소유의 부동산을 시가보다 높게 매입했다.
③ 법인을 보험계약자와 수익자로 하고 K대표이사를 피보험자로 하는 저축성보험에 가입했다.
④ 주주이기도 한 K대표이사는 배당으로 10억 원을 지급받았다.
⑤ 주주가 보유한 주식을 회사가 매입했다.

Solution | 위의 물음에 대해 순차적으로 답을 찾아보면 다음과 같다.

· 물음 ①의 경우

임원은 종업원과 다르게 인건비 등에 대한 세법 규제를 적용받는다. 임원은 자의적으로 그들의 보수를 늘릴 수 있기 때문이다. 따라서 사례처럼 임원보수액을 초과한 부분은 법인의 비용으로 인정받을 수 없다. 또한 이를 받은 임원에 대해서는 소득세를 추가한다.

· 물음 ②의 경우

시가초과분에 대해서는 부당행위로 보아 이 금액을 대표이사의 상여로 처분한다.

| 시가초과분 | → 부당행위에 해당 → 대표이사의 상여로 처분 |
| 시가 | → 자산의 취득가액에 해당 |

· **물음 ③의 경우**

법인이 보험료를 지출한 경우에는 다음과 같이 처리하는 것이 원칙이다.

☑ 종업원을 위한 단체보장성보험에 가입한 경우 → 경영의 일환에 해당하므로 법인의 비용으로 인정한다.

☑ 종업원이 내야 할 보험료를 대납해준 경우 → 이 경우에도 경영의 일환(복리후생비성격)으로 보기 때문에 법인의 비용으로 인정을 한다. 다만, 이는 종업원의 급여로 보아 근로소득세를 부과한다.

☑ 업무를 위해 임원에 대한 보험료를 지출한 경우 → 경영의 일환에 해당하면 법인의 비용으로 처리한다. 그리고 임원의 소득에서 제외한다.

☑ 임원을 위해 종신보험료를 지출한 경우 → 이는 임원이 부담할 보험료를 회사가 부담한 것이므로 이를 임원에게 급여를 지급한 것으로 보아 한도를 따진다.

☑ 법인의 필요에 의해 저축성보험에 가입한 경우 → 보험금의 귀속이 법인에 해당하므로 기업의 자산을 형성한다. ☞ 사례의 경우가 이에 해당한다.

· **물음 ④의 경우**

배당을 받을 때 일단 14%(지방소득세 포함 시 15.4%)로 원천징수한다. 그리고 연간 금융소득이 2,000만 원을 초과하므로 6~45%로 금융소득종합과세가 적용된다.

· **물음 ⑤의 경우**

주식을 발행한 회사가 주주들로부터 주식을 취득해서 자금을 지출하는 상황을 말한다. 보통 자사주를 매입한 동기는 주가가 지나치게 하락했을 때 이를 올리거나 잉여자금이 있는 경우 이를 주주들에게 지급하기 위해 그리고 적대적 M&A를 방어하기 위해서다.

Consulting | 법인과 대표이사와의 거래를 손익계산서와 재무상태표 관점에서 열거하면 다음과 같다.

① 손익계산서

손익계산서 측면에서는 주로 인건비를 과다하게 지급하거나 비용을 사적으로 사용하는 경우가 있다.

수익	매출액	회사와 대표이사의 매출매입거래
비용	급여 임대차 접대비 기부금	대표이사의 가족에게 급여지급 회사와 임대차계약 사적으로 접대비 사용 사적으로 기부금 지출

② 재무상태표

재무상태표 측면에서는 자금거래를 하는 경우가 대표적이다.

자산	대여금 자산매매 자산의 증여	대표이사에게 대여(가지급금) 대표이사와 자산양수도 계약체결 대표이사로부터 자산수증
부채	차입금 채무면제	대표이사로부터의 차입 대표이사로부터의 차입금에 대한 채무면제
자본	주식증/감자	대표이사가 주식 보유로 유무상증자에 참여 시 증여세 문제

실전연습 K기업은 이번에 법인 대표이사를 피보험자로 하고 수익자를 법인으로 하는 변액보험에 가입하고자 한다. 이 보험에 가입할 때와 임원이 퇴직해서 ① 보험금을 법인이 수령해서 지급한 경우와 ② 보험계약변경을 통해 지급한 경우의 세무회계상 어떤 문제가 있는지 궁금하다.

STEP1 저축성보험 가입 시의 세무회계상 쟁점

법인이 저축성 보험에 가입한 경우로 만기 시 수익자가 법인이라면 당해 보험료는 원칙적으로 기업의 자산으로 처리된다. 다만, 소멸성 보험료가 구분되는 경우에는 이에 대해서는 비용처리를 해야 한다. 참고로 보험계약을 체결할 때 보험수익자를 대표이사로 하는 경우에는 해당 보험료는 해당자의 급여로 처리하는 것이 옳다. 따라서 수익자는 보통 법인이 된다.

상품	계약자	피보험자	수익자	회계처리
비과세저축 (적립연금)	법인	대표(임직원)	만기 시-법인	기업자산*
	법인	대표(임직원)	만기 시-대표(임직원)	급여처리

* 단, 소멸성 보험료는 비용으로 처리하는 것이 원칙이다.

STEP2 해당 임원 퇴직 시 세무회계상 쟁점

☑ 임원이 퇴직한 경우 미리 보험금을 수령해서 회사에 입금시킨 후 이를 퇴직금으로 지급하면 이에 대해서는 퇴직금으로 보아 비용으로 처리되고 개인은 퇴직소득세를 내면 된다.

☑ 해당 임원 퇴직 시 다음과 같이 보험계약을 변경해서 퇴직금을 지급하는 경우에는 일단 지급해야 할 퇴직금과 보험계약변경에 따른 평가액을 비교해야 한다.

	변경 전	변경 후
계약자	법인	대표이사
피보험자	대표이사	대표이사
수익자	법인	대표이사

· IF 퇴직금 〉평가액이면 → 부족분을 현금으로 보충해서 지급한다.
· IF 퇴직금 〈평가액이면 → 초과분에 대해서는 급여 등으로 처리해야 한다.

Tip CEO플랜 악용 사례

☑ 가족을 임원으로 허위 등재한 경우
☑ 대표이사만을 위해 보험에 가입한 경우
☑ 차입을 통해 보험에 가입한 경우 등

CEO의 자금거래 시 문제점과 대책

CEO들이 자사의 자금을 사용할 때에는 다음과 같은 점들에 주의해야 한다.

☑ **증빙 없이 가져가는 경우**

예상되는 문제점	대책
· 증빙이 없는 상태에서 돈이 나가면 가지급금이 된다.	· 증빙을 반드시 징구해야 한다. · 증빙이 없는 경우에는 대표이사의 급여로 처리하도록 한다.

☑ **대여금을 갚지 않는 경우**

예상되는 문제점	대책
· 대표이사가 대여금을 갚지 않으면 업무무관 가지급금이 된다. · 가지급금에 대해서는 세법상 불이익이 많다.	· 대여금 약정서를 구비해둔다. · 약정서에 따라 대금회수를 한다. · 대금회수가 안되면 대표이사의 급여 등으로 처리하도록 한다.

☑ **본인 돈을 회사에 입금시킨 경우**

예상되는 문제점	대책
· 이는 일종의 차입금(가수금)에 해당한다. · 이자를 지급하는 경우 원천징수의 문제가 있다.	· 차입약정서를 미리 구비해두도록 한다. · 무이자방식으로 하는 경우에는 원천징수를 하지 않아도 된다.

☑ **비자금을 만드는 경우**

예상되는 문제점	대책
· 가공비용을 계상하는 방식으로 비자금을 만드는 경우 형법 및 세법상 문제가 있다. · 비자금이 있는 기업의 재무제표는 신뢰할 수 없다.	· 가공비용은 절대 계상하지 않도록 한다.

☑ 회사 돈으로 보험에 가입한 경우

예상되는 문제점		대책
· 개인이 부담할 성질의 것을 법인이 부담하면 개인의 소득으로 본다. · 업무와 관련 없는 보험은 법인에게 부당행위계산부인제도* 등을 적용하게 된다.		· 보험이 업무와의 관련성이 높은지를 사전에 검토해야 한다.

* 세법은 특수관계자(가족 등)와 사업상 거래를 부당하게 해서 이익을 본 자에게 소득금액을 높여 세부담을 무겁게 한다. 이를 '부당행위계산부인제도'라고 한다.

☑ 회사와 거래를 하는 경우

예상되는 문제점		대책
· 부당행위계산부인제도가 적용될 수 있다. · 이제도가 적용되면 법인에게는 법인세가, 개인에게는 소득세가 부과될 수 있다.		· 시가로 거래를 하도록 한다. · 시가가 불분명한 경우에는 감정평가 등 객관적인 금액을 제시해야 한다.

☑ 가족의 급여를 지급하는 경우

예상되는 문제점		대책
· 자칫 가공비용에 해당해서 비용으로 인정받지 못할 수 있다. · 세무회계 투명성이 떨어져 세무조사의 빌미가 될 수 있다.		· 근로계약서, 근무일지 등을 확보한다. · 다른 종업원과 형평성이 있게 급여를 책정한다. · 급여신고를 한다.

☑ 개인의 재산이 증가한 경우

예상되는 문제점		대책
· PCI시스템*에 의해 세무조사로 선정될 수 있다.		· 개인의 소득세 신고와 재산증가(소비지출액 포함) 폭을 비교해서 재산관리를 한다.

* PCI시스템(Property, Consumption and Income Analysis System) : '소득-지출 분석시스템'은 일정기간의 소득금액과 재산증가액·소비지출액을 비교분석해서 탈루혐의금액을 도출하는 시스템을 말한다. 이 시스템은 현재 다음과 같이 활용되고 있다.

　☑ 기업주의 법인자금 사적사용 여부 검증 → 영리법인의 개인 사주가 회사자금을 임의로 유용해서 사적으로 소비지출·재산 증식했는지 여부를 검증한다.

☑ 고액자산 취득 시 자금출처 관리 강화 → 취득능력이 부족한 자(소득이 없는 자·미성년자 등)가 고액의 부동산 등을 취득 시 자금출처 관리에 사용된다.

☑ 세무조사대상자 선정 시 활용 → 고소득 자영업자 세무조사 대상자 선정 시 분석시스템을 활용해서 신고소득에 비해 재산증가나 소비지출이 큰 사업자를 선정하는 데 활용된다.

☑ 고액체납자 관리업무에 활용 → 고액체납자의 재산은닉 및 소비지출현황 파악에 활용된다.

☞ 기업세무조사에 대해서는 이 책의 자매서인 《중소기업세무 가이드북(실전 편)》,《세무조사실무 가이드북(실전 편)》을 참조한다.

※ 자금거래와 관련된 투명화 조치들

최근에 등장한 금융자산과 관련된 투명화조치들을 나열하면 다음과 같다.

☑ 고액현금거래보고제도(CTR) 지속적 운영

☑ 혐의거래보고제도(STR) 강화

☑ 해외계좌신고제도 도입

☑ 해외금융계좌납세협력법(FATCA)상의 금융계좌신고제도 도입

☑ 소득지출분석시스템(PCI시스템) 상시적용

☑ 사업용 계좌제도(개인사업자에 대해 적용)

☑ FIU(금융정보분석원)의 자금거래정보 세무조사 시 활용

☑ 차명계좌에 대한 현금추정제도 신설

☑ 차명계좌에 대한 처벌강화(2014년 11월 29일 이후 시행)

☑ 역외탈세 세무조사 강화 등

배당금 지출전략

기업의 이익잉여금은 당장 배당재원으로 삼을 수도 있고, 재투자의 금액으로 사용될 수도 있다. 따라서 지금까지 누적된 잉여금이 사내에 많이 남아 있는 기업은 그만큼 우량기업이라고 할 수 있다. 이익잉여금을 늘리는 활동은 기업경영에 있어 매우 중요한 요소가 된다.

Case | K기업의 이익잉여금처분계산서가 다음과 같다. 물음에 답하면?

과목	제1(당)기
	금액
Ⅰ. 처분전이익잉여금 1. 전기이월이익잉여금 2. 당기순이익 등	 50억 원 10억 원
Ⅱ. 임의적립금 등의 이입액 1. 임의적립금	 10억 원
합계	70억 원
Ⅲ. 이익잉여금처분액 1. 이익준비금 2. 배당금 등	
Ⅳ. 차기이월이익잉여금	?

☞ **물음 1** : 배당 가능한 재원은 얼마인가?
☞ **물음 2** : K기업의 대표이사는 이 기업의 주식을 50% 보유하고 있다. 모두 배당한다면 배당받을 수 있는 금액은 얼마인가?
☞ **물음 3** : 차기이월이익잉여금이 50억 원이라면 올해 얼마를 배당했는가?

Solution | 앞의 물음에 대해 순차적으로 답을 찾아보면 다음과 같다.

· 물음 1의 경우
배당 가능한 재원은 앞의 처분전이익잉여금과 임의적립금 이입액 등 모두 70억 원이 된다. 임의적립금은 기업이 임의적으로 적립한 잉여금이므로 이는 자유롭게 사용할 수 있다.

· 물음 2의 경우
일단 배당가능한 금액이 70억 원이므로 이 금액의 50%인 35억 원을 배당받을 수 있다. 다만, 이 현금배당액의 10%는 자본금의 1/2이 달할 때까지 이익준비금으로 계상해야 되므로 이 금액을 제외한 잔액을 배당받을 수 있다(상법규정).

· 물음 3의 경우
70억 원에서 50억 원을 차감한 20억 원을 배당한 것으로 보인다.

Consulting | 배당은 기업의 이익을 해당 기업의 주주들에게 나눠주는 행위에 해당한다. 기업들은 배당을 하기 전에 이와 관련해서 어떤 세무회계상의 문제가 있는지를 파악하고 있어야 한다.

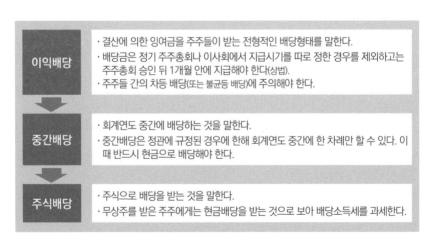

이익배당	· 결산에 의한 잉여금을 주주들이 받는 전형적인 배당형태를 말한다. · 배당금은 정기 주주총회나 이사회에서 지급시기를 따로 정한 경우를 제외하고는 주주총회 승인 뒤 1개월 안에 지급해야 한다(상법). · 주주들 간의 차등 배당(또는 불균등 배당)에 주의해야 한다.
중간배당	· 회계연도 중간에 배당하는 것을 말한다. · 중간배당은 정관에 규정된 경우에 한해 회계연도 중간에 한 차례만 할 수 있다. 이 때 반드시 현금으로 배당해야 한다.
주식배당	· 주식으로 배당을 받는 것을 말한다. · 무상주를 받은 주주에게는 현금배당을 받는 것으로 보아 배당소득세를 과세한다.

☞ 최대주주의 배당포기로 인해 초과배당을 받으면 증여세와 소득세가 동시에 나올 수 있다(상증법 제41조의 2를 참조할 것).

※ 현금배당금과 이익준비금

이익잉여금은 주주총회의 결의에 따라 배당금이나 상여금으로 처분할 수가 있다. 다만, 이 중 배당금을 현금으로 지급할 경우에는 현금배당금액의 10%를 자본금의 1/2에 달할 때까지 이익준비금으로 적립해야 한다. 이익준비금은 자본금의 1/2까지만 쌓으면 되므로 이를 넘긴 준비금은 회사가 임의로 쌓는 적립금에 해당한다.

실전연습　　K기업은 현재 개인형태로 유지되고 있다. 이 기업의 대표자인 김봉기사장은 법인형태로 전환해서 사업을 하면 어떨까 하는 생각을 가지고 있다. 자료가 다음과 같을 때 이에 대한 의사결정을 하면?

〈개인으로 운영할 경우〉
- 매출액 : 10억 원 예상
- 매출원가 : 5억 원
- 판매관리비 : 3억 원
- 종합소득공제액 : 1,000만 원
- 세율 : 6~45%

〈법인으로 운영할 경우〉
- 대표이사의 급여 : 2억 원
- 세율 : 9~24%

STEP1 현재 상태(개인)에서의 산출세액(사업소득세)

개인기업 형태로 운영한 경우에는 다음과 같은 산출세액이 나온다.

- 이익 계산 : 매출액 − 매출원가 − 판매관리비 = 10억 원 − 5억 원 − 3억 원 = 2억 원
- 종합소득세 계산
  - 과세표준 : 이익 − 종합소득공제 = 2억 원 − 1,000만 원 = 1억 9,000만 원
  - 산출세액 : 1억 9,000만 원 × 38% − 1,994만 원(누진공제액) = 5,226만 원

STEP2 법인으로 전환한 상태에서의 산출세액(법인세+근로소득세)

앞의 기업을 법인으로 전환해서 운영할 경우에는 다음과 같은 산출세액
이 나온다.

① 법인세

- 이익 계산 : 매출액 − 매출원가 − 판매관리비 = 10억 원 − 5억 원 − 5억 원(연봉 2억 원 포함) = 0원
- 법인세 계산 : 0원

② 근로소득세

- 근로소득세 계산
  · 근로소득금액 : 연봉 − 근로소득공제 = 2억 원 − 2,000만 원(가정) = 1억 8,000만 원
  · 과세표준 : 근로소득금액 − 종합소득공제 = 1억 8,000만 원 − 1,000만 원 = 1억 7,000만 원
  · 산출세액 : 1억 7,000만 원 × 38% − 1,994만 원(누진공제액) = 4,466만 원

③ 계

· **법인세 + 근로소득세 = 0원 + 4,466만 원 = 4,466만 원**

STEP3 개인과 법인의 산출세액 비교

개인사업과 법인사업을 하는 경우 산출세액을 비교해보면 다음과 같다.

① 개인으로 하는 경우 : 5,226만 원
② 법인으로 하는 경우 : 4,466만 원

법인으로 하는 경우에는 법인세와 근로소득세(또는 배당소득세) 등이 추
가될 수 있지만 소득종류가 분산되므로 개인으로 하는 것보다 세금을 줄
일 수 있는 유인이 있다.

※ 법인의 대표이사 등이 받을 수 있는 소득의 종류

☑ 근로소득(급여, 상여 등)

☑ 퇴직소득

☑ 배당소득(주주에 해당하는 경우) 등

☞ 이 중에서 세부담이 가장 낮은 소득은 퇴직소득이다. 다만, 절세플랜
    을 기획할 때에는 이러한 소득의 종류를 조합하는 방안으로 해야 한다.

특별보너스의 지급

기업이 경영성과를 공유하는 차원에서 임직원들에게 특별보너스를 지급할 수 있다.
이러한 경우에는 기업의 입장과 임직원의 입장에서 어떤 영향이 있는지를 살펴보아
야 한다.

① 기업의 입장

기업의 입장에서는 현금유출이 일어나나 경영성과를 공유한다는 측면에서 큰 의의가
있다. 특별보너스는 기업의 비용으로 처리되므로 이에 대한 절세효과를 일으켜 현금유
출액을 축소시켜 준다. 다만, 4대보험료 등의 관련비용을 증가시킬 수 있으므로 사전에
이런 문제들을 검토해야 할 것이다. 참고로 법에서 정한 경영성과급을 지급하면 지급
액의 15%를 세액공제하는 제도가 있다. 조세특례제한법 제19조를 참조하기 바란다.

② 종업원의 입장

종업원의 입장에서는 근로소득이 추가되므로 이에 대해 근로소득세가 증가할 가능성
이 있다. 물론 국민연금보험료나 건강보험료 등도 추가될 수 있다.

자기주식 취득·처분전략

자기주식(自己株式)은 주식을 발행한 기업이 자사의 주식을 매입하는 것을 말한다. 이를 시중에서는 '자사주 매입'이라고 하며 여러 가지 경영전략의 일환으로 매입한다. 이하에서는 주로 가지급금 회수방안으로 활용되는 자기주식에 대해 알아보자.

Case | K기업의 재무상태표가 아래와 같다고 하자. 물음에 답하면?

	부채
자산	자본 　자본금 10억 원 　잉여금 90억 원

☞ **물음 1** : 현재 이 기업의 1주당 액면가액이 5,000원이라면 발행주식 수는 얼마인가?

☞ **물음 2** : 현재 이 기업의 1주당 장부가치는 얼마인가? 단, 장부가치와 세법상 주식가치는 일치한다.

☞ **물음 3** : 만일 주주로부터 해당 주식을 주당 10만 원에 총 1만 주를 매입한 경우 재무제표에 어떤 영향을 주는가? 그리고 세법상 어떤 문제가 있는가?

Solution | 위의 물음에 대해 순차적으로 답을 찾아보면 다음과 같다.

· **물음 1의 경우**

자본금 10억 원을 5,000원으로 나누면 총 발행주식 수는 20만 주라는 것을 알 수 있다.

· 물음 2의 경우

자산에서 부채를 차감한 자본이 100억 원이므로 이를 20만 주로 나누면 1주당 장부가치는 5만 원이다.

· 물음 3의 경우

아래의 절차에 따라 답을 찾아보자.

STEP1 회계처리

자기주식 취득을 위해 총 10억 원만큼이 지출되었다.

(차변) 자기주식 10억 원   (대변) 현금 10억 원

STEP2 재무제표의 변화

자기주식 취득은 현금의 지출이 일어나고 자본의 차감계정으로 자본에 영향을 주게 된다. 전체적으로 기업의 자산이 10억 원이 줄어드는 것으로 나타난다.

자산 　현금 (10억 원)	부채
	자본 　자본금 10억 원 　잉여금 90억 원 　자기주식 (10억 원)

STEP3 세법 검토

세법상 가격보다 초과해서 자기주식을 매입한 경우 다음과 같은 문제점을 예견해 볼 수 있다.

- ☑ **법인** → 시가초과액은 자산금액에서 차감하며, 이를 주주에 대한 배당으로 본다.
- ☑ **주주** → 법인에 의해 배당처리된 금액에 대해 배당소득세를 부과받게 된다.

Consulting | 자기주식의 '취득 → 처분(또는 소각)'시 발생하는 세무회계문제를 정리하면 다음과 같다. 자세한 것은 저자와 상의하기 바란다.

구분		회계처리	세무문제
취득 시		(차변) 자기주식 ××× 　(대변) 현금및현금성자산 ××× ※ 자기주식은 자본의 차감계정	· 상법(제341조)을 위반한 경우에는 업무무관 가지급금에 해당함. · 저가 매입 시 : 특수관계인인 개인과의 거래 시 시가와의 차액을 익금산입(유보) · 고가 매입 시 : 부당행위계산부인제도가 적용됨.
처분 시	처분이익	(차변) 현금및현금성자산 ××× 　(대변) 자기주식 ××× 　　　　자기주식처분이익 ×××	법인의 익금에 해당함.
	처분손실	(차변) 현금및현금성자산 ××× 　　　　자기주식처분손실* ××× 　(대변) 자기주식 ×××	(아래 *참조)
소각 시	감자차익	(차변) 자본금 ××× 　(대변) 자기주식 ××× 　　　　감자차익 ×××	자본전입 시 의제배당 검토
	감자차손	(차변) 자본금 ××× 　　　　감자차손 ××× 　(대변) 자기주식 ×××	

* 자기주식처분손실 : 자기주식처분이익과 우선적으로 상계하되, 그 잔액은 자본조정항목으로 계상한 후 이익잉여금처분으로 상계해서 이를 보전한다.

※ 자기주식에 대한 상법·세법 요약

자기주식 취득 시에는 상법과 세법 등의 규정에 위배되는지를 먼저 살펴봐야 한다. 상법 제341조를 위주로 요약하면 다음과 같다.

☑ 회사는 자기의 명의와 계산으로 자사의 주식을 취득할 수 있다.

☑ 자기주식 취득금액은 상법상 이익배당 가능액(제462조) 내에서 이뤄져야 한다.

☑ 사전에 주주총회의 결의나 이사회의 결의로 이익배당을 할 수 있다고 정관으로 정하고 있는 경우에는 이사회의 결의로 정한다.

☑ 회사는 자기주식의 취득연도에 결손이 나서 순자산가액이 자본금과 이익준비금 등에 미달할 것으로 예상되면 이를 취득해서는 아니 된다.

☑ 상법을 위배해서 취득한 자기주식은 세법상 업무무관가지급금으로 본다(법인세과-1148, 2012. 12. 9).

☑ 자기주식의 취득 시 대주주의 지분이 증가되더라도 이에 대해서는 과점주주의 취득세 의무가 없다(지방세운영 3593, 2010. 8. 16).

실전연습　　K법인에서 이번에 주주 전부에게 매수청구권 공고한 후 상법에서 규정한 취득가액의 총액 한도 내에서 대표이사의 주식일부와 소액주주가 보유한 주식을 매입하고 이에 대한 대금을 지급했다. 물음에 답하면?

☞ 물음 1 : 위의 거래는 세법상 문제가 없는가?

☞ 물음 2 : K법인이 보유한 자기주식에 대한 회계처리는 어떻게 하고 재무상태표 표시는 어떻게 해야 할까?

☞ 물음 3 : K법인이 시가보다 높게 주식을 매입한 경우 세법상 어떤 문제가 있는가?

위의 물음에 대해 순차적으로 답을 찾아보면 다음과 같다.

· 물음 1의 경우

모든 주주에게 주식매수청구권을 부여하고 매수청구를 한 주주로부터 자기주식을 매입했을 경우에는 세법상 문제가 없다. 즉 매입대가는 업무무관가지급금에 해당하지 않는다.

· 물음 2의 경우

K법인이 보유하고 있는 자사주는 일단 다음과 같이 회계처리를 한다. 자사주 매입금액이 1억 원이고 자본은 10억 원이라고 가정한다.

(차변) 자기주식 1억 원　　(대변) 현금 1억 원

이때 차변의 자기주식은 자본의 차감항목에 해당한다. 따라서 다음과 같이 재무상태표에 표시한다.

자산 　현금 (1억 원)	부채
	자본 10억 원 　자본조정(1억 원) 자본 계　9억 원

· 물음 3의 경우

법인이 특수관계인인 개인으로부터 자사주를 시가보다 고가로 매입했다면 부당행위계산부인규정이 적용되어 시가와 매입가액의 차이를 손금산입(△유보)하고, 익금산입 상여처분한다(법인세법 제52조).

주식 관련 세무전략

이익소각 등을 통한 자기주식 매입, 주식의 상속(비상장주식평가, 가업승계 포함)과 증여(명의신탁 포함), 양도전략 등에 대해서는 이 책의 자매서인 《상속·증여 세무 가이드북(실전 편)》,《중소기업세무 가이드북(실전 편)》을 참조하도록 하자.

CEO들이 평소에 재무제표에 대해 능통하면 다양한 경영환경에 능동적으로 적응할 수 있다. 아래의 사례들은 특수한 주제들이기는 하지만, 재무제표 지식만 있다면 관련 내용을 충분히 파악할 수 있을 것이다.

☑ 가지급금을 회수했다

회수 전		회수 후	
자산 가지급금	부채	자산 현금	부채
	자본		자본

기업이 가지급금을 회수하면 순자산가액은 변동이 없으며 자산항목 중 가지급금이 현금으로 바뀌게 된다. 참고로 가지급금을 없애는 방법에는 다음과 같은 것들이 있다.

· 가수금과 상계한다.
· 비용과 상쇄한다(퇴직금 등).
· 자본금과 상쇄한다(자기주식 등).

☞ 세법은 가지급금에 대해 세법상의 인정이자를 법인의 소득과 개인의 소득으로 간주해서 세금을 추가하고, 차입금 이자비용에 대해서는 손금불산입 등의 방법으로 불이익을 준다. 이 외에도 형법상 횡령이나 배임 등에 해당될 여지마저 있다. 따라서 가지급금 규모가 5억 원을 넘는 경우에는 이에 대한 대책을 바로 만들어 시행할 필요가 있다.

☑ 잉여금이 증가했다

결산 전		결산 후	
자산	부채	자산	부채
	자본		자본
		자산증가 ⇧	잉여금증가 ⇧

대변에 잉여금이 증가하면 차변에 그에 맞는 자산이 증가하는 것이 원칙이다. 그 결과 기업은 증가된 자산을 가지고 다음 프로젝트를 진행할 수 있다. 만일 잉여금에 해당하는 자산이 불량자산이 되면 기업은 결코 성장할 수 없다. 대표적인 것으로 가지급금이 있다.

☞ 외부의 투자자들은 잉여금이 증가한 기업의 당좌자산항목을 우선적으로 점검하는 경향이 있다. 증가된 잉여금이 현금 등으로 보유되고 있으면 투자에 있어 매력적인 기업으로 판단하기 때문이다.

☑ 가입한 보험에서 손실이 발생했다

결산 전		결산 후	
자산	부채	자산	부채
	자본		자본
		자산감소 ⇩	자본감소 ⇩

기업이 다양한 목적으로 가입한 저축성 보험에서 손실이 발생하면 위와 같이 자산과 자본(자본조정, 기타포괄손익누계액 항목)이 동시에 축소가 된다. 따라서 올바른 재무제표 작성을 위해서는 이러한 평가손실을 재무상태표에 반영하는 것이 원칙이다. 단, 기업이 위와 같이 평가손실을 재무상태표에 반영하더라도 세법은 이를 인정하지 않는다. 그래서 회계감사를 받지 않는 기업들은 기말에 이러한 평가를 하지 않는 경향이 높다.

☑ 자산을 재평가했다

재평가 전			재평가 후	
자산	부채		자산	부채
	자본			자본
			자산증가 ⇧	자본증가 ⇧

기업이 보유한 자산을 공정가치로 재평가해서 재평가차익이 발생하면 자산이 증가하고 자본도 증가한다. 그런데 이러한 자산재평가에 대해 회계와 세법상 차이가 있다.

· 회계 → 일반회계기준이나 국제회계기준 등에서는 재평가제도의 적용을 강제하고 있지는 않다. 따라서 기업 스스로 판단해서 재평가를 할 수 있고 그 결과를 재무제표에 반영할 수 있다.

· 세법 → 세법에서 정한 경우(예 : 보험업법 등)를 제외하고는 재평가차익을 인정하지 않는다. 따라서 기업이 재평가차익을 재무제표에 반영한 경우 세무조정을 통해 이를 조정해야 한다.

※ 비상장기업의 주식평가

비상장법인의 주식은 순손익가치와 순자산가치를 3과 2의 비율로 가중평균해서 가치를 산정한다(단, 부동산과다보유법인은 2와 3의 비율을 적용). 이를 요약하면 다음과 같다.

① 일반법인의 1주당 평가액(부동산과다보유법인 제외)

$$= \frac{1주당\ 순손익가치 \times 3 + 1주당\ 순자산가치 \times 2}{5}$$

* 1주당 순손익가치=1주당 최근 3년간 순손익액의 가중평균액÷고시 이자율
* 1주당 순자산가치=당해법인의 순자산가액÷발행주식총수

② 부동산 과다보유(자산가액 중 부동산가액이 50% 이상)법인의 1주당 평가액

$$= \frac{1주당\ 순손익가치 \times 2 + 1주당\ 순자산가치 \times 3}{5}$$

③ 2004년 1월 1일 이후 청산 중인 법인과 2005년 1월 1일 이후 사업개시 전·사업 개시 후 3년 미만인 법인이 직전 3년간 계속해서 결손인 경우, 2012년 1월 1일 이후 부동산가액이 자산가액에서 차지하는 비중이 80% 이상인 경우 순자산가치로만 계산한다.

☞ 부동산 임대법인은 자산 중에서 부동산이 차지하는 비율에 따라 주식 평가방법이 달라진다.

구분	50% 미만	50% 이상	80% 이상
평가방법	위 ①의 방법	위 ②의 방법	위 ③의 방법
비고	순손익가치 강조	순자산가치 강조	순자산가치 강조

일반적으로 주식가치가 저렴하게 나오는 순서는 '① → ② → ③'이나 상황 별로 순서가 달라질 수 있다(저자 문의).

☑ 주식을 증자했다

증자 전		증자 후	
자산	부채	자산	부채
	자본		자본
		자산증가 ⇧	자본증가 ⇧

주식을 증자하면 자본이 증가하고 자산이 증가한다. 그 결과 부채비율이 감소하고 자기자본비율이 증가하게 된다. 자본을 늘리는 방법에는 주주 가 현금을 납입하거나 이익잉여금을 자본에 전입, 가수금(부채)을 자본금 으로 전환하는 방법 등이 있다. 예를 들어 자본금을 1억 원 증자한 경우에 는 다음과 같이 회계처리한다.

(차변) 현금 1억 원   (대변) 자본금 1억 원

☑ 주식을 감소시켰다(현금지급한 경우)

감자 전		감자 후	
자산	부채	자산	부채
	자본		자본
		자산감소 ⇩	자본감소 ⇩

기업이 주주들에게 주식을 사들여 소각하는 방법으로 자본금을 줄이는 경우가 있다. 이 경우 재무제표는 위와 같이 자본이 감소하고 자산도 감소해서 결과적으로 기업의 순자산이 변동한다. 예를 들어 자본금 1억 원을 줄이면서 주주들에게 9,000만 원을 지급하는 경우 다음과 같이 회계처리를 한다.

(차변) 자본금 1억 원   (대변) 현금 9,000만 원
                                    감자차익 1,000만 원

감자차익은 자본항목에 해당한다.

한편 적자가 계속되어 이월결손금이 많은 경우 고육지책으로 자본을 줄이게 되는데, 이 경우에는 다음과 같이 회계처리한다.

(차변) 자본금 1억 원   (대변) 이월결손금 1억 원

☞ 이월결손금을 보전할 목적으로 감자를 단행하는 경우에는 기업의 순자산가액은 변동하지 않는다. 다음 재무상태표의 변화를 보면 쉽게 이해할 수 있을 것이다.

감자 전		감자 후	
자산	부채	자산	부채
	자본 　자본금 5억 원 　<u>이월결손금 1억 원</u> 　계 4억 원		자본 　<u>자본금 4억 원</u> 　계 4억 원

☑ 국내에 지점이 있다

사업연도 중

· 본지점 거래

본점	지점
매출 100 ⇨	매입 100
	매출 200

결산 시

· 본지점 통합손익계산서

매출	200
매출원가	100
이익	100

국내 본점과 지점은 하나의 회사에 해당한다. 따라서 둘이 별도의 회계처리를 하더라도 나중에는 본점명의로 된 하나의 재무제표를 작성해야 한다. 참고로 현행 부가가치세법은 사업장별로 과세하므로 지점에서 판매하기 위해 본점에서 재화를 이동하는 경우에는 본점이 지점에 세금계산서를 교부하는 것이 원칙이다(단, 사업자단위과세와 주사업장총괄납부사업자는 미교부가 원칙). 본점과 지점이 별도로 회계처리를 하는 경우의 본지점 회계내용을 보자.

서울본점	부산지점
① 서울본점이 부산지점에 전도금 1억 원과 1억 원 상당의 상품을 공급하다.	
(차변)지점 2억 원　　(대변)보통예금 1억 원 　　　　　　　　　　　　상품 1억 원	(차변)보통예금 1억 원　　(대변)본점 2억 원 　　　　　　　　　　　　　상품 1억 원
② 부산지점에서 원재료를 1억 원(VAT 별도)에 구입하다.	
–	(차변)원재료 1억 원　　(대변)외상매입금 1.1억 원 　　　선급부가세 0.1억 원
③ 서울본점에서 부산지점에서 구입한 원재료 대금을 지급하다.	
(차변)지점 1.1억 원　　(대변)보통예금 1.1억 원	(차변)외상매입금 1.1억 원　　(대변)본점 1.1억 원

☞ 주사업장총괄납부제도

본점과 지점이 여러 개 있는 경우 부가가치세 납부만 본점에서 총괄적으로 하는 제도를 말한다. 신고는 각 사업장별로 해야 함에 유의해야 한다. 이에 반해 사업자단위과세제도는 사업자등록번호를 1개로 해서 부가가치세 업무처리를 하는 제도를 말한다.

☑ 국내에 자회사를 두고 있다

사업연도 중

〈모회사의 재무상태표〉

자산	부채
자회사주식	자본

* 모회사가 보유한 자회사주식은 투자주식 등으로 자산처리를 한다.

〈자회사의 재무상태표〉

자산	부채
	자본

* 자본에는 모회사가 납입한 자본금이 포함된다.

결산 시

※ 지분법을 적용하는 경우
〈모회사-지분법손익 반영〉

수익	지분법이익
비용	지분법손실
이익	

〈자회사-지분법손익과 무관〉

수익	N/A
비용	N/A
이익	

자회사(子會社)는 다른 회사(母會社)와 지분적 관계를 맺어 그 모회사의 지배 아래에 있는 회사를 말한다. 모회사와 자회사는 법적으로는 분리되어 있으나, 지분율의 크기 등에 따라 지분법으로 손익을 평가하거나 연결재무제표 등을 작성해야 한다.

· 일반적으로 지분율이 50% 초과 시 연결재무제표[1] 작성
· 일반적으로 지분율이 20~50% 사이에 있는 경우에는 지분법[2]을 적용

[1] 지배, 종속 관계에 있는 두 개 이상의 회사를 단일 기업 집단으로 보아 각각의 개별 재무제표를 종합해서 작성하는 재무제표를 말한다.
[2] 20% 이상 출자하거나 중대한 영향력을 행사하는 관계사의 경우 자회사의 순이익을 보유 지분만큼 모회사 재무제표에 반영하는 제도를 말한다.

☑ 미국에 현지법인을 두고 있다

사업연도 중

〈국내 모회사〉

자산	부채
현지법인주식*	자본

* 모회사가 보유한 해외주식은 투자주식 등으로 자산처리를 한다.

〈해외 현지법인〉

자산	부채
	자본
	모회사주식

결산 시

※ 현지법인으로부터 배당을 받은 경우
〈모회사-배당금 수입〉

수익	배당금 수입
비용	
이익	

※ 모회사가 현지법인으로부터 받은 배당금 수령 시 원천징수된 세액에 대해서는 외국납부세액공제가 적용될 수 있다.

〈자회사-배당금 지급〉

수익	
비용	
이익	배당금 지급

현지법인이란 현지에서 고정사업장을 가지고 영업활동을 하기 위해서 자국의 자본만으로 외국법에 의해 설립된 외국국적의 회사를 말한다. 국내의 모기업과 외국의 현지법인은 완전히 다른 인격체에 해당한다. 한편 국내 모기업은 현지법인으로부터 배당을 받게 된다. 이는 모회사의 입장에서 영업외수익에 해당한다.

☞ 현지법인과 국내 모회사가 주의해야 할 세제

현지법인과 국내의 모회사가 거래하는 경우에는 다양한 세무상 위험이 증가하는데, 대표적인 것의 하나가 바로 '이전가격세제' 문제다. '이전가격세제'란 기업이 국외특수관계자와의 거래에 있어 정상가격보다 높거나 낮은 가격을 적용함으로써 과세소득이 감소되는 경우, 과세당국이 그 거래에 대해서 정상가격을 기준으로 과세소득금액을 재계산해서 조세를 부과하는 제도를 말한다. 모회사와 현지법인과의 거래가 비정상적으로 되면 세금 문제뿐만 아니라 불공정경쟁 등에 의해 자국의 산업이 막대한 영향을 받기 때문이다. 이 외에도 과소자본세제나 역외탈세 등도 주요 이슈가 된다.

☑ 외투법인을 운영하고 있다

결산 시	
자산	부채
	자본

➡

배당 후	
· 외국의 모회사에 배당금 지급	
자산	부채
	자본
자산감소 ⇩	자본감소 ⇩

외국인투자법인(외투법인)이 국내에 투자해서 사업을 수행한 결과 벌어들인 이익을 외국의 모회사에 배당한 경우에는 자산과 자본(잉여금)이 동시에 감소하게 된다. 이러한 외투법인은 외국의 모회사에게 실적 등을 보고해야 하므로 모회사 언어(혹은 영어) 재무제표를 별도로 만들어서 송부를 하게 된다. 물론 외국의 모회사는 IFRS(국제회계기준)나 자국의 회계기준에 따라 연결/결합 재무제표 등을 작성하게 된다.

※ 외투법인에 대한 세법의 적용

외투법인도 국내에서 설립된 법인이므로 국내세법을 우선적으로 적용하게 된다. 다만, 외투법인이 국외의 모회사와 거래를 하거나 배당을 하는 경우 특수한 세금문제가 발생한다. 이하에서 주요 내용들을 정리해보자.

구분	항목	내용
1	사업자등록 신청	· 기본서류 : 내국법인과 동일 (법인설립신고 및 사업자등록신청서, 법인등기부등본, 정관, 주주명부, 허가신청서 등) · 외투법인 추가 서류 : 외국인등록증, 외화매입·예치 증명서 사본 등
2	조세감면	· 조세특례제한법 제121조의 2~7에서 규정하고 있음. · 법인세 신고 시 추가제출서류 : 국제거래명세서, 국외특수관계자의 요약손익계산서 등
3	이전가격 세제 적용	국외특수관계자와 거래할 때 거래가격이 세법상의 정상가격(arm's length price)에 미달하거나 초과하는 경우, 세법상의 정상가격을 기준으로 재계산해서 과세표준과세액을 결정하는 제도를 말한다. ☞ 외투법인이나 현지법인의 세무조사 시 가장 중요한 조사항목에 해당한다.

4	배당금 등
	지급 시
	원천징수
		· 원천징수 대상 : 국외특수관계자로부터 기술이나 외자도입 대가를 지급, 인적용역
		보수·자금차입 이자·배당금 지급 등
		· 원천징수
		  – 조세조약이 체결되어 있는 경우 → 조세조약에 규정된 제한세율을 적용함.
		  – 조세조약이 체결되어 있지 않은 경우 → 법인세법 또는 소득세법의 규정에 따른 세
		    율을 적용함.

5	과소자본 세제 적용	· 국외의 모회사가 국내 외투법인에 자본이 아닌 자금대여에 의한 투자 시 과도한 이자비용으로 법인세가 감소되는 문제가 발생함. · 이를 방지하기 위해 국외특수관계자로부터의 과도한 차입금에 대한 이자에 대해서는 법인 세법상 손금으로 인정하지 않음. 이를 '과소자본세제(thin capitalization)'라고 함.
6	외국인 근로자*의 소득세	이들에 대해서는 ① 소득세법을 적용해서 비거주자로서 연말정산 하는 방법과 ② 단 일세율 분리과세 방식에 따라 비과세 근로소득을 포함한 금액에 19%의 단일세율을 적용해서 납부할 소득세액을 계산하는 방법 중 하나를 선택할 수 있음.

* 외국인 근로자는 해당 과세연도 종료일 현재 대한민국의 국적을 가지지 아니한 사람을 의미하며, 거주자 중 외국인과 비거주자 중 외국인 근로자를 말함.

☑ 흡수합병을 했다

합병 전	합병 후

〈합병회사 A〉

| 자산 100 | 부채 50 |
| | 자본 50 |

〈피합병회사 B〉

| 자산 50 | 부채 30 |
| | 자본 20 |

〈합병회사 A+B〉

| 자산 150 | 부채 80 |
| | 자본 70 |

흡수합병을 하면 피합병회사가 소멸한다. 한편 합병법인은 피합병회사를 인수하는 대가로 피합병법인의 주주들에게 합병법인의 주식을 교부하거나 또는 주식과 현금을 같이 지급하게 된다. 한편 합병법인은 합병대가와 인수한 자산의 장부가액의 크기에 따라 다음과 같이 회계처리를 한다(중소·벤처기업의 경우). 합병세무에 대해서는 바로 아래를 참조하자.

장부가액 〉 인수가액	장부가액 = 인수가액	장부가액 〈 인수가액
· 시가보다 저렴하게 인수 · 차액 처리 : 부의 영업권 · 부의 영업권 처리 : 환입	· 장부가액대로 인수	· 프리미엄 주고 인수 · 차액 처리 : 영업권 · 영업권 처리 : 감가상각*

* 일반기업은 20년(세법은 5년) 내에 상각하나 IFRS 적용 기업은 감가상각을 하지 못하고 매년 손상평가를 하게 된다.

1. 합병사례

실제 합병사례를 연구해보자.

A법인은 최근 B법인을 흡수합병했다. 재무상황이 다음과 같을 때 A법인 과 B법인은 어떤 식으로 합병을 했는지 살펴보자. 구체적인 내용들은 저 자에게 문의하기 바란다.

> | 자료 |
> · A법인을 합병존속법인으로 하고 B법인을 합병소멸법인으로 함.
> · A법인과 B법인은 관계회사이나 업종은 서로 상이함.
> · A법인은 B법인에 단기대여를 하고 있는 상황이라 가지급금인정이자 등의 세무문제가 발생하고 있고,
>   B법인은 차입금상환부담을 안고 있으나 경영악화로 상환의 어려움이 있음.
> · A법인과 B법인은 비상장중소기업에 해당함.

(1) 합병의 목적(필요성)

위의 재무상황에 따라 합병의 필요성이 제기되어 합병을 함으로써 합병 당사자 간의 채권채무를 상계해서 A법인은 관계회사에 대한 단기대여금 에 따른 세법상의 문제를 해소하고, B법인은 단기차입금상환 부담을 해 소하는 재무상 구조조정을 하는 것으로 합의함. 이에 더해서 상이한 업종 의 조합을 검토한 결과 사업의 시너지효과도 발생할 가능성이 높을 것으 로 판단되어 추후 경영효율성이 증대될 수 있다는 결론에 도달함.

(2) 합병방법 결정 시 고려사항

회계상의 합병 이후 재무구조개선 및 세법상의 합병당사자 법인 및 주주 의 세부담 최소화 등이 중점 고려대상임.

(3) 합병비율의 결정

먼저 당사자법인이 비상장중소기업이므로 상속세 및 증여세법(상증법)에 의해 주당 주식평가를 실시한 후, 상증법에 의한 합병당사자 법인의 주당

주식평가를 실시해서 합병비율을 1:0.2로 산출했음.

(4) 합병방법의 결정

결정된 합병비율에 따라 B법인주주에게 B법인 발행주식 1주당 A법인의
주식 0.2주를 교부하는 방식으로 흡수합병을 하기로 했음.

(5) 합병절차의 확정

상법상의 절차를 고려해서 합병기일(자산부채 평가기준일)을 결정하고 그
전후로의 일정을 계획하고 일정에 따라 진행사항을 체크함.

(6) 합병회계처리

위에서 언급한 합병의 목적 및 방법결정 시 고려사항에 따라 재무구조개
선에 관해서 합병당사자 법인의 채권채무(단기대여금 및 단기차입금)에 대
한 상계회계처리를 하고 B법인의 자산부채에 대해서 합병당사자법인이
합의한 평가기준에 따라 A법인이 승계하는 회계처리를 함. 모든 자산부채
계정에 대한 승계에 따라 신주발행회계처리도 병행함.

(7) 합병세무처리

· 합병의 필요성에 따라 합병을 진행하는 것인 만큼 세부담 최소화를 고
려해야 하므로 적격합병의 요건을 준수해서 세부담을 이연하고 B법인
의 이월결손금을 승계함. 이와 함께 이월세액공제 및 감면세액이 있는
경우 승계요건을 갖추었는지 검토하고 A법인이 취득할 사업용 고정자
산에 대한 지방세 비과세 적용 여부도 검토함.

· 한편 A법인의 개인주주 및 B법인의 개인주주에 대한 증여의제 및 의제
배당 문제는 주당 주식가격 평가를 상증법상 시가로 평가했으므로 발
생하지 아니함.

· 자산부채의 유보사항을 승계해서 세무조정계산서에 반영함.

· 기타 부가가치세 등의 세무문제도 검토함.

☞ 합병세무처리에 대해서는 바로 다음을 참조할 것.

2. 합병세무의 모든 것

합병이란 둘 이상의 회사가 법정절차에 따라 하나의 회사가 되는 것을 말한다. 이처럼 합병이 이루어진 경우에는 소멸회사의 권리와 의무가 포괄적으로 합병 후의 회사에게 이전되므로 상법상 청산과정을 밟을 필요가 없다. 또한 합병 당사의 합병 후 존속 여부에 따라 흡수합병과 신설합병으로 나뉜다. 즉 '흡수합병'은 합병 당사 중 1개의 회사가 다른 합병 당사를 흡수한 것을 말하고, '신설합병'은 합병 당사가 모두 소멸하고 전혀 새로운 회사의 설립을 말한다.

(1) 합병 회계처리

피합병법인의 모든 자산과 부채를 공정가액(시장가격이 대표적이다)으로 평가한다. 현재 국내 비상장기업에 적용되는 일반기업회계기준이나 상장기업 등에 적용되는 국제회계기준(K-IFRS)에서는 취득법(매수법)으로만 회계처리를 하도록 하고 있다. 참고로 과거에는 지분통합법에 의한 회계처리도 가능했다.

(2) 합병 시 세무문제

합병과 관련한 세금문제는 피합병법인, 합병법인 그리고 주주로 나눠 살펴볼 수 있다.

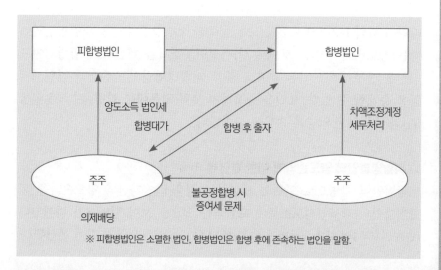

※ 피합병법인은 소멸한 법인, 합병법인은 합병 후에 존속하는 법인을 말함.

※ 적격합병 조건

2010년 7월 1일 이후 합병·분할에서는 다음과 같은 요건을 갖춘 합병(분할)을 적격합병(분할)로 보고 비적격합병(분할)에 비해 과세특례제도를 두고 있다.

1. 사업목적의 합병(계속기업)요건

합병등기일 현재 1년(분할의 경우 5년을 말하나 분할합병의 경우는 1년) 이상 계속해서 사업을 영위하던 내국법인 간의 합병일 것

2. 지분의 연속성 요건

피합병법인의 주주 등이 합병법인으로부터 합병대가를 받은 경우에는 동 합병대가의 총합계액 중 주식 등의 가액이 100분의 80(분할은 전액을 말하나 분할합병은 80) 이상일 것

3. 사업의 계속성 요건

합병법인이 합병등기일이 속하는 사업연도의 종료일까지 피합병법인으로부터 승계받은 사업을 계속 영위할 것

따라서 위의 1·2·3의 요건을 모두 충족한 적격합병의 경우 피합병법인에게는 양도손익이 없는 것으로 각 사업연도소득을 계산하고, 합병법인도 자산을 장부가액을 받은 것으로 하며, 피합병법인의 결손금과 감면세액 등을 승계할 수 있다. 요건을 충족하지 못한 경우에는 합병매수차손익을 5년간 균등하게 익금과 손금에 산입한다.

1) 피합병법인의 양도손익에 대한 법인세 과세

내국법인이 합병으로 인해서 해산하는 경우에는 자산의 양도손익을 피합병법인의 각사업연도소득에 포함되는 것으로 보아 법인세가 과세된다(2010년 7월 1일 전은 청산법인세). 이때의 양도손익은 다음과 같이 계산된다.

· 합병에 의한 양도손익 = 양도가액 - 순자산 장부가액

여기에서 '양도가액'은 피합병법인이 합병법인으로부터 받은 양도가액을 말하며, '순자산 장부가액'은 피합병법인의 합병등기일 현재 순자산 장부가액(자산-부채)을 차감한 금액을 말한다. 그런데 앞에서 본 적격합병요건을 갖춘 경우에는 앞의 양도가액을 합병등기일 현재 순자산 장부가액으로 보아 양도손익을 계산할 수 있다. 이렇게 되면 피합병법인의 양도손익이 '0원'이 되어 피합병법인에게 법인세가 과세가 되지 않는 특례가 주어진다. 참고로 세법에서는 내국법인이 100% 지분을 소유한 완전자회사를 합병하는 경우에는 적격합병요건을 갖추지 않아도 양도손익이 없는 것으로 할 수 있다고 하고 있다.

2) 합병법인의 과세문제

① 합병매수차손익의 과세

합병 후 존속법인인 합병법인은 자산을 시가로 평가해서 승계함으로써 합병차익과 차손이 발생할 수 있다. 여기서 문제는 합병차익에 대해 과세할 것인지의 여부다. 2010년 7월 1일부터 세법은 앞에서 본 적격합병요건을 갖춘 경우와 그렇지 못한 경우로 나눠 규정하고 있다.

– 적격합병조건을 갖추지 못한 경우

시가로 피합병법인의 자산을 양수한 것이며, 이 경우 합병매수차익이 발생하면 이를 세무조정계산서에 계상하고 합병등기일로부터 5년간 균등하게 익금산입한다. 반대로 합병매수차손은 5년간 균등하게 나누어 손금산입된다.

– 적격합병조건을 갖춘 경우

장부가액으로 피합병법인의 자산을 양수한 것으로 보므로 이 경우 합병매수차손익이 발생하지 않는다. 따라서 5년간 균등 익금 또는 손금산입 같은 세무조정은 발생하지 않는다.

② 이월결손금공제

· 합병법인의 이월결손금

합병법인의 합병등기일 현재 이월결손금은 피합병법인으로부터 승계받은 사업에서 발생한 소득금액의 범위에서는 공제하지 아니한다.

· 피합병법인으로부터 승계한 이월결손금

합병법인이 피합병법인으로부터 승계한 결손금은 피합병법인으로부터 승계받은 사업에서 발생한 소득금액 범위에서 공제한다(적격합병의 경우).

3) 주주 간 과세문제

합병당사법인의 주주는 법인주주와 개인주주로 구성된다. 법인주주의 세무문제는 주로 합병으로 인해 이익을 분여받은 경우이며 법인의 이익으로 이를 계상하면 된다. 또한 개인주주의 경우에는 배당소득세와 증여세의 문제가 대두될 수 있다.

부록 편

기업 라이프 사이클(Life Cycle)과 재무제표

'부록 편'에서는 기업의 라이프 사이클에 따라 발생하는 회계상 쟁점들을 다룬다. 재무제표가 만들어지는 원리, 기업의 회계투명성 진단 등도 상당히 알찬 정보이므로 이 부분까지도 관심을 두고 섭렵하도록 하자.

| 핵심주제 |
기업 라이프 사이클(Life Cycle)과 재무제표
이 장의 핵심주제들은 다음과 같다.
- 신생기업의 재무제표 특징을 알아본다.
- 재무제표가 만들어지는 원리를 알아본다.
- 기업 성장기의 재무제표 특징을 알아본다.
- 기업 성숙기의 재무제표 특징을 알아본다.
- 성실신고확인제도와 개인기업의 법인전환에 대해 알아본다.
- 기업 쇠퇴기·철수기의 재무제표 특징을 알아본다.
- 우리 기업의 회계투명성을 진단해본다.

신생기업의 재무제표

기업의 라이프 사이클(창업기 → 성장기 → 성숙기 → 쇠퇴기 → 철수기)에 따라 재무제표의 모양새도 달라지고 그에 따른 관리법도 달라진다. 창업기부터 순차적으로 이에 대해 살펴보자.

Consulting | 신생기업들이 알아둬야 할 회계상 쟁점들을 정리하면 다음과 같다.

재무상태표	· 주주들이 출자한 자본금은 주로 현금으로 납입된다(현물도 가능). · 초기에는 납입된 자본금으로 운영자금을 사용하는 경우가 많아 부채는 잘 발생하지 않는다. · 납입된 현금을 무단인출하면 가지급금이 되기 쉽다.
손익계산서	· 사업초기에는 매출을 제대로 달성하는 것이 중요하다. · 비용지출 시에는 정규영수증(세금계산서 등)의 수취, 원천징수 등의 의무를 이행해야 한다. · 법인기업은 법인통장과 증빙을 100% 일치시키도록 한다.
법인세/소득세	· 법인기업(12월 말 법인)은 당기의 실적(수익-비용)에 대해 다음 해 3월에 법인세를 신고해야 한다. · 개인기업은 당기의 실적(수익-비용)에 대해 다음 해 5월*에 소득세를 신고해야 한다. *성실신고확인대상 사업자는 6월 말까지 신고기한이 연장된다.

☞ 기업초기에 회계와 세무 등에 대해 틀을 잘 잡아둬야 향후 문제가 없다.

실전연습 K씨는 올해 (주)정상을 신설했다. 자본금은 1억 원이며, 당기의 매출과 비용이 각각 1억 원, 5,000만 원이라고 하자. 물음에 답하면?

☞ **물음 1** : (주)정상의 당기순이익은 얼마인가? 단, 법인세비용은 세전순이익의 9.9%로 계산한다.
☞ **물음 2** : 위의 비용 중에는 세법에서 규정한 한도를 초과한 비용이 1,000만 원 숨어 있다. 이 경우 법인세는 얼마가 될까?
☞ **물음 3** : (주)정상은 세금이 예상되자 대표이사의 보수를 5,000만 원 책정했다. 이 경우 어떤 문제가 있는가?

위의 물음에 대해 순차적으로 답을 찾아보면 다음과 같다.

· **물음 1의 경우**

구분	금액	비고
매출액	1억 원	
− 비용	5,000만 원	
= 세전순이익	5,000만 원	
− 법인세비용	495만 원	세전순이익×9.9%
= 당기순이익	4,505만 원	

· **물음 2의 경우**
법인세는 다음과 같이 계산한다.

구분	금액	비고
당기순이익	4,505만 원	
± 세무조정	1,495만 원	법인세비용+한도초과비용=1,495만 원
= 소득금액	6,000만 원	
× 세율	9.9%	
= 산출세액	594만 원	

☞ 손익계산서상의 법인세비용과 법인세법상의 법인세는 차이가 나는 것이 일반적이다. 손익계산서상의 법인세비용은 세법이 아닌 회계기준에 따라 계상된 것(∵수익·비용 대응의 원칙)이므로, 국가 등에 납부해야 할 법인세 등은 세법의 규정에 따라 계산해야 한다.

· 물음 3의 경우

대표이사의 급여도 비용에 해당한다. 따라서 이 기업의 이익은 0원이 되므로 법인세는 나오지 않을 것이다. 하지만 대표이사의 급여는 주주총회에서 결정된 보수기준을 초과하면 그 초과금액은 세법상 비용으로 인정받지 못한다. 예를 들어 5,000만 원 중 4,000만 원이 문제가 된다면 다음과 같이 법인세가 예상된다.

구분	금액	비고
당기순이익	0원	매출 1억 원-비용 1억 원
± 세무조정	4,000만 원	임원보수기준 초과금액
= 소득금액	4,000만 원	
× 세율	9.9%	
= 산출세액	396만 원	

신생기업들이 알아둬야 할 것들

☑ 모든 입출금은 법인의 통장(개인은 사업용 계좌)을 통해 거래되도록 한다.
☑ 기업 자금이 인출되면 그에 따른 증빙을 갖춰야 한다.
☑ 대표이사가 기업자금을 무단 인출하면 가지급금이 발생하므로 주의해야 한다.
☑ 신생기업은 수익성과 자본구조의 안정성 보다는 활동성과 성장성 등이 중요하다.

재무제표가 만들어지는 원리

기업의 CEO 등은 재무제표가 어떤 식으로 만들어지는지 그 원리를 알고 있어야 한다. 다음의 내용을 보고 이에 대한 감각을 터득해 보도록 하자.

STEP1 자본금이 1억 원인 K기업이 설립되었다고 하자.

자산 　현금　1억 원	부채
	자본 　자본금　　　　1억 원
자산 계 1억 원	부채와 자본 계 1억 원

☞ K기업은 자기자본 1억 원으로 자금이 조달되었고 현금자산 1억 원을 보유하고 있다.

STEP2 투자된 자본금으로 사무실도 구하고 각종 비품을 구입했다고 하자. 그 결과 앞의 재무상태표는 다음과 같이 변한다.

자산 　현금　　　　8,000만 원 　임차보증금 1,000만 원 　비품　　　　1,000만 원	부채
	자본 　자본금　　　　1억 원
자산 계　　　1억 원	부채와 자본 계 1억 원

☞ 전체적인 금액은 변하지 않고 자산구성 상태만 바뀌었다.

STEP3 이제 영업활동을 시작해서 수익을 창출한다고 하자.
사업을 본격적으로 진행하면 다양한 회계거래가 파생하게 되는데 이들의 내용을 모두 재무제표에 정리할 필요가 있다.

① 당기 경영성과의 파악
매출 5,000만 원, 인건비 등 3,000만 원, 감가상각비 500만 원이 발생했다면 손익계산서는 다음과 같이 작성된다.

수익	5,000만 원	
비용		3,500만 원
인건비 등	3,000만 원	
비품사용대가	500만 원	
이익		1,500만 원

☞ 손익계산서상의 이익은 1,500만 원이 된다.

② 재무상태의 파악

앞의 당기순이익 1,500만 원이 사내유보가 되었다면 재무상태표는 다음과 같이 작성된다.

자산	부채
현금 1억 원	
임차보증금 1,000만 원	자본
비품 1,000만 원	자본금 1억 원
(감가상각누계액 500만 원) 500만 원	이익잉여금 1,500만 원
자산 계 1억 1,500만 원	부채와 자본 계 1억 1,500만 원

☞ 당기성과를 반영한 결과 총자산과 총자본은 각각 1억 1,500만 원이 된다.

③ 현금흐름의 파악

현금흐름표는 영업활동·투자활동·재무활동별로 현금 유입액과 유출액을 파악한다.

구분	기초 잔액	기중		기말 잔액
		현금유입	현금유출	
영업활동	0	5,000만 원(현금매출)	3,000만 원(인건비 등 지출)	2,000만 원
투자활동	0	–	2,000만 원(비품, 보증금 지출)	△2,000만 원
재무활동	1억 원	–	–	1억 원
계	1억 원	5,000만 원	5,000만 원	1억 원

☞ 기업이 설립될 때 자본금 1억 원이 유입되었고 현금매출로 5,000만 원이 유입되었다. 그러나 인건비와 비품대금 지급 등으로 5,000만 원이 지출되어 결국 기말에는 1억 원의 현금을 보유하고 있다.

앞의 K기업의 당기순이익은 1,500만 원이고 영업활동에 의한 현금흐름은 2,000만 원이다. 이에 대한 재무평가를 하면?

이처럼 영업활동 현금흐름이 당기순이익 보다 크면 투자를 할 때 상당히 매력적인 기업으로 평가한다.

※ 기업 라이프 사이클과 현금흐름의 양상

기업의 태동단계부터 쇠퇴기까지의 현금흐름 양상을 조합하면 다음과 같다.

구분	영업활동	투자활동	재무활동
신생기의 기업	---	---	+++
성장기의 기업	++	--	++
성숙기의 기업	+++	-	---
쇠퇴기의 기업	+	++	--

예를 들어 신생기의 경우 영업활동에 의한 현금흐름은 유출이 상당히 많다(---표시). 이에 대한 자금은 주로 차입활동 등에 의해 조달(+++표시)된다. 성숙기의 경우에는 영업활동에 의한 현금흐름이 최고조에 달하며, 부채상환에 주력한다.

업종별 세무회계 체계적 정리법

한국표준산업분류표상의 수많은 업종에 대한 세무회계상 쟁점은 다음과 같은 순으로 파악하면 대부분 문제를 해결할 수 있다. 예를 들어 도매업의 경우를 예로 들면 다음과 같다.

구분	내용
사업의 특성	· 도매업은 부가가치세가 과세되는 업종에 해당함. · 법인과 매출액이 일정액(3억 원, 1억 5,000만 원, 7,500만 원) 이상인 개인 사업자는 복식부기로 장부를 작성해야 함.
사업연도 중 거래 시	· 도매업은 거래 시 세금계산서를 교부하는 것이 원칙임(법인기업과 전년도 매출 8,000만 원 이상인 개인기업은 전자세금계산서를 발행해야 함). · 상품구입은 원칙적으로 세금계산서를 수취해야 함. · 기타 3만 원 초과 경비는 원칙적으로 정규영수증을 구비해야 함.
결산 시	· 매출 및 비용을 정확히 마감해야 함. · 특히 도매업의 경우 재고수불 및 재고자산 평가에 주의해야 함. · 각종 지표분석을 시행하여 경영분석을 시행하고 이를 근거로 다음 기의 목표를 산정함.
법인세 신고 시	· 표준소득률로 세금을 예측하여 적정세금을 도출하고 적정세금과 차이가 나는 경우 절세대안을 수립함. · 매출과대계상여부와 가공경비 등을 점검해야 함. · 도매업은 조세감면 대상에 해당함(중소기업특별세액감면 등). · 마지막으로 절세대안을 수립하여 시행함.
사후 관리	· 가공자료나 무자료 거래 시 세무조사의 문제가 있음. · 운반비를 역산하여 매출을 추정할 수 있음. · 수출업의 경우 수출손실을 계상하는 경우 세무조사의 문제점이 있음.

☞ 기업에 대한 조세특례를 정하고 있는 조세특례제한법에서는 업종별로 다양한 감면을 적용하고 있다. 그런데 이때 업종은 한국표준산업분류표에서 정해진 것을 사용하고 있다. 따라서 감면업종을 확인할 때는 반드시 통계청의 '통계분류포털' 사이트에서 이 부분을 확인하는 것이 좋을 것으로 보인다.

기업 성장기의 재무제표

기업이 본격적으로 성장하면 재무제표의 중요성이 부각된다. 자금이 부족하면 외부기관에 재무제표를 제출하고 입찰을 위해 재무제표를 제출하는 경우가 많기 때문이다. 지금부터는 기업 성장기의 재무제표에 대해 알아보자.

Consulting | 기업 성장기에 알아둬야 할 회계상 쟁점들을 알아보자.

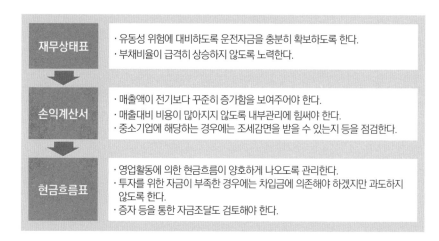

재무상태표	· 유동성 위험에 대비하도록 운전자금을 충분히 확보하도록 한다. · 부채비율이 급격히 상승하지 않도록 노력한다.
손익계산서	· 매출액이 전기보다 꾸준히 증가함을 보여주어야 한다. · 매출대비 비용이 많아지지 않도록 내부관리에 힘써야 한다. · 중소기업에 해당하는 경우에는 조세감면을 받을 수 있는지 등을 점검한다.
현금흐름표	· 영업활동에 의한 현금흐름이 양호하게 나오도록 관리한다. · 투자를 위한 자금이 부족한 경우에는 차입금에 의존해야 하겠지만 과도하지 않도록 한다. · 증자 등을 통한 자금조달도 검토해야 한다.

실전연습 | L기업의 재무상태표가 다음과 같다. 이 기업은 사업에 필요한 기계장치를 2억 원에 구입하려고 한다. 현재의 상태에서 비유동장기적합률을 계산하고 새로운 기계장치에 대한 자금조달법을 제시하면?

자산 　유동자산 2억 원 　비유동자산 3억 원	부채 　유동부채 2억 원 　비유동부채 1억 원
	자본 　자본금 2억 원

앞의 물음에 맞춰 답을 찾아보면 다음과 같다.

STEP1　비유동장기적합률이란

비유동장기적합율은 비유동자산과 장기자본(자기자본과 비유동부채)과의 관계를 분석한 것이다. 비유동자산의 투자자금은 장기자본으로 투자되는 것이 자본구조의 안정성을 가져다주는데, 이 비율은 이를 분석하는 데 도움을 준다. 일반적으로 100% 이하면 양호하다고 본다.

  · 비유동장기적합률 : [비유동자산/(자기자본 + 비유동부채)] × 100

STEP2　현 상태의 비유동장기적합률

현 상태의 비유동장기적합률은 100%이다. 따라서 이를 판단하는 기준인 100% 이하에 해당하므로 자금조달이 안정적으로 되었다고 할 수 있다.

STEP3　새 기계장치에 대한 자금조달법(제안)

기계장치는 비유동자산인 유형자산에 속하므로 이에 대한 투자금액은 비유동부채와 자기자본으로 충당되는 것이 좋다. 그런데 앞에서 본 비유동장기적합률은 100% 이하가 되는 것이 좋으므로 이를 고려해서 의사결정을 내린다. 물론 이러한 투자로 인해 부채비율이 올라가는 것은 좋지 않으므로 이 부분도 고려하는 것이 좋다.

☑ IF 장기차입금으로 조달하면

구분	현재	조달 후	비고
비유동장기적합률	100%	100%	변동 없음.
부채비율(부채/자기자본)	150%	250%	나빠짐.

☑ IF 자기자본으로 조달하면

구분	현재	조달 후	비고
비유동장기적합률	100%	100%	변동 없음.
부채비율(부채/자기자본)	150%	75%	좋아짐.

☞ 위의 두 가지 상황을 비교하면 유형자산에 투자할 때 장기부채와 자기자본은 비유동장기적합률에 미치는 영향은 같지만 부채비율 측면에서는 다른 효과를 가져다준다.

Tip 성장기의 기업들이 알아둬야 할 것들

☑ 성장기의 기업은 성장성에 대한 분석이 중요하다.
☑ 특히 매출액이 자산총액을 넘어서고 있는지를 분석한다.
☑ 이 시기에는 운전자금이 많이 소요될 수 있으므로 자금조달에 관심을 둬야 한다.
☑ 투자 시에는 장기자본을 우선적으로 조달하는 것이 좋다.
☑ 매출이 급격히 증가하는 경우에는 세무조사의 가능성이 높아진다.

기업 성숙기의 재무제표

기업이 성숙기에 들어가면 매출이 안정적으로 발생하며 이익도 일정하게 발생한다. 기업이 이 위치에 있는 경우에는 새로운 성장엔진을 찾고, 사업다각화나 사업포트폴리오의 재구성 같은 작업도 매우 중요하다. 세법적으로는 세무조사의 가능성도 높기 때문에 세무위험관리에도 특별히 관심을 둘 필요가 있다.

Consulting | 기업 성숙기에 알아둬야 할 회계상 쟁점들을 알아보자.

재무상태표	· 보유한 현금은 수익성 있게 관리한다. 예를 들어 금융상품에 투자할 것인가, 부동산 등에 투자할 것인가 등을 검토한다. · 부채가 있다면 이를 우선적으로 상환하는 것을 검토한다. · 주식을 보유한 주주들의 가업승계에 대한 전략을 마련하도록 한다.
손익계산서	· 매출과 이익이 최고조에 이른다. · 매출 및 이익이 증가함에 따라 세무조사의 위험성도 증가된다. · 세무진단(모의세무조사 포함) 등을 통해 세무리스크를 줄여야 한다.
현금흐름표	· 영업활동에 의한 현금흐름이 양호하게 나오도록 관리한다. · 새로운 투자안에 대한 투자를 집행한다. · 신규자금 조달은 유보된 내부 자금을 활용한다. · 잉여금이 많아지면 배당압력이 높아지므로 적정 배당을 검토한다.

※ 성숙기의 매출채권과 재고자산관리

성숙기에는 매출채권과 재고자산의 회전이 중요하다. 다음과 같은 지표를 분석해보자.

☑ 매출채권회전일수(365/매출채권회전율)

　→ 90일 이하가 좋다. 만약 180일 이상이면 문제가 있다.

☑ 재고자산회전일수(365/재고자산회전율)

　→ 30일 이하가 좋다. 만약 90일 이상이면 문제가 있다.

실전**연습**　　K기업의 재무상태표가 다음과 같다. 물음에 답하면?

재무상태표		손익계산서		현금흐름표	
자산	부채	수익	100억 원	영업활동	20억 원
	자본 잉여금 50억 원	비용	90억 원	투자활동	-
		이익	10억 원	재무활동	△5억 원

☞ **물음 1** : K기업의 주식은 대표이사가 100% 보유하고 있다. 이 경우 재
　　　　　무상태표상의 잉여금과 관련해서 어떤 문제점이 예상되는가?

☞ **물음 2** : K기업의 손익계산서상의 비용에는 세법에서 인정되지 않는
　　　　　비용이 10억 원 정도 포함되어 있다. 세무조사가 나올 확률
　　　　　은 얼마나 될까?

☞ **물음 3** : K기업 현금흐름표상의 영업활동에 의한 현금흐름이 20억 원이
　　　　　고, 재무활동에 의한 현금흐름은 △5억 원이다. 당기순이익은 10
　　　　　억 원인데 20억 원의 현금흐름이 발생한 이유는 무엇인가? 그리
　　　　　고 재무활동에 의한 현금흐름에서 왜 5억 원이 유출되었을까?

위의 물음에 대해 순차적으로 답을 찾아보면 다음과 같다.

· **물음 1의 경우**

재무상표상의 잉여금이 50억 원이므로 이 금액이 대표이사에게 배당되면 막
대한 소득세가 부과될 수 있다. 한편 이렇게 잉여금이 많은 경우 주식가치도
상당히 높아 주식의 이동(상속, 증여, 양도 등) 시 많은 세금이 부과될 수 있다.

· **물음 2의 경우**

K기업이 소득을 탈루했지만 과세당국이 세무조사를 나오기 전까지는 이
사실은 발견되기 힘들다. 그렇다면 세무조사가 나올 확률은 얼마나 될까?
일단 매출수준이 높기 때문에 세무조사가 나올 확률은 올라가겠지만 얼
마가 될지는 단정할 수 없다. 다른 요인도 감안해야 하기 때문이다. 이에
대한 자세한 내용은 PART 05의 Chapter 01을 참조하기 바란다.

· 물음 3의 경우

먼저 당기순이익은 10억 원이나 영업활동에 의한 현금흐름이 20억 원이라는 것은 다음과 같은 요인에 기인할 수 있다.

☑ 전기에서 넘어온 매출채권 중에서 당기에 현금이 유입되었다.

☑ 비용 중 현금의 유출이 없는 비용(감가상각비 등) 10억 원이 유출되지 않았다.

다음으로 재무활동에 의한 현금유출이 5억 원이 발생한 것은 다음과 같이 추정할 수 있다.

☑ 부채를 상환했다.

☑ 배당금을 지급했다.

> **Tip**
> ### 성숙기의 기업들이 알아둬야 할 것들
> ☑ 성숙기에는 모든 경영지표들이 좋아지는 것이 일반적이다.
> ☑ 성숙기에서는 재무구조의 안정성과 수익창출능력, 현금창출능력이 중요한 지표다.
> ☑ 순운전자본이 늘어나 잉여현금이 많아진다.
> ☑ 성숙기에는 세무조사의 가능성이 높아지므로 이에 대한 대비책을 마련하도록 한다.
> ☑ 가업을 승계하고자 하는 경우에는 10년 전부터 준비에 나서야 한다.

※ 성숙기의 수익성분석

성숙기의 수익성분석에 대한 분석지표로 ROA(자산이익률), ROE(자기자본이익률) 등도 활용된다. 이에 대해 대략적으로 알아보자.

재무상태표		손익계산서	
① 자산	부채	수익	
	② 자본	비용	
		③ 이익	

☑ ROA(=③이익/①자산) : 이 비율이 10% 이상이면 수익성이 우수하다고 평가한다.

☑ ROE(=③이익/②자본) : 이 비율이 20% 이상이면 수익성이 우수하다고 평가한다.

성실신고확인제도와 개인기업의 법인전환

개인사업자들이 업종별로 일정한 금액을 초과하면 성실신고확인제도가 적용된다. 이는 개인사업자들이 매년 5월 1일부터 6월 30일까지 종합소득세 신고를 할 때 매출 및 매입경비에 대해 세무대리인으로 하여금 이를 일일이 확인하도록 하는 제도를 말한다. 마치 외부 감사인이 재무제표에 대해 감사를 하는 것과 같은 모양새를 하고 있다. 이러한 과정을 통해 사업자들의 결산내용이 검증되고 그에 따라 적정세수가 확보되는 효과를 누릴 수 있게 된다. 만일 이러한 업무를 성실히 하지 못하면 사업자에게는 가산세가, 세무대리인에게는 업무정지 같은 징계가 뒤따르게 된다. 이 제도는 모든 사업자를 대상으로 하는 것이 아니라 전년도의 매출액이 업종별로 다음의 금액을 넘는 경우에만 적용된다. 예를 들어 의료업의 경우 매출액이 5억 원을 넘으면 이 제도를 적용하게 된다.

구분	적용기준금액	비고
1차산업, 도소매업 등	15억 원	
음식점업/건설업 등	7.5억 원	이 금액은 수시로 변동할 수 있음.
부동산 임대업, 의료업 등 개인서비스업	5억 원	

개인사업자들의 법인전환

성실신고확인제도를 적용받는 개인사업자들이 가장 많이 선호하는 대책은 바로 '법인으로의 전환'이다. 법인의 경우에는 이러한 제도를 적용받지 않게 되며, 개인보다 세율이 저렴하기 때문이다. 하지만 법인의 경우 이익잉여금에 대해서는 추가로 배당소득세 등이 과세되고 법인통장을 통해 입출금을 해야 하는 등 개인과는 다른 부담이 추가될 수 있음에 유의할 필요가 있다. 사례를 통해 법인전환에 대한 내용을 이해해보자.

Case | 서울에 거주하고 있는 K씨는 현재 유통업을 영위하고 있다. 이번에 법인전환을 하고자 한다. 다음 물음에 답하면?

① **물음 1** : K씨가 개인사업자를 폐업하고 새로운 법인을 설립하면 어떤 문제가 있는가?
② **물음 2** : 조세특례제한법에 규정되어 있는 현물출자방법이나 사업양수도 방법을 사용하면 이월과세와 취득세가 면제된다고 하는데 K씨에게도 적용되는가?

앞의 물음에 맞춰 답을 찾아보자.

① 물음 1의 경우

개인사업자와 법인설립은 별개의 행위이므로 폐업한 후 법인을 설립하더라도 법적으로 문제가 없다. 하지만 개인사업자의 지위에서 폐업 시 보유하고 있는 재고자산에 대해서는 부가가치세 10%를 부담할 수 있다. 이때 재고품에 대한 부가가치세 부담 없이 처리하기 위해서는 K씨와 K씨가 설립한 법인과 포괄양수도계약을 맺어 실행하는 것이 좋다. 포괄양수도계약이라 함은 개인 기업주가 법인을 설립한 후에 개인기업의 자산과 부채를 법인에 그대로 양도하는 것을 말한다.

② 물음 2의 경우

조세특례제한법상 현물출자와 사업양수도 방법에 의한 법인전환은 개인사업자가 사업용 부동산을 보유하고 있을 때 사용할 수 있는 방법이다. 이 방법을 선택하면 양도소득세 이월과세와 신설법인이 취득한 부동산에 대해 취득세 등을 감면(단, 부동산 임대업은 제외)받을 수 있게 된다. 여기서 이월과세란 현물출자 시 양도소득세를 과세하지 않고 신설된 법인이 양도 시 과세하는 방식을 말한다. 따라서 사례에서 K씨가 유통업과 관련해서 부동산을 보유하고 있다면 이 방법을 통해 조세감면을 받을 수 있다. 다만, 이러한 조세감면을 받기 위해서는 자산을 재평가해야 하고, 설립법인의 자본금이 전환 전 사업장의 순자산가액(자산가액-부채가액) 이상이어야 하는 등의 조건을 충족해야 한다.

Tip 사업양수도 방법에 의한 법인전환절차

구분	내용
법인 설립	
사업양수도 계약	· 주총 및 이사회의 결의 · 양수도가액 결정
법인설립신고와 사업자등록 신청	· 설립등기 후 설립신고 · 사업개시 후 사업자등록 신청(원칙)
개인기업의 회계 및 세무처리	· 개인기업의 결산 · 폐업신고는 지체 없이 신고 · 전환일이 속하는 달의 말일로부터 25일 내에 부가가치세 신고
명의이전 등 후속조치	· 부동산, 금융기관 예금 및 차입금 명의변경 · 공장등록 변경 등 · 양도소득세 신고·납부, 취득세 신고 등

기업 쇠퇴기·철수기의 재무제표

기업이 성숙기를 지나 쇠퇴기가 되면 기업을 다른 사업자에게 양도하거나 또는 폐업을 하게 된다. 이러한 과정에서 다양한 회계문제가 발생할 수 있는데 이하에서 정리를 해보자.

Consulting | 기업 쇠퇴기 또는 철수기에 알아둬야 할 회계상 쟁점들을 알아보자.

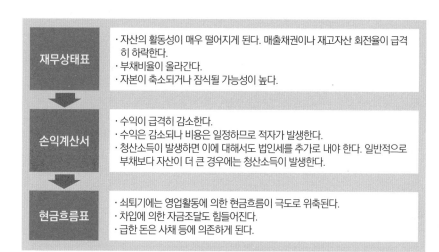

재무상태표
· 자산의 활동성이 매우 떨어지게 된다. 매출채권이나 재고자산 회전율이 급격히 하락한다.
· 부채비율이 올라간다.
· 자본이 축소되거나 잠식될 가능성이 높다.

손익계산서
· 수익이 급격히 감소한다.
· 수익은 감소하나 비용은 일정하므로 적자가 발생한다.
· 청산소득이 발생하면 이에 대해서도 법인세를 추가로 내야 한다. 일반적으로 부채보다 자산이 더 큰 경우에는 청산소득이 발생한다.

현금흐름표
· 쇠퇴기에는 영업활동에 의한 현금흐름이 극도로 위축된다.
· 차입에 의한 자금조달도 힘들어진다.
· 급한 돈은 사채 등에 의존하게 된다.

실전연습 K기업의 재무상태표가 다음과 같다. 물음에 답하면?

재무상태표		손익계산서		현금흐름표	
자산 20억 원	부채 10억 원	수익	10억 원	영업활동	△5억 원
	자본 10억 원 결손금 (10억 원)	비용	10억 원	투자활동	1억 원
		세전이익	0억 원	재무활동	–
		* 회계상의 이익은 세법규정을 충족함.			

☞ **물음 1** : K기업의 순자산가액은 얼마인가? 단, 자산과 부채는 모두 시가로 평가한 가액과 장부상 가액이 일치한다.

☞ **물음 2** : K기업이 청산한 경우의 법인세는 얼마인가?

☞ **물음 3** : K기업의 현금흐름표는 어떠한 상황임을 말해주는가?

위의 물음에 대해 답을 찾아보면 다음과 같다.

· 물음 1의 경우

자산 20억 원에서 부채 10억 원을 차감하면 10억 원이 된다. 이 금액은 사실상 주주들이 불입한 자본금에 해당한다.

· 물음 2의 경우

각 사업연도소득은 0원이므로 이에 대한 법인세는 없다. 한편 법인이 청산하면 청산소득에 대해서는 법인세를 추가로 내야 한다. 이때 청산소득은 다음과 같이 계산한다.

· 청산소득 = 잔여재산가액 − 자기자본 총액*

* 자기자본 총액은 해산등기일 현재의 자본금과 잉여금의 합계액을 말한다(법인세법 제79조 참조). 구체적인 것은 아래에서 살펴본다.

K기업의 경우 잔여재산가액과 자기자본 총액이 일치하므로 청산소득은 발생하지 않는다. 따라서 청산소득에 대한 법인세는 추가되지 않는다.

· 물음 3의 경우

영업활동이 미진해서 현금흐름이 대단히 불량하다. 한편 투자활동에 의해 현금이 유입되었다는 것은 기업이 보유하고 있는 자산을 매각한 것을 말한다. 기업철수 시 자산을 미리 매각하는 것임을 알 수 있다.

쇠퇴기·철수기의 기업들이 알아둬야 할 것들

☑ 쇠퇴기에는 모든 경영지표들이 불량해진다.

☑ 금융비용이 급격히 증가한다. 금융비용이 매출액에서 차지하는 비율이 5% 이상 되어 수익성이 악화된다.

☑ 영업이익을 이자비용으로 나눈 이자보상비율이 1(100%) 미만이 되는 경우가 일반적이다(1이상이 되어야 양호한 것으로 평가됨).

☑ 법인이 청산을 하면 청산소득에 대해 법인세가 추가된다.

☑ 주식을 양수도하면 이에 대해서는 양도소득세 등이 부과될 수 있다. 또한 세법상 가액보다 높거나 낮게 양도하면 여러 가지 세법상의 규제가 적용된다.

☑ 합병 등을 하는 경우에는 다양한 세금문제가 파생하므로 이에 주의해야 한다.

청산소득에 대한 법인세

법인은 설립등기를 함으로써 설립되었다가 해산 등의 사유로 소멸하게 된다. 일반적으로 법인격은 '채권의 추심과 채무의 변제 → 자산의 환가 처분 → 잔여재산의 분배' 과정을 거쳐 소멸하게 된다. 이하에서는 이러한 청산 과정에서 나타나는 법인세 문제에 대해 살펴보고자 한다.

법인이 청산을 하면 이와는 별도로 청산소득에 대해서 법인세를 과세하는데, 이는 각 사업연도에서 누락된 과세소득이 청산 시 나타난 것으로 보아 법인의 일생의 소득에 대한 법인세를 최종적으로 정산하는 기능을 담당한다.

1. 납세의무자

청산소득에 대한 법인세의 납세의무자는 해산(합병 · 분할에 의한 해산은 제외)으로 소멸하는 영리 내국법인이다. 따라서 비영리법인이나 외국법인은 제외된다. 비영리법인은 청산을 하면 그 소득이나 자산은 국가나 지방자치단체에 귀속되기 때문이다. 외국법인은 본점이 외국에 있어 청산이 외국에서 진행되기 때문에 대한민국에는 과세권이 없다.

한편 법인이 해산한 경우 각 사업연도의 소득에 대한 법인세 또는 청산소득에 대한 법인세를 납부하지 않고 잔여재산을 분배한 때에는 청산인과 분배받은 자가 연대해서 납부할 책임을 진다.

2. 과세표준과 세액의 산출

청산소득에 대한 법인세의 과세표준은 해산에 의한 청산소득금액으로 한다. 이하에서는 일반적으로 많이 발생하는 해산하는 경우의 과세표준만을 살펴보고자 한다.

(1) 해산에 의한 청산소득금액

내국법인이 해산한 경우 청산소득금액은 다음과 같이 계산된다.

· 청산소득금액 = 해산에 의한 잔여재산가액 – 해산등기일 현재의 자기자본 총액

① 잔여재산가액

잔여재산가액은 해산등기일 현재의 자산총액에서 부채총액을 공제한 금액으로 한다. 여기서 '자산총액'은 해산등기일 현재 자산의 합계액으로 하되, 추심할 채권과 환가처분할 자산에 대해서는 추심 또는 환가처분한 날 현재의 금액(추심 또는 환가처분 전에 분배한 경우에는 그 분배한 날 현재의 시가)에 의한다.

② 자기자본 총액

자기자본 총액은 해산등기일 현재 납입자본금과 잉여금의 합계액으로 한다. 한편 해산등기일 현재 소멸되지 않고 남아 있는 이월결손금(발생시점 불문)은 자기자본 총액과 상계할 수 있으나, 잉여금을 한도로 해서 상계가 가능하다.

납입자본금이 3억 원, 잉여금이 2억 원인 법인이 해산되었다. 이월결손금이 3억 원인 경우 청산소득금액은? 단, 자산총액에서 부채총액을 차감한 금액은 7억 원이다.

· 청산소득금액 = 7억 원 – (3억 원 + 2억 원 – 2억 원*) = 4억 원

* 이월결손금은 잉여금을 한도로 공제된다.

(2) 세액의 산출

위 청산소득금액(=과세표준)에 9~24% 세율로 과세한다. 세율은 각 사업연도소득에 적용되는 것과 같다.

(3) 신고·납부

청산소득에 대한 법인세 신고는 각 사업연도의 법인세 신고방법과 큰 차이가 없으나, 다만 '중간신고 · 납부'라는 제도가 있다.

1) 확정신고·납부

해산하는 경우에는 잔여재산가액 확정일로부터 3월 이내에 신고·납부해야 한다. 청산소득에 대한 법인세 신고는 다음의 서류에 의한다.

· 청산소득에 대한 법인세과세표준 및 세액신고서
· 청산재무상태표
· 해산한 법인의 본점 소재지, 잔여재산가액의 확정일 및 분배예정일 기타 사항을 기재한 서류

2) 중간신고·납부

잔여재산가액이 확정되기 전에 그 일부를 주주 등에게 분배한 경우와 해산등기일로부터 1년이 되는 날까지 잔여재산가액이 확정되지 않는 경우, 그 사유가 발생한 날로부터 1월 이내에 청산소득에 대한 법인세를 신고해야 한다.

CEO는 자사의 재무제표가 신뢰성이 있는지를 점검하고 이에 문제가 있는 경우에는 적극적으로 대책을 세워야 한다. 아래에서 진단을 해보고 대책을 세워보자.

STEP1 각 항목별 체크

아래 해당되는 곳에 'O, ×'표시를 한다.

구분	질문	해당 여부
1	장부상의 시재와 금고상의 시재가 일치한다.	
2	장부상의 보통예금 잔액과 통장상의 잔액이 일치한다.	
3	당좌자산 중 업무무관 가지급금이 없다.	
4	기말에 금융상품에 대한 손실을 기록한다.	
5	매출채권에 대해서는 대손충당금을 계상하고 있다.	
6	재고자산에 대한 입고와 출고관리가 제대로 되고 있다.	
7	전기에 처리하지 못한 경비가 없다.	
8	임원에 대한 급여 및 상여는 기준에 따라 지급된다.	
9	접대성 경비를 복리후생비나 제조원가 등에 반영하고 있지 않다.	
10	대표이사로부터 차입할 때에는 이에 대한 약정서를 구비해둔다.	

STEP2 대책수립

위에서 파악된 '×'표시에 따라 다음과 같이 대책을 세운다.

☑ ×표시가 7개 이상 → 회계의 투명성이 아주 심각한 상황이다. 따라서 당장 외부전문가와 함께 대책을 수립해야 한다. 예를 들어 입출금 시 지출결의서를 작성하는 등의 조치가 필요하다.

☑ ×표시가 4개 이상 → 회계의 투명성이 다소 떨어지는 수준이다. 회계 투명성을 끌어올리기 위해 사내 회의를 개최해서 문제점을 파악하고 대책을 꾸리도록 한다.

☑ ×표시가 2개 이상 → 회계의 투명성이 어느 정도 확보되었다. 하지만 아직도 부족한 부분이 있으므로 이에 대한 보완작업을 하도록 한다.

☑ ×표시가 1개 이하 → 회계의 투명성이 거의 확보되었다. 내부통제시스템을 확립해 가는 것도 중요하다.

(개정판)
일반인부터 CEO까지 알아야 할 회계와 재무제표에 관한 모든 것!

기업회계 실무 가이드북 실전 편

제1판 1쇄 2015년 1월 5일
제2판 1쇄 2023년 10월 30일
제2판 2쇄 2024년 11월 20일

지은이 신방수
펴낸이 한성주
펴낸곳 ㈜두드림미디어
책임편집 배성분
디자인 디자인 뜰채 apexmino@hanmail.net

㈜두드림미디어
등 록 2015년 3월 25일(제2022-000009호)
주 소 서울시 강서구 공항대로 219, 620호, 621호
전 화 02)333-3577
팩 스 02)6455-3477
이메일 dodreamedia@naver.com(원고 투고 및 출판 관련 문의)
카 페 https://cafe.naver.com/dodreamedia

ISBN 979-11-93210-13-0 (03320)